Radical Compassion

"네 단계로 이루어진 타라 브랙의 RAIN 명상은 마음챙김 수련의 필수 요소가 될 수 있다. RAIN은 우리 모두가 간직하고 있는 사랑, 자기-돌봄, 용서, 연민, 온유함이 드러나도록 도와준다. RAIN은 유용하고도 명쾌한 훈련법이며, 『끌어안음』은 멋진 책이다."

_ 샤론 살즈버그(Sharon Salzberg), 뉴욕 타임즈 베스트셀러 『하루 20분 나를 멈추는 시간(Real Happiness)』, 『붓다의 러브레터(Lovingkindness)』의 저자

"『끌어안음』은 세계적인 명상 지도자이자 심리학자에게 기대함 직한 영적 깊이를 지닌 책으로, 현대 뇌과학과 고대로부터의 지혜에 근거하여 근본적이면서 사용하기 쉬운 훈련법을 펼쳐 보인다. 완결판이다."

_ 릭 핸슨(Rick Hanson) 박사, 『붓다 브레인(Buddha's Brain)』, 『12가지 행복의 법칙(Resilient : How to Grow an Unshakable Core of Calm, Strength, and Happiness)』의 저자

"내 안의 수치심, 죄책감, 부정적 자기 신념에서 벗어나 자유를 되찾을 수 있는 훌륭한 책입니다."

_ 혜민 스님, 『완벽하지 않은 것들에 대한 사랑』, 『멈추면, 비로소 보이는 것들』의 저자

"타라 브랙에게는 그 순간 우리에게 필요한 것으로 정확하게 돌아가서 내면에서 그것을 만나게 하는 탁월한 능력이 있다. 그녀는 단순하지만 삶을 변화시키는 훈련을 통해 수치심이나 갈망, 혹은 갈등의 순간으로 현존감과 연민을 불러들여 고통을 사랑으로 변모시킨다. 이 책은 이 시대의 가장 뛰어난 영적 지도자 중 한 사람에게서 나온 보물이다."

_ 크리스틴 네프(Kristin Neff) 박사, 『자기-연민 : 자기-친절이 지닌 힘(Self-Compassion : The Proven Power of Being Kind to Yourself)』의 저자

"타라 브랙은, 일상에서 연민을 발달시키기 위한 가르침으로 구성된 이 훌륭한 통합체에서 사랑과 치유로 자각의 문을 열어 삶을 변화시키는 도구를 제공한다. 이 귀한 책은 심오하면서 실용적이며 우리 모두를 위한 영원한 선물이다."

_ 대니얼 시겔(Daniel J. Siegel) 의학박사, 뉴욕 타임즈 베스트셀러 『알아차림(Aware : The Science and Practice of Presence)』, 『마음 : 인간 본연의 마음을 찾아서(Mind : A Journey to the Heart of Being Human)』의 저자

타 라 브 랙 의 다 른 책

반아들임

자책과 후회 없이 나를 사랑하는 법

호흡하세요 그리고 미소지으세요

두 번째 화살을 피하는 방법

외로움·상처·두려움과 당당히 마주하기

끌어안음

타라 브랙(Tara Brach) 지음
추선희 옮김

불광출판사

미아(Mia)와, 우리의 모든 자녀들의 자녀들에게-
너희들의 맑고 밝은 마음으로 세상이 치유되기를

일러두기

1. 이 책은 2020년 1월 1일 미국에서 출간된 타라 브랙의 『Radical Compassion』의 온전한 번역이다.
2. 본문의 굵은 글씨는 저자의 강조이다.
3. 이 책에 등장하는 도서명 중 국내에 번역 출간된 경우에는 번역된 도서명으로 표기하였으며
   출간되지 않은 책은 원서명을 병기하였다.
4. 영어와 히브리어 등 외래어 표기는 한글맞춤법 외래어 표기법을 따랐으나 이미 국내에 저작이
   출간되어 사용되고 있는 인명에 대해서는 그대로 따랐다.

내 삶은 점점 커져가는 원 안에 있어
세상을 가로질러 뻗어가네.
마지막 원을 완성치 못하더라도
나, 온 힘을 다하리.

_ 라이너 마리아 릴케(Rainer Maria Rilke)

차례

이 책에 실린
성찰 연습·명상 연습·복습

사랑에서 치유로

오래전, 죽음을 앞둔 이들의 마지막 몇 주를 함께 한 호스피스가 쓴 기사를 읽은 적이 있는데, 특히 한 구절이 잊히지 않는다. 많은 시간 그들의 속내를 들었던 호스피스는 그들이 가장 후회했던 것을 이렇게 요약했다. "진정한 나 자신으로 살아갈 용기가 있었더라면 좋았을 텐데요."

나는 스스로에게 질문을 던져보았다. 진정한 자신으로 산다는 것은 어떤 의미인가? 내 삶은 마음에서 중요하게 여기는 것과 일치하는가? 오늘 진정한 자신으로 살고 있는가? 지금 이 순간은? 몇 달 후 명상 수련생들에게도 같은 질문을 해보았다.

내가 알게 된 사실은, 죽음을 앞둔 이들의 후회는 그렇지 않은 이들에게도 해당된다는 것이다. 수련생들은 진정한 자신이 된다는 것은, 사랑 안에 있고, 현존감을 느끼고, 진실함을 의미한다고 말한다. 또한 정직하고, 타인과 세상에 도움이 되는 것이라 말한다. 자신의 창조성을 표현하고, 자신의 가치를 믿고, 좋아하는 일에 몰두하며, 불안감을 뛰어넘어 성장하고, 갈등을 화해시킬 힘을 가지는 것이라 한다.

또한 그들은 이러한 열망과 의도를 거의 매일 잊는다는 이야기도
한다. 그 대신, 그들은 자기-판단, 타인 비난하기, 옹졸함, 이기심, 기계
적인 생활 등의 자동반응적 삶에 잡혀있다. 한 수련생의 말대로, "가능
한 삶과 실제 삶 사이는 멀다. 그래서 언제나 실패감이 도사리고 있다."

나는 이런 실패감을 잘 안다. 수년 간 "무가치감의 트랜스"로 인해
친구나 딸, 배우자나 부모로서 스스로 부족한 사람이라고 느꼈기 때문
이다. 그것은 치료자나 지도자로서의 내 능력을 의심케 하였다. 여러
신체 질병에 시달릴 때도 자기-비난부터 촉발시켰다. "내가 뭘 잘못해
서 병이 났을까?"

하지만, 부족하고 단절된 느낌의 이런 고통은 깨어나기 위한 가장
비옥한 땅이기도 했다. 그것은 나를 영적인 길과 수련으로 이끌었다.
그래서 괴로운 정서에 빠져있을 때, **자신을 사랑해야만 치유에 이르게
된다**, 는 내 삶을 근본적으로 변화시킨 통찰로 계속 나를 데려간다. 나
를 본향으로 데려갈 수 있는 유일한 길은 자기-연민의 길이다.

분노, 중요한 일에 대한 실패의 두려움, 자기-의심, 혹은 외로움이
든 다를 바 없다. 신체 이동성 관련 역경이든 행복감이든 마찬가지다.
치유제에서는 늘 보살핌, 연민, 용서의 향기가 난다. 어떻게 보면 자신
에게 "제발, 좀 친절하게 대해."라고 말하는 것이다. 이렇게 사랑이 가
득한 현존감을 향하는 것이 진정한 자신의 삶으로 가는 입구이다.

"근본적인 연민(Radical Compassion)"은 모든 삶의 취약성을 가슴으
로 품는 것을 뜻한다. 연민은 자신과 타인, 세상을 사랑할 용기를 지닌
다는 의미다. 근본적인 연민은 마음챙김적 구체적 현존감에 뿌리를 두

고 있으며, 모든 존재에 대한 보살핌을 통해 적극적으로 표현된다.

자각에서 마음챙김과 연민은 분리될 수 없는 영역임을 보여주기 위해 내가 애용하는 이미지가 있다. 자각을 두 날개를 가진 새로 그려보는 것이다. 양 날개가 한껏 아름답게 펼쳐질 때 새는 날 수 있고 자유롭다.

마음챙김과 연민이 절실하게 필요할 때 이 양날개를 펼쳐주는 근본적인 연민을 훈련하는 법을 나누고자 이 책을 쓴다. 이 책은 자신에게 진실한 삶을 막는 고통스런 신념과 정서를 치유하고 놓아버리는 것을 도와줄 것이다. 이 훈련법을 RAIN이라 한다. 이 명칭은 인지하기(Recognize), 인정하기(Allow), 살펴보기(Investigate), 보살피기(Nurture)라는 네 단계의 첫 철자를 딴 것이다. 이 훈련법은 나에게 그러했듯, 당신에게도 정서적 고통 바로 그 자리에서 치유와 자유를 찾아내는 믿음직한 길을 제시할 수 있다.

곧 알게 되겠지만, 이 단계들은 쉽게 배울 수 있고, 스트레스를 느끼거나 두렵거나 자동반응을 하거나 혼란스러운 순간에 구명 밧줄이 될 수 있다. 거듭하다 보면 내면에 탄력성이 생기며 깨어나는 자신의 지혜로운 마음을 믿게 된다. 이 훈련은 당신 존재의 진실과 깊이, 영혼을 드러내며 삶에 대응하도록 도와줄 것이다. 당신의 모든 잠재력을 발휘하는 삶, 이것이 바로 RAIN이 주는 선물이다.

RAIN이라는 명칭을 내가 처음 사용하는 것은 아니다. 일부 독자들은 알겠지만, 이는 원래 1980년대에 불교 지도자인 미셸 맥도날드

(Michele McDonald)에 의해 명상 안내법으로 소개되었고, 이후 마음챙김 지도자들이 여러 방식으로 활용하고 있다. 나는 지난 15년간 자기-연민을 직접적으로 일깨우는 보살피기(Nurture) 단계를 첨가하여 나만의 접근법을 발전시켜왔다. 자기-연민을 강조하면서 RAIN은 자각의 양 날개인 마음챙김과 온정의 힘을 동시에 배양한다. 수십 만 명과 이 접근법을 공유하고 있으며 반응은 엄청나다. 세계 곳곳에서 RAIN 덕분에 복잡한 일상에서 마음을 챙기고 보살피는 현존감을 지니게 되어, 관계 능력이 커지고, 중독행동에서 벗어나고, 직무능력이 향상되며, 위기의 순간에 힘이 된다고 알려온다. 마침내 자신을 연민으로 품게 되고 타인에게도 그렇게 한다고 이야기한다. 또한 자신에 대한 이야기 너머에 있는, 내면의 자유와 자신이 누군지에 대한 깨달음이라는 선물을 준다고 한다.

이 책은 근본적인 연민 능력을 키워줄 것이다. 당신은 이야기, 직접적인 지도, 명상 연습, 자기 성찰을 위한 여러 방식 등으로 RAIN 훈련법을 배우게 된다. 현대 신경과학에서 얻은 통찰이 깊고도 지속적인 RAIN의 효과를 어떤 식으로 설명하는지 알게 된다. 또한 수련생들의 질문에 대한 답과 그들이 자신에게 최적화한 창의적인 훈련법들도 알게 될 것이다. 함께 여행을 떠나기 전에 먼저 간략하게 살펴보자.

1부는 RAIN의 각 단계에 대한 개요다. 곧장 이 단계들을 활용할 수 있도록 적절한 예시를 제공해준다. 단 몇 분만 RAIN을 해도 내가 "트랜스 안의 삶"이라 칭하는 단절 상태를 중단시키고 자신 및 타인과 함께 보다 현재에 머물 수 있다. 또한 RAIN을 사용하여 삶에 대한 부정적 태도를 깨고 본성의 진정한 잠재력을 엿볼 수 있다.

2부는 당신의 내면으로 RAIN을 불러들이도록 안내한다. 수련생들과 내가 함께 고민하는 상황들을 이용하여, 수치심, 두려움, 깊은 갈망 찾아보기 등의 광범위한 도전적 환경에서 네 단계를 어떻게 적용시키는지 일러준다. 내면의 힘을 찾아내고 발달시키는 구체적인 기법도 제공한다.

3부에서는 인간관계로의 여행이 시작된다. 여기서는 용서하는 능력을 일깨우고, "비실제적 타인"이라는 가면 너머를 보도록 도와주고, 갈등, 보이지 않는 편견, 차이를 살피게 하는 훈련법이 나온다. 시간이 흐를수록 깊어지는 마음챙김과 친절함이 당신이 염두에 두는 모든 것, 당신과 관계 맺는 모든 사람들을 품게 될 것이다. 당신은 물러섬 없이 근본적 연민, 사랑의 축복을 찾아낼 것이다.

❈

나는 RAIN으로 길러진 근본적 연민으로 수많은 사람들이 치유되는 것을 목격하고 있다. RAIN이 자신의 기본 미덕에 대한 믿음을 일깨우고 이것이 확장되어 모든 존재에 흐르는 빛을 알아채고 믿게 하는 것이 놀랍다. 많은 수련생들과 친구, 가족이 이 열린 마음의 자각과 삶에 대한 경외심을 발견하는 것을 바라보면서 우리의 잠재력에 대한 믿음이 커진다.

이는 또한 세상을 향한 희망을 준다. 진화론적 관점에서 우리 종의 뇌발달은 자기-자각, 이성적 사고, 공감, 연민, 마음챙김의 능력이 커지는 것과 관련이 있다. 물론, 인간의 두려움과 욕망이 인지적 능력과 결합되면, 지구 및 우리와 다른 종을 최악의 위험에 빠뜨릴 수도 있다. 하지만, 우리가 진화의 끝은 아니다. 우리에게는 마음챙김과 자신안의 연민을 깨워 타인들과 다정한 관계를 맺도록 이끌어주는 방법이 있다.

자신의 가슴을 깨우려는 노력은 이 소중한 세상을 치유하는 데 필수적이다. 폭력, 피지배층에 대한 압박, 지구를 위협하는 지속불가능하고 중독적인 소비와 같은 고통의 양상들은 모두 두려움에서 비롯되며단절과 배타성의 감정에 뿌리를 둔다. 근본적 연민은 상호의존성과 상호소속감이라는 진실을 표현하는 것이다. 결국, 자신다운 진정한 삶은치유와 자유라는 공동의 길, 평화롭고 사랑 넘치는 세상을 향한 공통된 열망에 진실하게 사는 것이다.

이 자각의 여행길에 우리가 함께 있음을 기억하고 믿기 바란다. 그 길에서 당신이 진정한 행복과 자유를 찾아내길 기원한다.

사랑과 축복을 보내며,
타라

끌
어
안
음

1부

집중이 지닌 치유의 힘

I

RAIN은 명료하게 한다

온 세상을 구하거나 거창한 일을 하려 들지 말라.
차라리 빽빽한 일상의 숲을 정리하라.

_마르타 포스틀웨이트(Martha Postlewaite)

우리 모두는 끝없는 근심과 계획에 얽매인 채, 타인의 평가를 받고 요구를 만족시키고 문제를 해결하려고 분투하다가 일상의 밀림에서 길을 잃는다. 그 밀림에 갇히면 가장 중요한 것을 보지 못한다. 자신이 얼마나 친절해지고 싶고 마음을 열고 싶은지 잊어버린다. 이 신성한 땅과 살아있는 모든 존재와의 연결감을 잊고 만다. 결국, 자신이 누구인지 잊는다.

이런 망각은 트랜스 상태의 일부로, 꿈과 같이 전반적인 현실감에서 유리되는 부분적 무의식 상태다. 트랜스 상태에서는 마음이 좁아지고 고착되며 대개 생각 속으로 함몰된다. 가슴은 방어적이고 불안하거나 무감각해진다. 트랜스의 징조를 알아차릴 수 있으면 자신이나 타인에게서 이를 흔하게 보게 될 것이다. 자동조종장치에 걸려 사는 듯하고 벽에 막힌 기분이고 주변사람들과 멀어지고 두려움과 분노, 희생되거나 미흡하다는 느낌에 사로잡혀있을 때가 바로 트랜스 상태이다.

하지만, 다행히 우리에게는 자신을 자유롭게 할 수 있는 능력이 있다.

숲에서 길을 잃었을 때, 잠시 쉬면서 소란한 생각에서 벗어나 매 순간의 경험을 알아차리는 것만으로도 명료해질 수 있다. 나는 이 깨어있는 즉각적 알아차림을 "현존감"이라 부른다. 이것은 의식·영성·불성·본성·깨어있는 마음 등으로 불린다. 현존감과 다시 온전하게 연결되면 감각, 감정, 사고 내의 변화무쌍한 흐름을 저항 없이 받아들일 수 있다. 이렇게 되면 명료함과 연민을 지니고 삶의 매 순간을 살 수 있다. 무의식적인 정신적·정서적 자동반응으로 길을 잃은 상태에서 완전한 현존감을 누리는 삶으로의 전환이 바로 트랜스에서 깨어나는 것이다.

RAIN의 네 단계 – Recognize인지하기, Allow인정하기, Investigate 살펴보기, Nurture보살피기 – 는 현존감에 도달하기 위한 우리 여정의 도구가 될 것이다. 한 마디로, **RAIN은 마음챙김과 연민을 일깨우고, 이를 당면한 문제에 적용시켜, 정서적 괴로움을 해결한다.** 기본은 쉽게 배울 수 있으므로 당장 사용할 수 있다. RAIN은 빽빽한 숲을 정리해주며 그 과정에서 당신의 가슴과 영혼을 회복시킨다.

이 장에서는 RAIN의 각 단계를 간략하게 살펴보고 준비 차원에서 일상에서 적용해볼 수 있는 단순한 훈련법을 제시하려고 한다. 먼저, 나에게 RAIN이 필요했던 어느 오후에 일어난 일부터 들려주고 싶다.

"시간이 부족해."

나의 빽빽한 숲에는 **'시간이 부족해.'** 라는 말이 늘 윙윙거린다. 물론 나만 그런 것은 아니다. 많은 사람들이 해야만 하는 일 사이를 불안스레 오가며 종일 전속력으로 내달린다. 이럴 때는 마치 괴롭힘을 당하는 것 같고 방해받으면 짜증이 나며 코앞에 닥친 일을 걱정한다.

임박한 강의를 준비할 때 나의 불안감은 최고조에 달한다. 몇 년 전 어느 오후 막바지 작업 중일 때였다. 나는 그날 저녁에 예정된 자애 명상 강의에 필요한 자료를 찾느라고 정리가 되지 않은 파일을 미친 듯 뒤지고 있었다. 마음도 파일마냥 뒤죽박죽이었다. 그때, 함께 살고 있던 여든셋의 어머니가 불쑥 연구실로 들어왔다. 어머니는 잡지 〈뉴요커(The New Yorker)〉에서 읽은 자신이 좋아하는 기사에 대해 이야기하기 시작했다. 하지만 내가 컴퓨터 화면에서 눈을 떼지 못하는 걸(아마 잔뜩 인상을 쓴 채) 보더니 잡지를 조용히 책상에 올려놓고 나갔다. 어머니가 나가는 걸 보려고 고개를 돌렸을 때, 내 안의 무언가가 바로 작동을 멈추었다. 어머니는 나와 담소를 나누려고 종종 들르곤 했었다. 그런 다정한 시간을 함께 할 어머니가 항상 계시지는 않을 거란 사실에 정신이 번쩍 들었다. 또한 내가 어머니를 무시하면서 사랑에 대한 강의를 준비한답시고 허둥대는 그런 사람임에 놀랐다.

무엇이 중요한지를 망각하고 휘청댄 것이 이번이 처음은 아니다. 특히 어머니와 살게 된 첫 해에는 내 시간을 더 할애해야 했으므로 계속 압박감을 느꼈다. 저녁식사 중에도 양해를 구하고 다시 일로 돌아갈 기회를 엿보곤 했다. 볼일을 보거나 어머니 주치의를 만나러 가기도 했는데 어머니와의 동행을 즐기는 게 아니라 일을 얼마나 빨리 처리할 수 있느냐에 마음이 가 있었다. 어머니는 외로웠고 내가 가장 가까운 가족이었으므로 함께 하는 시간이 자주 의무로 여겨졌다. 어머니는 내가 죄책감을 갖지 않도록 했으며 모든 것에 고마워했지만, 나는 죄스러운 마음이 들었다. 그러다가 다소 여유가 생기면 깊은 슬픔을 느꼈다.

연구실에서의 그날 오후, 나는 잠깐 쉬면서 RAIN으로 강의 준비에 대한 불안감을 다뤄보기로 했다. 책상에서 일어나 안락의자로 가 잠시 마음을 가라앉혔다.

첫 단계는 내 안에서 일어나고 있는 일, 즉 계속되는 불안한 생각과 죄책감을 인지하는(Recognize) 것이었다.

두 번째 단계는 호흡하기와 내버려두기를 통해 일어나고 있는 일을 인정하는(Allow) 것이었다. 느끼고 있는 것을 좋아하지 않지만 어떤 것도 고치려들거나 변화시키려 하지 않는 것, 불안감과 죄책감으로 나 자신을 판단하려 **하지 않는** 것이었다.

인정하기를 통해 세 번째 단계인 가장 힘든 느낌 살펴보기(Investigate)에 들어서기 전에 집중력을 모으고 깊게 할 수 있었다. 이제, 내 몸에 나타난 불안감, 즉 몸의 긴장감과 가슴 부위의 당김과 압박감에 관심을 가지고 집중했다. 불안감에게 무엇을 믿고 있는지 물어보았는데 아주 낯익은 대답이 나왔다. 내가 실패할 거라는 믿음이었다. 강의와 이야기를 미리 세세히 구성해두지 않으면 잘 해내지 못해서 사람들을 실망시킬 거라는 것이다. 그러나 바로 그 불안감 때문에 어머니를 도외시했고 진심으로 사랑하는 이를 놓치고 있었다. 이런 죄책감과 두려움을 의식하면서 살펴보기를 계속했다. 괴로운 불안감과 대면하고 질문을 던졌다. "지금 당장 무엇이 가장 필요하니?" 나는 보살핌과, 결코 실패하지 않을 거라는 안심이 필요함을 바로 직감했다. 강의가 잘 진행될 것이라는 믿음과 어머니와 나 사이의 사랑에 대한 믿음이 필요했다.

이제 네 번째 단계인 보살피기(Nurture)에 이르게 되어 불안감에게 직접 부드러운 메시지를 보냈다. "괜찮아. 다 잘 될 거야. 모든 역경에도 불구하고 … 전에도 이런 일을 수없이 잘 해냈어." 따뜻하고 안심시키는 에너지가 몸에 퍼지는 게 느껴졌다. 그러자 뚜렷한 변화가 나타났다. 가슴이 약간 편안해지면서 어깨가 이완되고 마음이 보다 맑아지고 열리는 듯했다.

나는 바로 일로 돌아가지 않고 1~2분 동안 이 명료함 속에서 고요히 휴식했다.

몇 분밖에 걸리지 않은 RAIN으로 인해 분명 달라졌다. 다시 책상에 앉았을 때, 뭔가 안 좋은 일이 일어날 거라는 이야기에 더 이상 사로잡히지 않았다. 불안감에서 벗어나자 생각과 강의안이 급물살을 탔고 강의 주제에 적합한 이야기가 생각났다. 잠깐 쉬면서 RAIN을 한 덕분에 그날 저녁 강의에서 말하려 했던 명료함과 열린 마음에 다시 닿을 수 있었다. 그날 늦은 오후에 어머니와 나는 팔짱을 끼고 짧지만 달콤한 숲 산책을 즐겼다.

그 이후로 나는 불안감을 대상으로 축약형 RAIN을 수십 번 해보았다. 불안감이 사라지진 않지만 근본적인 변화가 일어났다. 불안감이 나를 점령하지는 않는다. 트랜스의 밀림에서 길을 잃지 않는다. 잠시 멈추고, 해야만 하는 일에 대한 생각에서 벗어나 심신에 실제로 일어나고 있는 경험 쪽으로 집중을 옮기면 자연스럽게 현존감과 친절함이 늘어난다. 계속 일을 하겠지만, 가끔씩 기어를 바꾸고 밖으로 나가 강아지와 놀고 차를 마시고 정원에 물을 주기로 마음을 먹는다. 이것 말고도 할 것은 많다.

트랜스에서 벗어나기 : 유턴하기

종일 분주하게 내달리는 트랜스 상태에서는 생각에 함몰되고 몸과 단절되며 가슴과 따로 논다. RAIN은 내가 "유턴(U-turn)"이라 부르는 방식으로써 트랜스에서 벗어나게 한다.

　　타인, 잡념, 혹은 지금 진행 중인 일에 대한 지나치게 정서적인 이야기 등의 외부적 고착에서 벗어나 실제적이고 생생한 몸의 경험 쪽으로 집중을 돌릴 때마다 우리는 유턴을 하는 셈이다. 이는 공포 영화를 보면서 스크린에 흐르는 이야기에 완전히 빠져 있다가 갑자기 정신이 드는 것과 같다. **괜찮아, 그냥 영화일 뿐이야. 수백 명과 함께 보고 있는데, 뭘. 의자도 느낄 수 있고 숨도 잘 쉬고 있잖아.** 그러고는 자신의 현존감을 알아차리고 현실로 돌아온다.

　　오직 의도적으로 내면의 경험에 집중해야만 트랜스에서 벗어나 치유로 나아갈 수 있다. 꼬리를 무는 불안한 생각과 고질적인 어깨 뭉침, 서두름에서 오는 압박감을 알아차려야 한다. 그런 다음에야, 타인의 실수, 자신의 결점, 앞으로 닥칠 문제에 관한 스스로의 이야기에서 벗어나 자신의 두려움, 상처, 취약성, 궁극에는 깨어있는 부드러운 마음을 직접 느끼는 쪽으로 전환이 시작될 수 있다. 정말 중요한 이 전환은 RAIN의 단계들을 통해 점진적으로 진행된다. 하지만 핵심은, 자신이 트랜스 안에 들어있다는 사실부터 깨닫는 것이다!

트랜스 상태인가,
아니면 현존감 상태인가?

자각에 대해 가르칠 때 나는 조셉 캠벨(Joseph Campbell)이 만든, 가로지르는 선이 있는 원 이미지를 자주 사용한다.

　선 위에는 우리가 의식하는 모든 것이, 아래에는 의식적 자각 밖의 모든 것, 즉 두려움, 혐오, 조건화, 신념의 숨겨진 세상이 있다. 선 아래에 머무는 것이 바로 트랜스 상태이다.

　트랜스 상태는 꿈속에 있는 것과 비슷하다. 우리는 보다 넓고 생생한 현실이 있음을 알지 못한다. 하여, 트랜스에서 깨어나는 것은 꿈

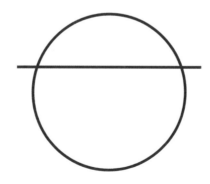

에서 깨는 것과 마찬가지다. 내면의 삶, 우리가 속한 세상, 광활한 자각 자체를 직접 경험하면서 자신을 알아차린다. 선 위의 삶이 바로 현존감으로 사는 것이다.

현존감에는 자각, 개방성, 부드러움 혹은 사랑이라는 세 가지 기본 특성이 있다. 여러 영적 전통에서 현존감은 광활하고 빛이 가득한 하늘로 묘사된다. 밝고 경계 없는 하늘처럼 현존감이 충만하면 삶에 따스함과 자양분이 가득하다. 기쁨과 슬픔, 두려움, 흥분, 비통함 등 온갖 날씨가 하늘을 지나가지만 현존감은 하늘 그 자체마냥 모든 것을 품을 수 있다.

우리는 모두 현존감을 맛본다. 잠들기 전 고요하고 편안한 가운데 지붕에 닿는 빗소리를 들으며 현존감 안에서 휴식한다. 별이 찬란한 밤하늘을 경이롭게 바라볼 때처럼 배경이 되는 현존감도 있다. 누군가의 예기치 못한 다정함이 고마워질 때도 현존감을 향해 열려있는 상태다. 생과 사를 목격할 때 느끼는 현존감은 결코 잊지 못하리라. 과거와 미래는 물러나고 생각은 잠잠해지고 바로 지금, 여기 존재함을 자각한다.

이와 반대로, 트랜스는 우리를 상념과 정서적으로 부담스러운 이야기로 이루어진 가상 상태에 가둔다. 우리는 문제를 해결하고 욕망을 만족시키고 불편한 마음을 없애려고 애를 쓰거나, 미래에는 더 나아질 거란 생각으로 치닫는다. 무의식적인 신념, 감정, 우리의 결정과 삶에 대한 자동반응을 조종하는 기억에 휘둘린다. 이뿐 아니라, 무의식적인 욕구와 두려움은 자신이 누구인지에 대한 핵심 사고를 형성한다. 트랜스 상태에서는 흔히 소외감이나 외로움, 위협받는다거나 불완전하다는 느낌을 지닌다.

일상에서의 트랜스는 평범하고 낯익은 것으로 우리를 습관의 고치에 가둔다. 즐거운 환상으로 데려가 강박적 사고에 함몰시키고 고통스런 정서의 파도를 타게 한다. 트랜스의 내용이 무엇이든, 자신 및 주변 사람들과 진정한 관계를 맺을 능력이 사라진다. 그 자리에 존재하지 않는다!

자신이 트랜스 상태라는 걸 어떻게 알 수 있을까? 알아차리지 못할 때가 많다. 하지만, 나는 자신이 선 아래쪽 트랜스에 있음을 어떻게 깨닫는지에 관한 많은 이야기를 들었다.

트랜스의 징조

- 에너지바 한 상자를 막 먹어치웠음을 깨닫는다.
- 오늘은 자식, 상사, 배우자 등 모든 사람이 싫고, 세상에 트집을 잡고 싶다.
- 누가 더 우위에 있는지 알려고 계속 다른 사람을 평가한다.
- 사소한 것이 "너무 크게" 느껴진다.
- 누군가의 이야기를 듣는 중에도 그 자리를 벗어나 담배를 피울 생각을 한다.
- 온라인상의 링크를 따라가다가 한 시간을 허비한다.
- 목이 불편해지고 어깨가 올라가면서 딱딱해지고 몇 시간째 불안한 상태임을 깨닫는다.
- 내면의 목소리(어머니 목소리)가 "제대로 좀 할 수 없니?"라고 말하는 듯하다.
- 가게에 들렀는데, 눈에 보이는 모든 여자들의 몸과 내 몸을 비교하고 있음을 알아차린다.
- 동분서주하다가 다치거나 무언가를 깨뜨리거나 어이없는 실수를 한다.

징조를 인지하면 트랜스에서 벗어나기 쉽다. 나의 경우, 해야 할 일을 초조하게 곱씹거나 누군가의 마음을 상하게 한 것에 죄책감을 가질 때가 조심해야 할 때다. 이러한 경계 신호는 실패에 대한 두려움과 신체적 긴장감을 의식하도록 도와준다. 그렇게 되면 두려운 신념이 진실이 아니며 시간을 보내는 방법에 더 많은 선택지가 있음을 기억해낼 수 있다.

트랜스	현존감
무의식적인 – 선 아래	의식적인 – 선 위
잠이 든, 꿈속에 있는	깨어있고, 선명하고, 알아차리는
정서에 사로잡힌	마음을 챙겨 정서를 바라보는
단절된	감정과 연결된
방어적이거나 무감각한 마음	보살펴주는 부드러운 마음
경험에 자동반응하는	경험에 대응하는
휘어잡거나 저항하는	균형 잡히고, 열려있고, 분별하는

자신에게 물어보라, "바로 지금, 나의 현존감은 무엇인가?", 혹은 "나와 현존감 사이를 가로 막는 것은 없는가?" 이 간단한 질문만으로도 트랜스를 깨닫고 자각을 일깨울 수 있다.

혹은, 하루를 돌아보고 선 아래에 머물렀던 순간을 찾아본다. 트랜스의 징조를 알아낼 수 있는가? 때로 트랜스 상태 중에도 힘겨워하고, 갈등하고, 마음을 닫고, 불안한 자신을 인지하기도 한다. 이 경고 신호는 선 위에서만 가능한 치유-밝은 하늘-가 필요함을 알려준다. RAIN을 불러들여야 할 때다.

사랑은 명료함을 통해 빛난다

함께 산 지 4년 후 어머니는 폐암 진단을 받았다. 돌아가시기 3주 전쯤 어느 오후, 나는 어머니 침대 곁에서 우리가 좋아했던 단편소설을 읽어드리고 있었다. 책을 읽는 사이 어머니는 잠이 드셨고 나는 편히 잠든 어머니를 바라보았다. 몇 분 뒤, 어머니가 깨시더니 중얼거리셨다. "어머나, 간 줄 알았어. 할 일이 많을 텐데." 나는 어머니 뺨에 입맞춤을 하고 내내 곁에 머물렀다. 어머니는 입가에 미소를 띤 채 다시 잠이 드셨다.

나는 정말 할 일이 많았다. 언제나 그랬다. 불현듯, 너무 바쁜 나머지 〈뉴요커〉에 실린 기사에 대해 이야기를 나누지 못했을 때, 저녁 식사를 급하게 해치우던 때, 함께 시간을 보내는 것을 의무라 여기고 혼자 산책하는 어머니에게 죄책감을 느꼈던 때가 생각났다. 하지만 RAIN 훈련이 변화를 가져왔다. 함께 지낸 마지막 몇 년간 나는 멈출 수 있었고 진정 그 자리에 존재할 수 있었다. 엄청난 양의 샐러드를 만들 때, 반려견과 강가를 산책할 때, 뉴스를 볼 때, 식사 후 담소를 나눌 때, 나는 그곳에 존재했다.

20분 후 어머니가 깨시더니 나지막하게 속삭였다. "아직도 안 갔구나." 어머니는 내가 손을 잡자 다시 잠이 드셨다. 내가 조용히 흐느끼는데 그 마음을 아시는 듯 어머니가 내 손을 꽉 잡았다. 정말 어머니가 너무 보고 싶을 것 같았다. 하지만 나의 눈물은 우리가 함께 한 모든 순간에 대한 감사의 눈물이기도 했다. 또한 이것을 가능하게 한 명료함에 대한 감사의 눈물이었다. 어머니가 돌아가시던 날 형언할 수 없는 슬픔과 사랑이 가득했지만 후회는 없었다.

　　명료하게 하는 법을 배우면 삶을 되찾는다. 근본적인 연민의 문이 열린다. 트랜스 상태에서는 아이들이 학교에서 일어난 일을 재잘대도 진심으로 귀담아듣지 못한다. 직장동료가 자기-의심과 두려움으로 힘들어하고 초조해도 알아차리지 못한다. 석양, 놀 수 있는 기회, 친밀감을 위한 여유, 자신의 외로움과 갈망에의 조율을 놓친다. RAIN 훈련을 통해 우리는 선 위로 올라가서 현존감과 자연스러운 보살핌의 마음으로 다시 연결된다.

성찰 연습 : 현존감으로 유턴하기

이 연습은 스트레스를 받고 정신없고 불안할 때 해볼 수 있는 것으로, RAIN 훈련의 준비로 생각하면 된다. 이 간단한 연습으로 당신은 내면의 자원에 대한 느낌, 자기-연민, 어떻게 살지에 대한 선택과 다시 연결될 것이다.

벗어나지 못하는 걱정거리나 계획, 판단, 환상 등에 함몰되었음을 알

앉을 때 유턴을 시도해본다. 우선 멈추고, 편안한 자세로 앉고, 눈을 감는다. 심호흡을 몇 번 하고, 숨을 내쉴 때마다 몸과 마음의 모든 긴장을 내보낸다.

자, 이제 여전히 맴돌고 있는 이야기나 생각에서 멀리 벗어나 실제적인 이 순간의 경험에 집중한다. 몸에서 어떤 감각이 느껴지는가? 강렬한 정서가 있는가? 마음속 이야기를 벗어나려고 하면 불안하고 초조한가? 다시 움직이고 싶은가? 몇 분만이라도 지금 이곳에만 머물면서 내면에서 펼쳐지는 모든 것과 함께 할 수 있는가? 자신의 경험을 다정하게 바라보려고 하니 어떤 일이 일어나는가?

하던 일로 다시 돌아갔을 때, 자신의 현존감, 에너지, 기분에 어떤 변화가 느껴지는지 살펴본다.

질의응답

Q_ 화가 날 때 현존감을 경험할 수 있는가?

A_ 물론, 경험할 수 있다! 비난하는 생각 및 화로 인한 신체적 경험을 알아차린다면 현존감 상태인 것이다. 그런 순간에는, 화뿐 아니라, 화를 목격하고 화에 대한 반응에서 선택권이 있다는 느낌이 있다. 반대로, 선택이나 통제에 대한 느낌 없이 뱅뱅 도는 생각과 비난의 감정에 빠져있는 것은 트랜스 상태다.

Q_ RAIN 훈련을 하기 위해 특정한 영적 방법을 따라야 하는가?

A_ RAIN은 자기-이해, 자기-연민, 타인-연민, 정서적 치유를 깊게 하고 싶은 사람은 누구나 사용할 수 있다. 특정 종교나 특별한 영적 믿음이 필요 없다. 당신의 믿음이 무엇이든, RAIN은 깨어나고 열리고 현재에 존재하면서 친절해지는 직접적 경험을 고양시켜 줄 것이다.

Q_ 나는 규칙적으로 마음챙김 수련을 하고 있다. RAIN이 이를 대신할 수 있는가, 아니면 이 두 가지가 병행 가능한가?

A_ 이 둘은 당연히 서로 연관된다. RAIN의 첫 두 단계인 인지하기와 인정하기는 마음챙김에 기반한 자각의 기초다. 다음 두 단계인 살펴보기와 보살피기는 마음챙김을 보다 깊게 하며 연민을 직접 활성화시킨다.

RAIN은 당신의 당면 문제에 마음챙김과 연민을 불러들이는 도구가 될 수 있다. 규칙적으로 마음챙김 수련을 하다가 힘든 정서에 사로잡혔다고 느낄 때 RAIN을 해보라. RAIN은 그 정서적 곤경으로 바로 마음챙김과 자애의 집중을 체계적으로 제공하면서 당신을 끌어줄 것이다. 엉켰던 감정이 풀리면 다시 마음챙김 수련으로 돌아오면 된다.

명상 중에 RAIN을 포함시켜도 되고, 하루 중 답답하거나 힘들 때 아무 때라도 잠시 멈추고 RAIN의 도움을 받아도 된다.

Q_ 때때로 요가 중에 두려움, 분노, 자기-의심과 같은 강렬한 정서가 올라온다. 이런 경우에도 RAIN이 도움이 될 수 있을까?

A_ 요가, 기공, 태극권, 호흡수련, 영기요법, 유도 심상법, 바이오피드백과 같은 심신 수련 중에 강렬한 정서를 경험하는 것은 지극히 자연스럽다. 잠시 시간을 마련해 RAIN과 통합하는 것이 심오한 정서적 치유로 이끌고 강력한 시너지를 줄 수 있다.

2

RAIN은 삶에 예스, 라고 말한다

RAIN의 첫 두 단계

자극과 반응 사이에는 공간이 있으며,
바로 그곳에 당신의 힘과 자유가 있다.

_ 빅터 프랭클(Viktor Frankl)

삶의 가장 깊은 변혁은 요약컨대 아주 단순하다. 자신의 내면에서 일
어나는 일에 바로 자동반응하지 않고 대응하는 법을 배우는 것이다.
예를 들어, 어떤 일로 화가 나거나 불안할 때 무슨 일이 일어나는가?
만약, 습관대로 자신을 괴롭히고 타인을 비난하거나 상처를 주고, 희
생자가 된 기분을 느끼는 식으로 자동반응한다면, 트랜스의 괴로움
을 더하는 셈이다. 하지만 RAIN의 첫 두 단계인 인지하기와 인정하
기를 통해 마음챙김적 현존감을 깨운다면 자유로운 마음의 길로 들
어선다.

마라와 차 한 잔 나누기

불교에 나오는 멋진 이야기 하나가 어려움에 직면했을 때 이 길로 가는 방법을 알려준다.

당신은 완전한 해탈에 이르도록 보리수 아래서 밤새 명상을 하는 붓다의 이미지에 익숙할 것이다. 어둠의 신 마라(탐욕·증오·망상의 우주에너지를 의미하는)는 붓다의 깨달음을 방해하려고 폭풍우, 요부, 격노한 악마, 대규모 군대 등 그가 아는 모든 방법을 시도했다. 싯다르타는 그 모든 것을 깨어있고 연민에 찬 현존감으로 맞이하였고, 아침 하늘에 샛별이 떠올랐을 때 깨달음의 존재, 붓다가 되었다.

하지만 이것으로 마라와의 관계가 끝난 것이 아니었다.

붓다는 깨달음 이후 50년 동안 현존감, 연민, 자유의 길을 추구하는 이들을 가르치면서 북인도를 여행하였다. 들판과 숲, 마을과 강둑에서, 농부와 상인, 도시인과 귀족, 비구와 비구니들이 지혜의 가르침을 듣기 위해 모여들었다.

선 지도자인 틱낫한(Thich Nhat Hanh)의 이야기에 따르면, 마라는 여전히 때때로 출몰했다. 붓다의 충직한 제자인 아난다가 군중 주변에 몰래 숨어드는 마라를 발견하고 놀라 붓다에게 달려갔다. "큰일 났습니다. 마귀가 돌아왔어요! 조치를 취해야 합니다!" 그럴 때마다 붓다는 다정하게 아난다를 바라보며 말하곤 했다. "아난다야, 그러면 안 된다." 그리고 나서 마라에게 다가가서 확고하지만 부드러운 목소리로 말했다. "마라 … 다시 만났네요. 와서 차 한 잔 합시다." 붓다는 마라를 귀한 손님으로 맞이하였다.

이것은 우리에게도 가능하다. 실패에 대한 두려움, 혹은 타인의 무시나 불손함으로 인한 상처의 모습을 한 마라가 당신 삶에 나타난다고 상상해보라. 잠시 멈추고, "마라, 당신을 만났군요."(인지하기)라고 말한다면 어떨까. 그런 다음 "차 한잔해요."(인정하기)라고 하는 것이다. 자신의 감정을 회피하거나 분노에 차 돌진하거나 자기-판단으로 괴로워하지 말고, 보다 큰 명료함과 품위, 친절함과 편안함으로 삶에 대응하는 것이다. RAIN의 이 두 단계를 통해 당신은 자유의 길로 들어선다.

붓다에 관한 이 이야기는 우리에게 희소식이다. 붓다에게도 마라라는 고통스러운 기운이 계속 일어났다. 우리만 폭풍우 같은 혼란, 갈등하는 욕망들, 두려움이나 상처, 분노의 화살에 계속 걸려드는 것은 아니다. 더군다나 그 와중에서 우리를 깨워주고 자유롭게 하는 훈련법이 있다!

자신에게 질문을 해보라. "최근에 언제 마라가 찾아왔는가?" 마라가 찾아올 때 이렇게 말한다면 어떨까? "마라, 당신이 왔군요. … 차 한잔해요."

"노No"는 습관이다

마라에게 차를 대접하는 붓다는 현재 순간과 삶 전체에 예스, 라고 말하고 있었다.

이와 반대로, 우리는 자신의 경험에 저항하거나 회피하면서 습관적으로 노, 라고 하며 괴로워한다. 두려움, 증오, 분노, 상처의 모습으로 마라가 나타날 때 무슨 일이 생기는지 생각해보라. 마음은 그 즉시 뭔가가 잘못되었다고 가정하고 비난할 대상을 찾으면서 그 문제를 제거하려들면서 노, 라고 말한다. 몸은 긴장이나 무감각으로 노, 라고 하고, 마음은 방어하거나 닫히면서 노, 라 한다. 행동은 내달리거나 도망가거나 집착에 빠져 노, 라 한다. "노"라고 한다는 사실을 조금 알아차릴 때도 있지만 대부분 선 아래에서 무의식적으로 삶을 통제하려들면서 길을 잃는다.

예스, 라고 말하는 것은 낯설고 혼란스럽고 위험해 보인다. 위협이 감지될 때의 첫 번째 조건화는 맞서고 거부하는 것이다. 종종 워크숍에서 수련생들에게 힘든 상황을 떠올리고 그때 내면에서 올라오는 감정에 심신이 저항하는 방식을 관찰해보라고 한다. 수련생들은 슬프게도 자신을 보호하려는 노력이 실제로는 삶에 고통을 보탠다는 사실을 알게 된다.

어린 시절 괴롭힘을 당했던 남자가 평가보고서로써 자신을 지속적으로 위협하는 비판적인 상사와 일하게 되었다. 최근의 대치 장면을 떠올리자 그는 불안감에 위가 조이고 심장이 요동치는 걸 느꼈다. 잠시 쉬면서 자신의 경험에 열리지(예스, 라고 말하기) 못하고, 겁에 질려 속으로만 상사에게 분노한 자신을 비난하곤 했다. 그런 후 하던 일로 돌아가 서류작업을 서두르면서 더 많은 실수를 저질렀고 소통은 더 불명확해졌다. 그의 "노"는 자신은 부족하고 만만한 사람이라는 익숙한 생각을 지속시켰다.

자신의 성인 아들에게서 소외감을 느낀 어떤 부인은 자신의 무의식적 "노"를 더듬다가 가끔씩 받는 아들의 이메일에 가닿았다. 그녀는 아들의 짧은 메일을 읽다가 울면서 넋두리를 하곤 했다. "내가 왜 이런 대접을 받아야 되지?" 그러면서 이것은 며느리 때문이라는 생각에 매달리기 시작했다. 결국, 자신의 답장에 며느리에 대한 분노가 드러난다는 것을 깨달았다. 그녀의 "노"는 아들 내외가 자신을 싫어하고 거부한다는 느낌 속으로 그녀를 가두었다.

어떤 방식을 취하든, "노"는 현실에 맞서 긴장을 일으키고 정서적 괴로움이라는 통증을 회피하게 하는 방식이다. 하지만 "노"는 트랜스 상태이므로 깊이 집중해야 함을 알려주는 신호가 될 수 있다. "노"를 빨리 감지할수록 마라에게 보다 잘 대응할 수 있다. 습관성 "노"를 일으키는 힘든 상황이야말로 RAIN의 시작점인 "인지하기"와 "인정하기"로 표현되는 심오한 "예스"를 실험해볼 완벽한 기회다.

마라가 화가 났을 때

IT 회사의 최고 임원인 로저는 참을성이 없고 화를 잘 내며 일을 잘 해내지 못하는 사람은 바로 한 방 먹인다는 평판을 받았다. 가족에게는 더 심했다. 싱크대에 쌓인 그릇, 요란한 음악, 늦은 귀가 등의 이유로 십대 아들들에게 격노하곤 했다. 부인이 자신의 방식대로 일을 처리하지 않는다며 닦달했다. 로저는 자동반응적인 "노"에 붙잡혀 있었다.

결국, 아내의 고집으로 로저는 심리학자를 만나러 갔고 마음을 살피고 자동반응적 행동을 줄이기 위한 방편으로 명상을 추천받아 매주 내 수업에 참석했다. 로저는 힘든 정서 치유하기에 관한 종일 워크숍에 참석했는데 점심시간에 나와 이야기를 나누고 싶다고 했다. 그는 매일 20분 정도 명상을 하는데도 마음이 통제가 안 된다고 했다. "통제력을 잃는 제 자신이 너무 싫습니다. 이렇게 된 제가 싫어요. 그런데도 계속 그러고 있어요." 그는 자신이 혐오스럽다는 듯 말했다.

나는 조용한 곳으로 가서 로저에게 RAIN의 '인지하기'와 '인정하기'를 소개했다. 명상 수업을 듣는 그에게 이런 식의 집중은 이미 익숙했다. 그 순간 일어나고 있는 일을 알아차리는 '인지하기'와 판단 없이 있는 그대로 두는 '인정하기'는 마음챙김의 기본이다. 이제 로저의 습관적 자동반응에 이것을 직접 적용하는 법을 알려주려는 참이다.

우리는 그 주 초반에 일어난 사건에 초점을 두기로 했다. 한 직원이 준비가 덜 된 보고서를 가지고 회의에 참석했고 이에 폭발한 로저는 모든 사람이 보는 가운데 그를 야단쳤다. 나는 로저에게 명상을 할 때처럼 눈을 감고 몇 분 동안 호흡을 바라보라고 했다. 그가 집중하자 그 상황에서 가장 화난 부분을 떠올리고 인지하기 단계의 핵심 질문을 해보라고 했다. **내 안에서 무슨 일이 일어나고 있는가?** 나는 눈을 감고 앉아있는 그를 이끌었다. "생각과 감정, 감각 … 모든 것을 바라보기만 하십시오. 그리고 떠오르는 것에 주목하십시오. 속으로 자신에게 '비난 … 분노, 분노'라 말하거나, '열기 … 압박감 … 폭발' 등 몸의 느낌에 이름을 붙여보십시오." 그는 잠시 고요하게 있더니 고개를 끄덕였다.

다음으로 두 번째 단계인 '인정하기'의 핵심 질문을 말해주었다. **내가 이것과 함께 있을 수 있는가? 혹은 이것을 내버려둘 수 있는가?** "당신은 그것이 정말 불편하고 … 그렇게 느끼지 않기 위해 뭐라도 하겠지만 ··· 인정하기를 하면서 멈추고 ··· 머물고 당신의 직접적 경험을 느껴보려 합니다. 그 경험에 예스, 라고 할 수 있는지 봅니다. ··· 멈추고 그것이 무엇이든 그대로 두십시오. 이 감정과 생각이 괜찮다고 말하는 것은 아닙니다. 다만, 지금 그 감정들이 여기 존재한다는 사실에 예스, 라고 말하는 것입니다." 그가 거의 숨을 쉬지 않는 것 같아 "마음챙김 호흡을 하는 것이 큰 도움이 됩니다 ··· 호흡은 신체의 느낌과 더불어 현재에 머물도록 도와줍니다."라고 말했다.

그가 편안하게 호흡하는 것을 보고 10초쯤 기다렸다가 몇 번 더 의식적인 호흡을 한 후 눈을 뜨라고 했다. 그는 나를 잠깐 쳐다보더니 눈썹을 치켜 올리면서 의아해했다. "이게 다인가요? 분노라 이름 부르고 애들한테 하듯 열까지 헤아리는 것이?!?" 우리는 웃음을 터뜨렸다.

"글쎄, 꼭 그런 건 아닙니다. 하지만 시도해보세요. 물론, 다른 사람이 있을 때는 눈을 감지 않아도 됩니다. 잊어버리고 화를 낼 때도 있겠지요. 하지만 기억하도록 노력하고, 내면에 어떤 일이 일어나고 있는지 관찰하고 그냥 인정하고 ··· 감정과 함께 호흡하고 ··· 물론, 열까지 헤아리고요!"

로저는 흥미를 보였다. 나는 매일 하는 명상수련이 인지하기와 인정하기를 실천하는 데 도움이 된다고 말하고 진행 상황을 메일로 알려 달라고 했다. 헤어지면서 "당신은 할 수 있고 ··· 분명 달라질 겁니다."라고 말했다. 로저가 엄지를 치켜들었다.

훈련할수록 단단해진다

나는 명상을 배우면 좀 괜찮아질 거라는 상담사 말을 듣고 마음챙김 수련에 참가한 어떤 사람 이야기를 자주 한다. 수련은 정말 롤러코스터 같았다. 고요한 순간도 있었지만 갑자기 두려움, 분노, 슬픔 속으로 내동댕이쳐지기도 했다. 상담사를 다시 만났을 때 그는 정말 힘들었다고 했다. "어떻게 내가 좋아진다고 약속하실 수 있었나요?" 상담사는 이해한다는 듯 고개를 끄덕이며 말했다. "당신은 더 잘 느끼고 있어요. … 자신의 두려움을 더 잘 느끼고, 분노를 더 잘 느끼고, 슬픔도요!"

이 이야기에 모두들 알아들었다는 듯 웃음을 터뜨린다. 마음챙김 명상, RAIN의 인지하기와 인정하기는 전적이며 구체적으로 매 순간의 경험에 집중하게 하면서 산만한 생각에서 깨어나 유턴하게 한다. 우리는 외로움, 상처, 두려움 등 회피했던 모든 것과 결국 만난다. 하지만 규칙적으로 훈련하면, 폭풍우 가운데서도 균형 잡히고 열린 마음의 현존감을 유지할 수 있음을 알게 된다.

우리는 신경가소성에 대한 작금의 이해 덕분에 뇌가 평생 계속 변할 수 있음을 안다. 이는 가장 뿌리 깊고 해로운 습관도 바뀔 수 있다는 의미다. 한 마디로 요약하면, "함께 점화하는 신경세포는 함께 연결된다." 습관은 뇌에서 신경망을 만들고 강화시키는 반복된 사고·감정·행동 양식에 의해 유지된다. 사고·감정·행동 양식을 변화시킴으로써 이 신경망을 바꿀 수 있다.

많은 연구에 의하면, 마음챙김은 뇌의 구조 및 기능에 직접적이며 긍정적인 영향을 준다. 스트레스를 느꼈을 때 우왕좌왕하고 걱정하고 판단하면서 트랜스 상태에 들면 마음에는 두려움에 기반한 바퀴 자국이 깊어진다. 반대로, 스트레스 상황에서도 마음을 챙기고 멈추고 자신의 경험을 알아차리고 인정하면 달라진다. 스쳐가는 욕망과 두려움에 자동반응하지 않고 보다 깊은 지성·창의력·보살핌으로 대응할 수 있다. 이것이 뇌에 새로운 양식, 즉 진정한 행복과 평화와 관련된 새로운 신경 통로를 만든다.

자신의 경험에 예스, 라고 인정할수록 그 개방성과 현존감이 당신의 살아있는 세포 속에 구현되어 모든 삶의 경험에 영향을 미칠 것이다.

인지하기와 인정하기 : 보다 자세히 살펴보기

1장에서 인지하기와 인정하기 단계를 소개했지만 이것은 마음챙김의 핵심 요소로서 RAIN의 기초이므로 좀 더 살펴보려한다.

인지하기는 바로 지금 경험하고 있는 사고, 정서·감정·감각에 주의 집중하는 것에서 시작된다. 이때 핵심 질문은 "내 안에서 무슨 일이 일어나고 있는가?"다. 판단하지 않는 목격자의 관점으로 바라보는지 살펴보고, 그저 호기심을 가져라! 당신의 주의를 붙잡는 것을 잠시 바라보라. 골치 아픈 생각, 불안감, 상처, 혼란, 슬픔일 수 있다. 어떤 통념이든 내버려두고 친절하고 수용적인 태도로 몸과 마음에 귀를 기울여라. 탐색할 필요가 없다. 그냥 일어나는 모든 것을 가만히 바라보라.

때로 혼란, 분노, 휘몰아치는 생각과 불안감 등의 격렬한 경험을 발견하기도 한다. 괜찮다. 그저 특히 두드러지는 부분을 알아차려라. 무감각해지거나 공허해질 때도 있다. 이것도 역시 정서적 상태이다. "공허함", "무감각"이라고 불러보아라.

인지하기는 트랜스에서 깨어나는 첫 단계다. 잠시면 되지만 대단히 중요하다. 당신은 목도하는 현존감의 존재가 되어 두려움이나 분노의 파도 위로 고개를 들어 올리고 있다.

다음 단계인 **인정하기**는 막 알아차린 사고, 정서·감정·감각을 "내버려두는" 것이다. **"내가 이것과 함께 있을 수 있을까?"**, 혹은 **"내가 이것을 내버려둘 수 있을까?"**라는 질문으로 시작한다. 이에 저항감을 느끼는 것은 당연하다. 당신은 그 감정이 사라지기를 바라니까! 인정하기는 당신이 "노"라고 말하는 현실, 즉 당신이 그런 감정을 정말 싫어한다는 사실을 품어줄 수 있다.

사고와 정서를 통제하거나 해결하려고 하지 말고 그것들이 펼쳐지는 동안 그저 멈춰라. 분석하고 고치고 싶은 강한 충동을 느낄 수도 있다. 그냥 두라. 이때가 바로 당신의 자각이 내면에서 일어나는 모든 것을 품도록 내버려둘 때다.

마음챙김의 두 가지 핵심 질문

자신에게 물어보라. "내 안에서 무슨 일이 일어나고 있는가?"

그 다음으로 물어보라. "내가 이것과 함께 있을 수 있는가?" 혹은
"내가 이것을 내버려둘 수 있는가?"

많은 수련생들이 힘을 주는 말이나 구절을 마음으로 읊조리면서 "내버려두기"를 시도한다. 공포감이나 걷잡을 수 없는 깊은 슬픔을 느낄 때 당신은 예스, 라고 되뇔 수 있다. "이것도", 혹은 "인정해"라고 말할지도 모르겠다.

인정하기에는 여러 수준이 있다. 처음에는 불쾌한 감각을 "참으면서" 시늉만 한다고 느낄지 모른다. 혹은 비밀스러운 거래를 한다고 여겨지기도 한다. "수치심에게 예스, 라고 해주면, 감쪽같이 사라질 거야." 그런데, 단지 예스, 라고 속삭일 뿐인데 보다 여유로워지면서 그곳에 존재하는 것을 더 허용하게 된다. 당신의 온 존재가 저항으로 똘똘 뭉치지는 않는다. 훈련하면 할수록 방어가 느슨해지고, 몸은 경험의 파도에 항복하거나 이완되면서 개방되는 것을 느낄 것이다.

인정하기가 반드시 불쾌감을 줄이지는 않지만 고통과의 관계는 괴로움이 줄어드는 방향으로 근본적으로 변한다. 한 컵의 염료를 물이 가득 찬 싱크대와 호수에 부었을 때의 차이를 생각하라. 인정하기는 신체적·정서적 고통과 다투지 않고 품을 수 있게 우리를 확장시킨다. 심리학자들은 이것을 "정서 내성"이라 부른다.

이런 치유의 잠재력을 기억하면 이 순간의 실재에 예스, 라고 말하는데 도움이 된다. 인지하기와 인정하기는 제한적인 트랜스로부터 보다 깨어있고 넓은 현존감으로의 전환을 가능케 하여 마침내 삶 전부를 껴안게 한다. 삶의 역경에 대한 새롭고 창의적이고 보다 연민에 찬 대응을 발견하는 것은 바로 이 마음챙김적 자각에서 출발한다.

'예스'가 지닌 힘

로저는 몇 달 후 메일로 그간의 진행 상황을 보냈다. 그는 매일 출근 전에 명상을 했고 그 고요한 시간이 마음을 가라앉혀주고 중심을 잡아준다는 사실을 알게 되었다. 직장에서도 달라졌다. 화가 올라올 때 네 번에 한 번 꼴로 멈출 수 있었다. 때로는 인지하기와 인정하기가 화를 약간만 누그러뜨렸고, 여전히 화를 내고 후회했다. 그래도, 한편으로는 변화가 시작되고 있었다. 메일의 마지막은 다음 이야기였다.

지난 월요일, 프로젝트 책임자 한 사람을 만났어요. 그는 자기 팀이 중요 프로젝트 한 가지를 계획대로 진행하지 못했고, 개인적으로 몇 가지 사안을 빠뜨렸다고 인정했어요.
나는 공격을 퍼부을 뻔 했지만 멈추고 … 호흡하면서, 내 안에서 일어나는 것이 무엇인지 묻고, "분노"라 부르고 내버려 두었습니다. 그는 왜 늦게 전할 수밖에 없었는지 이야기했습니다. 음, 나는 그곳에 있었어요. 멈추고, 호흡하면서요. 내 안의 무언가가 바뀌기 시작했어요. 실수만 해대는 그에게 초점을 두는 대신 이 사람이 얼마나 열심이고 정직한지, 얼마나 생각이 깊은지를 인정하고 있었어요. 그래서 놀랍게도 "당신이 최선을 다하고 있다는 것을 압니다."라고 말했어요.
갑자기 그가 눈물을 터뜨리고, 아내가 유방암 4기 진단을 받았고 저처럼 십 대 자녀가 둘인데 모든 게 정말 힘들다고 했어요.

우리는 눈물을 흘리며 부둥켜안았어요. 몇 달 전이라면 별 생각 없이 그에게 부담을 더 줬을 겁니다. 그 자리에서는 포옹을 했고요. 슬프지만 멋진 순간이었어요 … 내가 진정한 인간으로 돌아갈 길을 찾은 것 같았어요.

깊게 새겨진 "노"라는 습관, 즉, 분노에 찬 자동반응, 불안감을 안기는 근심, 방어적 성향, 중독 행동, 자기-비난은 진정한 자신으로 살아가는 것을 방해한다. 마음챙김적 수용의 현존감으로 이 습관을 막으면 사람다운 온전한 잠재력에 다가가기 시작한다. 이것이 "예스" 안에 들어있는 힘과 자유이다. 이것은 지속되는 갈등을 끝내고 화해의 길을 찾도록 도와준다. 자신의 진정성을 막은 힘든 진실을 이야기할 수 있게 한다. 과소비나 과수면에서 벗어나 보다 건강한 삶을 살도록 한다. "노"가 이떤 형태든, RAIN의 첫 두 단계를 훈련하면 변화의 가능성이 열린다.

강렬한 정서와 직면할 경우에는, RAIN의 다음 단계인 살펴보기와 보살피기로 계속 진행하면서 마음챙김과 자기-연민을 깊게 해야 하는 경우가 잦다. 마라와의 차 한 잔이 활기차고 깊은 변화를 가져오는 것이 바로 이때다! 3장에서 알게 되겠지만 보다 깊게 뿌리박힌 습관을 치유하기 위해서는 RAIN의 모든 단계를 훈련하는 것이 매우 중요하다.

성찰 연습 :
"예스"라고 말하기 – 마음챙김 깨우기

고요하게 앉아 호흡의 움직임에 집중한다.

상처, 분노, 두려움, 수치심(트라우마를 유발할 가능성이 있는 것 이외)에서 중간 강도의 정서적 자동반응을 유발하는 상황을 떠올려본다. 가족이나 친구와의 갈등일 수도 있고 중독적인 행동, 혹은 직장에서의 고민일 수도 있다. 그 정서가 가장 강렬해지는 지점까지 영화를 보듯 되풀이해서 생각한 다음, 어떤 것이든 당신을 가장 괴롭히는 점에 집중해본다.

스스로에게 질문하라. "내 안에서 무슨 일이 일어나고 있는가?" 그런 다음 가장 괴롭거나 가장 강렬한 감정을 감지하라.

이제 그 감정에 대한 당신의 태도를 자각한다. 아마 자신의 경험에 항상 노, 라고 했을 것이다. 뭔가 잘못되었고 이래선 안 된다고 생각하면서, 그것이 사라지길 바라고 자신이나 타인을 비난하고 변화시키려 하거나 밀어내고 있는가? 실험 삼아, "노"라는 말과 그 에너지를 가장 괴로운 부분에 직접 보내보라. 자신의 감정을 거절할 때 몸·가슴·마음에 무슨 일이 일어나는지 느껴보라. 그리고 이런 감정을 자주 느끼는지, 그것이 자신에게 익숙한 부분인지 생각하라.

심호흡을 몇 번 하라. 이 상황에서 가장 힘든 부분을 다시 떠올리고 가장 고통스런 감정을 회상한다. 이번에는 이렇게 질문해보자. "이 감정과 함께 있을 수 있을까?" 혹은, "이것을 내버려둘 수 있는가?" 당신이 찾아낸 것 전부를 품을 수 있는 자각의 공간에 이것을 온전하게 그대로 둘 수 있다고 생각하라. 일어나고 있는 것에 노, 라고 거부하던 당신의 그 부분에 예스, 라고 말할 수 있다.

이제 가장 강렬하게 느끼고 있는 것에 "예스"라는 말과 그 에너지를 보내본다. 몸에 어떤 느낌이 드는가? 가슴은? 마음은? 확실히, 무조건, "예스"라 하라. 예스, 라고 말할 때 자신의 존재감은 어떠한가?

다가올 며칠, 몇 주일을 상상하라. 이런 상황이 다시 발생했을 때 힘든 정서에 이름을 불러주고, 완전히 멈추고, 있는 그대로를 인정할 수 있다면 어떨까? 멈춰서 자신의 내면에다 예스, 라고 말할 수 있다면 어떤 가능성이 열릴까?

질의응답

Q _ 누군가에게 상처를 주거나 내가 상처를 받았을 때, 예스, 라고 말하는 것이 걱정스럽다. 나쁜 행동에 대해서는 노, 라고 말하는 게 중요하지 않을까?

A _ 예스, 라고 말하는 것은 그 순간의 현실, 즉 당신의 실제 감정과 감각을 정직하게 인정하고 받아들이는 것이다. 결코, 당신과 타인의 나쁜 행동을 긍정하는 것은 아니다. 정서적으로 학대하는 사람을 본 당신이 자신의 두려움이나 분노에 예스, 라고 할 때, 이 "예스"는 그 사람이 말했거나 행한 것을 포함하지 않는다. 실제로는, 자신의 내면의 경험을 인지하고 인

정하면, 해로운 상황에 대해서 보다 큰 용기와 확신으로 노, 라고 말할 수 있음을 알게 된다.

Q_ 하지만, 나의 분노에 예스, 라고 하는 것이 나를 더 자극하여 타인에게 화풀이할 가능성이 더 커지는 게 아닐까?

A_ 분노, 즉 신체적 열기와 폭발성에 예스, 라고 하는 것과 분노를 일으키는 생각에 예스, 라고 하는 것은 다르다. 분노의 에너지에 "예스"라고 하는 것이 생각의 "정당성"을 뒷받침하지는 않는다. "그렇지, 대충 넘어가는 것이 진짜 나쁘지", 혹은 "그래, 반드시 되갚을 거야."에 동의하는 게 아니다. 단지 분노의 실재를 인정하는 것이다. 실제로, 상처를 받았을 때 습관적으로 폭발했었더라도, 예스, 라는 말을 하면 멈추고 유턴하고 자동반응 대신 경험과 함께 현재에 존재할 수 있다. 멈추는 동안 분노 아래에 묻힌 무언가를 찾아낼 수도 있다. 로저처럼 다른 방식으로 대응할 수도 있다. 우리는 더 이상 상처와 비난의 낡은 방식에 갇혀있지 않다.

Q_ 나 자신을 스스로 "나쁜" 사람이라 여기고 있는데 예스, 라고 하면 정말 그렇다는 확신을 주는 것처럼 느껴진다.

A_ 화가 나는 생각과 마찬가지로, 판단하는 생각에서도 "예스"는 그것이 있음을 그저 인지하고 인정하는 것이다. 내가 나쁜 사람이라는 판단 자체가 진실이라고 확인하는 게 아니다. 분노에서처럼 판단을 인지하고 인정하면, 유턴할 수 있고

그 판단과 자주 동반되는 두려움이나 수치심이 드러날 수 있다. 이렇게 되면 당신은 선 위로 올라가고, 점차 자신의 내면에 도사리고 있는 비판자에 대하여 보다 넓은 관점, 지혜, 연민으로 대응할 수 있다.

Q_ 예스, 라 말하는 것(인지하기와 인정하기)이 두려움과 수치심을 더 강하게 하지 않을까?

A_ 모든 정서는 생각이라는 연료를 계속 주입하지 않으면 호를 이룬다. 즉, 올라가다가 정점에 이르고 마침내 사라진다. 막 올라갈 즈음에 정서와 접속하고, 예스, 라고 함으로써 인정하면 최고조에 다다른다. 이것이 견딜만해지면 치유로 이어진다. 즉, 정서는 자연스럽게 오르다 사라지고, 당신은 열린 마음으로 목격하는 현존감 안에서 쉴 수 있는 힘을 기를 수 있다. 하지만 그 강도가 압도적이면 예스, 라고 할 때가 아니다. 다음에, 특히 두려움에 관한 6장에서, 지지를 구하고, 탄력성을 강화하고, RAIN 훈련으로 돌아가기 전에 의지할 수 있는 자원을 신장시킬 방법을 소개할 것이다.

3

RAIN은 진정한 자기가 드러나게 한다

RAIN의 3, 4단계

삶은 이다지도 단순하다.

우리는 한없이 투명한 세상에 존재하고,

성스러움은 세상 모든 것에서 내내 빛나고 있다.

이는 멋진 이야기도, 우화도 아니다. 이는 진실이다.

_ 토마스 머턴(Thomas Merton)

1950년대 중반 방콕에서 있었던 일이다. 새로 건설되는 고속도로가 고대 사원을 통과하게 되어 오랜 시간 사랑과 존경을 받아온 거대한 점토 불상을 옮겨야 했다. 크레인이 도착하여 불상을 들어 올리자 엄청난 무게 때문인지 점토에 금이 가기 시작했다. 그들은 재빨리 불상을 땅으로 내려놓았고 폭풍우가 예상되어 방수포로 덮어놓았다.

그날 저녁 늦게 주지 스님이 손상된 부분도 살피고 불상이 젖지나 않는지 확인하러 가보았다. 스님이 방수포 아래로 전등을 비추자 크게 금이 간 데서 한 줄기 빛이 반사되었다. 가까이 다가가 살피니 두꺼운 점토 아래 뭔가 있는 것 같았다. 그래서 다른 스님들을 깨워 망치와 끌로 금 간 데를 따라 점토를 깨기 시작했다. 빛이 점점 밝아졌고 몇 시간의 작업 끝에 놀랍게도 금불상이 모습을 드러냈다.

역사학자들은 수백 년 전에 사원의 스님들이 불상을 점토로 덮었을 것이라 믿는다. 이웃 군대의 공격이 예상되자 자신들의 고귀한 불상이 약탈당하거나 파괴되는 것을 막으려 했던 것이다. 뒤따른 전쟁으로 스님들은 모두 죽임을 당했지만 불상은 훼손되지 않고 남았다.

스님들은 이 이야기를 들려주면서, 위협이나 도전에 직면한 우리에게는 황금을 감추려는 자기 나름의 습관적인 방식이 있다고 말한다. 우리의 괴로움은 그 보호덮개를 자신과 동일시하고 존재에 내재된 사랑의 자각을 망각할 때 찾아든다.

황금을 기억하기

나는 첫 남편과 헤어지기로 결정하고 한 달쯤 후 이 황금 불상 이야기를 읽었다. 십 년간 영적 수련을 함께 해온 알렉스와 나는 우정과 존경심을 갖고 이혼을 진행하리라 기대했었다. 하지만 실제로는 재정 문제와 아이들 양육 계획, 그밖에 두 집으로 나뉘는 데 따르는 많은 세부적인 일로 인해 적대적인 교착상태에 놓였다. 우리 둘 다 황금이 아니라 점토를 보고 있었다!

괴로움을 피하고 싶은 마음에 다섯 살인 아들 나라얀에게 이혼 계획을 말하는 걸 미루었다. 그런데 마음에 황금 불상 이미지가 들어오자 우리의 비난과 불신을 점토 보호덮개로 보기 시작했다. 알렉스가 아들을 얼마나 사랑했는지, 그의 부드러운 손길들, 동식물과 어린 아이들과 함께 있을 때 그가 얼마나 멋졌는지 생각났다. 나의 두려움과 분노 아래에 아직 사랑이 있음을 기억했다.

그 후 며칠 동안 계속 황금 불상 이미지가 떠올랐고 그럴 때마다 지금 힘들지만 우리는 헤쳐 나갈 것이며 우정도 그대로일 거라는 사실에 보다 평화로웠다.

일주일쯤 뒤 어느 저녁에 나는 나라얀에게 황금 불상 이야기를 해주었다. 그런 다음 이제 아빠랑 함께 살지 않겠지만 우리는 여전히 너를 사랑하고 보살필 거라고 설명했다. 나라얀은 바로 "알겠어요."라고 했고, 잠깐 생각하더니 "그런데, 엄마랑 아빠는 지금도 서로 사랑하지요? 그렇지요?"라고 했다. 나는 진정 그렇다고 대답할 수 있었고, 실제로 그랬다. 나는 아들에게 "사랑은 황금이라 변하지 않는단다."라고 말해주었다.

내가 27년을 앞으로 돌릴 수 있었다면, 나라얀과 그의 아내인 니콜이 막 태어난 딸을 안고 있는 것을 알렉스가 흐뭇하게 바라보는 모습을 보았을 것이다. 가슴에 미아를 안고서 남편 조나단과 나란히 해변을 산책하는 나를 보았을 것이다. 우리 모두는 황금으로 빛나고 있다.

진정, 우리는 누구인가?

나는 우리의 보호덮개를 "자아 우주복"이라 부르곤 한다. 이 우주복은 가족이나 문화 간의 상처와 갈등 사이를 항해할 때, 안전감·인정·사랑을 향한 욕구를 만족시키기 위한 책략과 방어로 이루어져 있다. 이런 방어는 일부 필요하지만 괴로움도 안겨준다. 자신의 순수함과 맑음, 취약성과 부드러움을 감추면 자신의 본질을 보지 못한다. 자신의 정체성이 자아 우주복과 연결되면서 황금을 잊고 만다.

넓게 보자면, 이렇게 정체감이 좁혀지는 것은 자연스러운 진화론적 전개다. 모든 생명체의 주활동은 생명에 집착하고 위협을 피하는 것이다. 우리는 자신을 보호하기 위하여 막이나 비늘, 피부나 껍질을 가진다. 살아남기 위하여 반사 작용, 기술, 책략을 가진다. 우리의 뇌는 분리를 지각하고 위협에 자동반응하도록 설계되었다. 인간은 생명체로서 지구에 출현하였을 때 이미 욕구와 두려움의 자기로 구성되어 있었고, 이것은 작은 무리나 자신의 종족으로 확장되었다. 하지만 우리의 이야기는 여기서 끝나지 않는다.

호모 사피엔스 사피엔스(자신이 안다는 사실을 아는)인 우리는 스스로를 의식한다. 뇌에서 가장 늦게 진화된 대뇌피질은 우리에게 자신과 타인에게서 연민을 목격하고 느낄 수 있는 능력을 준다. 신경학자들이 알아낸 바에 의하면, 명상으로써 주의 깊게 집중하는 법을 습득하면 뇌에서 자기-자각과 관련된 부분을 활성화시킬 수 있다. 무의식적인 두려움과 편협한 믿음을 감지할 수 있다. 충족되지 못한 욕구가 자신을 무장시키거나 장악하려는 것을 알아차릴 수 있다. 그리하여 이런 자아 덮개가 자신이 누군지에 관한 전반적인 생각을 어떻게 제한시키고 흐리는지 알기 시작한다.

RAIN의 마음챙김과 연민은 일상 속의 폐쇄적 트랜스에서 깨어나도록 한다. 두꺼운 점토로 된 자신의 덮개에 부드러운 RAIN을 가져올 때마다 두려움과 집착이 녹으면서 덮개는 차츰 투명해진다. 황금빛이 점점 더 많이 새어나온다.

RAIN의 후반부 두 단계 : 살펴보기와 보살피기

대학 3학년 초에 남자 친구와 헤어지면서 소피아의 세상도 무너졌다. 소피아와 잭은 1학년 내내 잘 지냈고, 소피아는 그들이 평생의 반려자가 될 거라 여겼다. 잭은 그녀가 원하는 전부였다. 자상하고 똑똑하고 재미있고 그녀가 불안해할 때 흔들림 없는 확신을 주었다. 하지만 잭에게 다른 사람이 생겼다. 불안하고 우울해진 소피아는 학업에 뒤쳐졌고 상담사의 충고에 따라 그 학기를 휴학했다.

집에 머물면서 몇 달간 상담을 받는 사이 소피아는 보다 안정되고 희망을 품게 되었다. 그렇지만 복학할 생각만 하면 공포감이 찾아들었다. 학교에 가면 모든 스트레스를 혼자 감당해야 하고, 더 두려운 것은 잭과 그의 여자 친구를 만나게 된다는 것이었다. 소피아가 종일 방에만 있자 나의 수요반 수업에 나오던 소피아 어머니가 나에게 딸을 좀 만나줄 수 있는지 물었다.

소피아는 처음에는 질문에 예의바르지만 짧게 대답했다. 하지만 학교생활에서 특히 흥미를 가지는 게 있는지 묻자 문제 청소년들을 위한 상담소에서의 인턴 경험을 이야기했고 바로 명랑해졌다. 소피아는 어린이 요가를 가르쳤고 기초 정서지능에 대해 공동 지도를 했다고 말했다. 그녀는 생각에 잠겨 "힘들긴 하지만 아이들과 함께 있는 게 좋아요. 상처가 있으니까 말썽을 피우는 거라고 생각해요. 학교에 다녔을 때를 생각하면 그 애들이 가장 보고 싶어요."라고 했다.

그러더니 소피아는 눈을 아래로 향한 채 몸을 웅크렸다. "가끔 정말 불안해요. 파티는 거의 고문이에요. 교수님들 근처만 가면 신경이 곤두서고, 그래서 교수님들은 제가 자신들을 무시한다고 생각할 거예요. 항상 다음 과제나 시험 생각이 떠나지 않고 … 복학하면 더 나빠질까봐 두려워요. 잭이 없는 것은 안정망을 잃은 것과 같아요."

RAIN을 시작했고, 소피아는 잭을 생각할 때 머리에 떠도는 자기-비난의 목소리를 바로 인지했다. "나는 페이스북에서 잭의 여자 친구를 봤어. … 그녀는 귀엽고 금발인데다 …." 소피아는 자기 배를 가리키면서 "헤어지고 난 뒤 5킬로그램은 쪘을 거야. 잭은 나를 전혀 사랑하지 않았고 그냥 불쌍하고 가련한 나를 구해서 … 영웅이 되려 했던 거야." 소피아는 울기 시작하더니 곧 서둘러 눈물을 닦았다.

나는 "소피아, 지금 이 목소리가 말하는 것을 '비난적 사고'라고 부른 다음 몇 분간 내버려둘 수 있겠어요?"라고 부드럽게 말했다. 소피아는 고개를 끄덕였고 나는 이 단계가 바로 인정하기라고 설명했다. 그녀는 자신의 감정·감각·사고를 인지했고, 그것을 밀어내거나 그것과 싸우는 것을 멈추었다.

잠시 후, 나는 소피아를 RAIN의 I, 즉 살펴보기로 이끌었다. "이제 당신의 생각 아래, 당신의 몸속으로 들어가 봅시다. 그리고 가장 잘 자각되는 것이 무엇인지 찾아봅시다." 소피아는 "그곳은 어둡고 묵직해요. 딱딱하면서 조이고요."라고 했다.

"그 어둡고 무겁고 조이는 감정이 어디서 가장 심한지 말해줄 수 있어요?" 그녀는 즉시 한 손을 가슴으로 가져갔고, 나는 그대로 있으라고 했다. "그 어둡고 무겁고 조이는 곳이 말을 할 수 있다면 뭐라고 할까요?" 잠시 침묵이 흐른 후 소피아는 "어린 소녀가 보여요. … 소녀는 저예요. … 어둠 속에 웅크리고 있어요."라고 말했다.

"소녀가 믿고 있는 것을 말해줄 수 있어요?"

한참 후 소피아는, "소녀에게 문제가 있고 소녀가 나쁘다는 것을 사람들이 알게 되고 … 그래서 그들이 소녀를 사랑하지 않을 거라고 믿고 있어요."

"소피아, 이렇게 외롭고 사랑을 받지 못할까 걱정하는 소녀가 당신 안에 있는 걸 느끼니까 어때요?" 소피아는 손으로 얼굴을 감싸고 흐느끼기 시작했다. 진정이 되자 나는 휴지와 물을 건네주었다. 한참 뒤에 그녀가 말했다. "그녀는 겨우 어린 아이에요. … 아무 잘못도 안 했어요. … 정말 슬퍼요."

나는 고개를 끄덕이면서 물어보았다. "소녀는 당신에게 무엇을 가장 바랄까요?" 소피아가 크게 숨을 들이마시더니 한숨을 쉬었다. "내가 자기를 바라보고, 자기가 거기 있다는 것을 알아주고 … 내가 무조건 보살피기를 바라지요."

이제 RAIN의 N, 보살피기 단계로 접어 들 때다. 소피아에게 잠시 호흡을 한 후, 소녀를 볼 수 있고 소녀의 슬픔과 부드러움을 느낄 수 있는 가장 지혜롭고 친절한 자기를 불러내라고 했다.

나는 "어떤 이들은 이것을 '고귀한 자기', 혹은 '미래 자기'라고 합니다. 상담소에서 아이들에게 관심을 가지고 보살폈을 때 지혜롭고 친절한 자기를 경험했을 거예요."라고 설명했다.

소피아는 눈을 뜨더니 부드럽게 이야기했다. "맞아요. … 제가 때로 느끼는 것이에요. 그 어린 나이에 … 그런 힘든 일을 겪고 … 아이들 잘못이 아니에요." 그녀는 잠시 멈추었다. "저의 미래 자기가 … 그런 거라면 좋겠어요."

소피아는 다시 눈을 감았고 우리는 계속 나아갔다. "소피아, 이제 손을 가슴에 얹고 그 아이들을 위로해줄 때처럼 당신의 미래 자기가 당신의 어린 자기를 보살피도록 해봐요. … 이름을 부르면서." 잠시 후 그녀는 자신의 가슴을 천천히 부드럽게 쓰다듬기 시작했고 나지막이 말했다. "소피아, 내가 여기 있어. 함께 있고 싶어. 너무 힘들게 해서 미안해. 내가 정말로 … 잘 돌봐줄게."

1분쯤 후, 소피아의 호흡이 깊이 안정되는 걸 보았고 잠시 뒤 소피아가 눈을 떴다. 나는 기분이 어떠냐고 물었다. "소녀를 위로할 때 무언가 바뀌었어요. 가벼워진 느낌이 들어요. 슬프면서 가볍고 더 편안해요. 가만히 앉아있어도 제가 바라는 … 자신이 된 … 기분이에요."

다음 만남에서는 소피아에게 황금 불상 이야기를 들려주면서 우리가 보호덮개에 갇혀 자신의 미덕을 잊고 있음을 말해주려고 한다. 지금은, 판단하고 불안을 야기하는 자기-비난의 소리가 들릴 때마다 RAIN 훈련을 하라는 숙제만 내주었다. 그녀가 얼마나 오랜 시간 훈련하는지는 중요하지 않다. 중요한 것은 유턴, 즉 생각에서 벗어나 몸에서 일어나는 일을 살펴 찾아낸 것에 연민을 선사하는 방향으로 전환하는 것이다.

소피아는 자리에서 일어나면서 "복학을 고려해볼 수 있는 유일한 방법이 저의 미래 자기가 제자리로 가느냐에 달려있네요."라고 말했다. 나는 웃음을 터뜨렸고, RAIN에서 내가 가장 좋아하는 점 하나를 말해주었다. "스스로를 더 잘 보살필수록, 자신의 미래 자기, 즉 최선의 자기로 사는 모습을 더 많이 보게 될 거예요."

"RAIN 이후" : 황금을 알아차리기

RAIN의 모든 단계를 마치고 조용하게 앉아 있던 소피아는 되고 싶었던 자신과 보다 가까워진 느낌이 들었다. 쉬면서 자신의 온전한 현존감을 느끼는 순간을 나는 "RAIN 이후"라 부른다. 실제로 비가 내린 후 상쾌하고 맑아지듯 RAIN의 첫 결실은 네 단계를 마친 후 곧바로 나타난다. 하지만 바쁘게 살다보면 이 소중한 순간을 잃어버리기 쉽다. 바로 서둘러 움직이기 전에 잠시 멈추고 현존감 안에서 휴식할 필요가 있다. 그리하면 자신이 누군지에 관한 생각이 확장되는 것도 알 수 있다. 이제 두려워하거나 결점이 많은 자기와 동일시되면서 제한적인 이야기 내에 있지 않다. 자신의 자연스러운 개방성, 깨어남, 부드러움을 자각한다. 이것이 바로 우리의 기본 미덕, 즉 황금의 귀한 맛인 것이다.

열린 마음의 현존감과 연결된 소피아에게 자신에 대한 믿음이 생겨나기 시작했다. 소피아는 복학한 후 몇 차례 이메일을 보내왔다. 한 이메일의 시작은 이렇다. "예전에는 책을 '나의 안전망'이라고 여겼어요. 이젠 제 미래 자기가 늘 저를 품어준다는 것을 깨달았어요." 그리고 인턴으로 일하고 있는 상담소의 아홉 살 소녀 이야기를 이어갔다. 보육원에서 학대를 당한 소녀는 처음에는 상담소 사람들과 말이나 눈길조차 나누지 않았다. 그런데 소피아가 세 번째 찾아갔을 때 소녀가 언제 다시 오느냐고 물어왔다. "저는 다음주에 온다고 말했고 한 번 안아도 되냐고 물었어요. 소녀는 부끄러워하면서 고개를 끄덕였고 약간 뻣뻣해졌어요. 안았을 때 이 아이가 저와 헤어지기 싫어하는 게 느껴졌어요."

모든 사람에게는 자신의 황금과 연결되어 그 황금으로 살게 되는 소명이 있다. 그것을 미래 자기, 고귀한 자기, 깨달은 마음, 불성, 위대한 영성, 주님의 뜻, 혹은 신성 등 어떻게 명명하든 우리는 자신의 진정한 본성을 드러내고 싶어 한다. 자아 덮개와 동일시되는 것이 진화의 일반적 부분이긴 하지만, 근본적 연민에 대한 자각은 이 제한적인 트랜스에서 벗어나게 한다. RAIN은 빛나는 사랑의 자각이라는 본성으로 우리를 안내함으로써 연민의 현존감으로 살아가게 한다. 2부에서는 RAIN을 내면의 빛을 가장 자주 방해하는 두려움과 상처에 직접 적용하는 법을 알아보려고 한다.

앞으로는 RAIN 훈련법을 다양한 상황에 적용시키는 여러 제안들을 보여줄 것이다. 아래에 언제라도 복습할 수 있게 기본 단계들을 요약해놓았다.

명상 연습 :
단계별 RAIN

조용히 앉아 눈을 감고 심호흡을 몇 번 한다. 분노나 두려움, 수치심이나 절망 등 쉽게 자동반응을 일으키는 고민스러운 현재 상황을 떠올린다. 가족과의 불화일 수도 있고, 만성 질병일 수도 있고, 직장에서의 실패, 중독의 고통, 후회가 남는 대화일 수도 있다. 장면이나 상황을 그려보고, 오간 대화를 회상하고, 가장 괴로운 순간을 느끼면서, 그 경험 안으로 천천히 들어가라. 그 이야기 안에 있는 부담스러운 핵심에 접속하는 것이 RAIN이라는 치유의 현존감을 찾아가는 출발지가 된다.

R : 일어나고 있는 것을 인지하기

이 상황을 떠올리면서 자신에게 질문한다. "바로 지금 이 순간 내 안에서 무슨 일이 일어나고 있는가?" 당신은 어떤 감각을 가장 잘 감지하는가? 어떤 정서를? 마음에 생각이 휘몰아치고 있는가? 잠시 동안 가장 많은 부분을 차지하는 것이나 그 상황의 전반적인 정서를 자각한다.

A : 삶을 있는 그대로 인정하기

이 모든 경험을 "그냥 두라"는 메시지를 가슴으로 보내라. 멈추고 이 순간에 존재하는 것을 "있는 그대로" 받아들이려는 의지를 자신의 내면에서 찾아보라. "예스.", "동의합니다.", 혹은 "그대로 둬."와 같은 말을 속으로 되뇌어도 좋다.

당신은 아마 내면의 거대한 "노", 즉 저항하느라 고통스럽게 오그라든 몸과 마음에 예스, 라 할 것이다. "나는 이게 싫어!"라고 하는 그곳에 예스, 라고 말할 것이다. 이는 진행상 자연스러운 과정이다. RAIN의 이 지점에서는 그냥 사실을 인지하고 그것이 무엇이든 판단하거나 내치거나 통제하지 말아야 한다.

I : 부드러우면서 호기심에 찬 주의집중으로 살펴보기

자신의 경험에 다정하게 관심을 갖고 집중하라. 아래 질문들이 도움이 될 수 있다. 순서나 내용은 마음대로 바꿔도 된다.

- 최악인 부분, 즉 가장 집중해야 하는 부분은 어디인가?
- 내가 가진 신념 중 가장 힘들고 고통스러운 것은 무엇인가?
- 이 신념은 어떤 정서를 일으키는가(두려움, 분노, 슬픔)?
- 이것에 대한 감정은 몸 어느 부분에서 가장 강하게 느껴지는 가? (참고 : 목, 가슴, 배 부분을 훑어보는 것이 도움이 된다.)
- 이런 감정의 증상은 어떤 것인가(조이거나, 쓰리거나, 뜨겁거나 등)?
- 이런 감정과 정서를 가장 잘 드러내는 표정과 자세는 어떤 것일까?
- 이것은 이전에 이미 경험했던 익숙한 감정인가?
- 가장 취약한 상처와 소통할 수 있다면, 그 상처는 어떤 표현(말,

감정, 이미지)을 할까?

○ 이 상처는 어떤 식으로 내가 함께 하길 원할까?

○ 이 상처는 (나 자신, 혹은 사랑과 지혜라는 보다 큰 근원에게서) 무엇을 가장 바랄까?

참고 : 많은 수강생들이 처음에는 "살펴보기"가 상황이나 자신을 분석하고 괴로움의 뿌리를 찾는 인지적 기술을 가동시키는 것이라고 여긴다. 이는 흔한 오해이며, 신체적 자각을 깨우는 살펴보기의 본질이 아니다. 마음의 탐험은 이해력을 높여주고, 몸의 경험에 열리는 것은 치유와 자유로 향하는 입구가 된다.

일어나는 일에 대해 생각하지 말고, 가장 취약한 부분의 느낌과 감각에 직접 접촉하면서 **계속 몸에 집중한다.** 온전히 현재에 존재하게 되면, 이 부분의 치유에 진정 필요한 것이 무엇인지 귀 기울인다.

N : 사랑이 가득한 현존감으로 보살피기

무엇이 필요한지 느껴질 때 당신은 어떻게 반응하는가? 자신의 가장 지혜롭고 따뜻한 부분을 불러들여 스스로에게 사랑의 메시지를 전하거나 내면으로 부드러운 포옹을 보낼 것이다. 가슴에 가만히 손을 얹을 수도 있다. 자신의 어린 부분이 은은하게 반짝이는 빛에 둘러싸여 있는 모습을 그려볼 수도 있다. 부모님이나 반려 동물, 선생님이나 영적 지도자 등 당신이 믿는 이가 당신을 사랑스럽게 안는다는 상상을 할 수 있다. 말이나 접촉, 이미지나 에너지 등 마음 내키는 대로 자신의 내면의 생명과 친해지는 방법을 시도하라. 어떤 것이 보살피는 느낌을 가장 많이 주는지, 어떤 것이 가장 상처받기 쉬운 부분에게 사랑과 관심, 안전감을 주는지 찾아보라. 시간을 충분히 갖고 마음에게 보살핌을 전달하고 수용하게 하라.

RAIN 이후

RAIN의 네 단계에는 집중을 지휘하는 적극적인 방법들이 들어있다. **RAIN 이후에서는, 하다(doing)에서 존재하다(being)로 옮겨간다.** 이 단계에서는 모습을 드러낸 마음의 장소로 이완하여 들어간다. 자각 속에서 휴식하며 그것과 친해진다. 이곳이 당신의 진정한 안식처이다. 이제 현존감의 특성인 열린 마음, 깨어있음, 부드러움에 집중하면서 자신에게 묻는다.

○ 이 순간, 당신이 어떤 사람이라고 생각되는가?
○ 명상을 시작한 후, 이 존재감은 어떻게 변했는가?

참고 : 여전히 괴롭거나, 새로운 고민이 떠오르면, 이 감정들도 친절함으로 끌어안아라.

명상 연습 :
미래 자기 불러보기

이 명상에서 "미래 자기" 대신 "지혜로운 자기," "고귀한 자기", "깨어
난 가슴," "깨어난 마음," 등 가장 진화된 자신을 표현하는 어떤 것으로
불러도 된다.

편안한 자세로 눈을 감고 마음을 고요하게 한다. 길고 깊게 호흡하면
서 집중력을 모으고, 내쉴 때마다 몸 안에 쌓인 긴장을 내보낼 수 있는
지 살핀다.

자신의 현재 생활을 훑어보고 두려움이나 상처, 분노로 인해 정서
적 자동반응에 빠져버린 상황을 떠올린다.

이제, 십 년이나 이십 년 후를 상상하고 당신의 미래 자기의 안식
처를 그려본다. 당신의 미래 자기는 어떤 안식처에 있는가? 당신은 그
안에 있는가, 밖에 있는가? 어떤 방에 있는가? 특별한 의미가 담긴 그
림이나 가구, 식물이 있는가? 당신의 미래 자기는 어떤 모습인가? 옷,
헤어스타일, 얼굴 표정은? 미래 자기의 눈은 무엇을 표현하는가? 친절
함이 느껴지는가? 반가움이 보이는가?

잠시 동안 가장 힘들고 상처받은 부분에 접속하여 그 어려움을 미
래 자기와 나눠본다.

이제, 미래 자기가 현재 자기에게 치유의 관심과 보살핌을 베푼다
고 상상하자. 따뜻한 접촉, 힘찬 포옹을 느낄 수도 있고 안내와 안심의
메시지를 받을 수도 있다. 이런 따뜻함과 보살핌과 지혜를 당신이 얼

마나 온전하게 받아들일 수 있는지 보라. 미래 자기가 당신을 안고 사랑의 현존감을 채우는 것을 느껴라. 지금 이 순간 가장 힘든 것이 무엇이든, 극심한 공포와 슬픔조차도, 이 열려있는 보살핌의 현존감 안에 들 수 있음을 느껴보라. 미래 자기와 완전히 하나됨을 느낄 때까지 그 품에서 이완하라.

잠시, 당신의 가장 진화된 존재가 지닌 사랑과 지혜가 지금, 그리고 항상 어떤 식으로 당신 안에 살고 있는지 생각한다. 훈련을 하면 이 깨어있고 연민이 가득한 마음의 공간에 보다 쉽게 접근할 수 있다는 것을 믿으라.

질의응답

Q_ 미래 자기나 고귀한 자기를 볼 수 없으면 어떡하나?
A_ 어떤 사람이라도 때로 단절감을 느끼므로 이런 질문을 많이 한다. 정서적 자동반응에 갇혀있을 때는 자신이 지닌 너그러움이나 친절함이 멀리 달아나거나 심지어 없는 듯 여겨질 것이다. 이것은 사실이 아니다. 그것은 항상 존재한다! 하지만 당신 존재의 가장 진화된 궁극의 모습을 불러내는 것은 평생 해야 하는 훈련이며 할 때마다 더욱 강해진다. 도움이 될 만한 두 가지 접근법이 있다.

○ 깨어나는 마음과 가슴이 일상에서 보일 때 그것의 표현

을 놓치지 말라. 밤하늘을 올려다보면서 경외감을 느끼고 힘들어하는 친구와 포옹하면서 따스함을 느낀다. 마음챙김 호흡으로 내면의 고요함에 가닿는다. 당신이 사랑하는 사람이 심하게 자책할 때, 당신의 눈길로 그가 자신을 바라볼 수 있기를 진심으로 빌어준다. 당신의 깨어있는 자기는 언제나 존재한다. **잠시 시간을 내어 당신이 경험한 것에 대한 느낌을 인지하고 탐험한다.** 이런 마음의 공간, 이 사랑의 자각이 바로 당신의 진정한 본성이다. 이것에 익숙해져라. 자신에게 "이것을 기억하자."라고 말하라. 그리하여 당신이 힘들고 필요할 때 이 순간을 꺼내본다. 항상 이미 여기에 존재하는 황금과 연결되도록 도와줄 것이다.

○ 당신이 힘들 때 미래 자기가 가까이에서 이야기를 듣고 보는 "듯이" 행동해보라. 연기하는 것 같더라도 이 보살핌의 존재와 친해지고 싶다는 기도나 소망을 속으로 읊조려라. 훈련을 하다보면, 미래 자기 쪽을 바라보는 것만으로도 깨어있는 친절한 현존감과 가까워짐을 알 것이다.

Q_ 지혜로운 자기, 혹은 미래 자기에 있어서, 자신을 기만하는 건 아닌지 어떻게 아는가?
A_ 학생들은 자신이 바라는 대로 누군가를 상상하고 환상을 품는 건 아닌지 자주 걱정한다. 이는 당신의 미래 자기가 노벨상 수상자, 대통령, 교황 … 혹은 이 셋 전부라면 사실일 수

있다. 하지만 "미래 자기"는 외적인 성취와 관계가 없다. 오히려, 가슴이 열리고 마음이 맑게 깨어나면 미래 자기는 당신이 누구이며 어떻게 사는지를 표현한다.

당신은 미래의 자신이 지혜롭고 연민이 가득한 사람이라고 상상해도 된다. 이미 당신 안에 그런 능력이 있기 때문이다. 자신을 현혹시키는 것이 아니라 자신의 지혜로운 자기나 미래의 자기에 대해 숙고하면서 실제로 자신의 잠재력을 끄집어낸다. 자신이 가장 소중하게 여기는 면을 떠올릴수록 그것은 점점 더 지속적이고 접근가능한 당신의 일부가 된다.

Q_ 내게 RAIN이 효과가 없으면 어떡하나?

A_ 우리는 수십 년 동안 지속적인 두려움, 정서적 자동반응과 더불어 살아왔기에 이렇게 복잡한 고통을 해결하는 데는 시간이 걸린다. 훈련해도 효과가 없다고 여기는 것은 지극히 당연하다! RAIN을 시도하지만 결국 낡은 습관의 힘만 감지하고 기분이 더 나빠질 때도 있다. 혹은 어떤 단계에서 교착 상태에 빠질 수도 있다.

인지하기 : 불안하고 혼란스러우며, 잠시 멈추고 일어나는 것을 인지하려고 하면 압도당하고 불분명한 기분이 계속된다.

인정하기 : 깊이 자리 잡고 있는 수치심을 인지하지만 그것을 있는 그대로 인정하고 싶지 않다.

살펴보기 : 초조감과 접속하고, 살펴보고, 그것이 분노로 폭발하고, 분노를 일으키는 이야기가 연상되고, 훈련을 마치지

못한 채 분노가 일어났던 날로 돌아간다. 혹은, 분노를 인지하고, 잠시 내버려두고, 살펴보기를 시작하고, 결국 불안해져서 인터넷에 접속하고 산만해진다.

보살피기 : 자기-판단과 자기-증오에 접속하고, 자신의 못난 면을 보살펴줄 방법을 찾지 못한다.

RAIN 이후 : RAIN의 단계를 모두 마쳤지만 현존감 안에서 고요히 휴식하려고 하면 초조하고 산만하고 불안해진다.

이런 상황에서 당신은 RAIN이 효과가 없었다고 결론짓는다. 사실은, 비록 트랜스로 되돌아가더라도, 현존감을 향한 모든 의도적 행동은 옛 습관을 방해하여 치유를 돕는다. 산만해지더라도 불안, 수치심, 분노를 약간의 현존감을 지닌 상태로 경험하고 있다고 믿으라. 이런 믿음이 훈련을 재개하고 RAIN의 치유과정을 계속하는 데 도움이 된다.

치유와 자각과 관련된 다른 훈련과 마찬가지로 RAIN에도 인내심과 유연함, 의지가 필요하다.

○ 지도자나 치료사와 함께 하거나 RAIN 명상 안내문을 들으면서 하면 보다 제대로 경험할 수 있다. 친구와 같이 해도 좋다.(부록에 있는 RAIN의 동반자 부분을 참고하라.)

○ 숙면을 취하고, 과식하거나 열량이 높고 단 음식을 먹지 말고, 훈련 전에 운동이나 명상을 하면 아주 효과적이다.

○ 안전감을 주는 분위기가 필요하다.

○ 약물 처치에서의 변화(첨가·증가·감소·제거)가 내면과의 연결을 보다 쉽게 해주기도 한다.

자기-판단을 버리고 호기심을 갖고 계속 훈련한다면 자신에게 가장 적합한 RAIN 훈련법을 찾을 것이다.

Q_ 나는 정신이 없으면 주민등록번호도 잘 기억하지 못한다. 그런 내가 어떻게 RAIN의 단계를 기억하겠는가?

A_ 사실, 정서적 자동반응성에 심하게 갇혀있을수록 빠져나갈 길을 기억하기가 어려워진다. 많은 사람들에 따르면 아래의 질문들이 각 단계로 바로 접근하도록 안내한다.

○ 내 안에서 무슨 일이 일어나고 있는가? (**R**, 인지하기)

○ 내가 이것과 함께 있을 수 있는가? (**A**, 인정하기)

○ 내 안에서 **실제로** 일어나고 있는 것은 무엇인가? (**I**, 살펴보기)

○ 내가 친절한 마음으로 … 이것과 함께 있을 수 있는가? (**N**, 보살피기)

길을 잃거나 혼란스러울 때 이런 질문을 던져보면 치유의 길로 되돌아가는 데 도움이 될 것이다.

2부

내면의 삶으로 RAIN 들여오기

4

부정적 자기-신념 내보내기

우리는 마음을 잃어버리는 것이 잘못된 일인 양 이야기한다.

내가 말하건대, 마음을 잃어버려라. 의도적으로 그렇게 하라.

사고와 신념 너머 진정한 자신을 찾아 나서라.

_ 비로니카 투갈레바(Vironica Tugaleva)

자신이 가진 황금을 알아보지 못하는 가장 큰 걸림돌 중 하나는 "나한테 문제가 있어."라는 확신이다. 무가치감의 트랜스에 대해 강의할 때, "우리는 왜 그렇게 자신의 결점과 연관된 신념에 집착하나요? 왜 자신의 괴로움에 항복하고 자기-판단에 중독되어 있나요?"라는 질문을 자주 받는다.

우리는 자신을 수용하고 믿고 싶으면서도, 부정적인 자기-신념을 버리려고 하면 몸속 깊이 묻힌 무언가를 쫓아내는 기분이 든다.

신념은 마음뿐 아니라 몸에 내장된 감정과 정서의 집합체에 존재한다. 내가 좋아하는 말처럼, "생각(issues)은 신체조직(tissues)에 있다." 신념은 아주 익숙한 것으로 마치 "나 자신"과 같다. 대부분의 신념은 어린 시절에 형성된 현실에 대한 해석에 근거하며 안내자와 보호자 역할을 한다. 신념은 우리가 누구인지, 우리가 자신과 타인, 세상에서 기대할 수 있는 것을 말해준다.

가장 막강한 부정적 자기-신념은 어린 시절의 두려움과 상처에서 시작된다. 우리는 생존을 위한 부정성 편향으로 인해 행복했던 일보다 고통스러웠던 일을 훨씬 더 잘 기억한다. 긍정적인 말보다 비판적인 언급을, 아름다운 석양보다 개에게 물렸던 일을 더 잘 기억한다. 심리학자 릭 핸슨(Rick Hanson)의 표현대로, "뇌는 부정적 경험에는 벨크로 (Velcro)지만 긍정적 경험에는 테플론(Teflon)인 셈이다."

이런 위협적인 고착은, 기존 신념과 일치하거나 그것을 강화하는 정보에 집중케 하는 확증 편향으로 인해 더욱 복잡해진다. 개인으로서의 자신의 가치와 같은 민감한 부분에서 특히 그렇다. 그 결과 자신의 결점과 연관된 신념에 빈틈이 사라진다.

일상에서 우리는 끊임없는 내면의 대화를 통해 이 결핍감을 유지한다. 자신의 생각을 볼 수 있다면, 뒤에서 심판관이 계속 "내가 잘하고 있는 건가?"라는 질문을 하고 이상적인 기준과 현재 상태 사이의 차이를 비난하고 있음을 알 것이다. 또한 곧 뒤처질지 모른다거나 결점 때문에 거절당할 거라는 근심을 보게 될 것이다.

두려움에 기반한 사고를 계속하는 한, 신념의 힘은 유지된다. 카를로스 카스타네다(Carlos Castaneda)는 "우리는 내적 대화로써 자신의 세상을 유지한다. … 식견이 있는 남자[여자]라면 스스로에게 말하는 것을 멈추자마자 세상이 완전히 달라진다는 것을 안다."라고 썼다.

두려움과 자기-의심에 굴복했을 때 치러야 할 궁극의 대가에 대한 이야기가 폴리네시아에서 전해 내려온다.

먼 옛날, 한 존경받는 족장이 탈피를 위해 정기적으로 강으로 갔고 매번 새로운 모습으로 활기에 차서 마을로 돌아왔다. 하지만, 어느 날 모든 게 변했다. 그녀의 이전 피부가 떠내려가지 않고 떠다니던 나뭇조각에 걸린 것이다. 그녀가 집으로 돌아왔을 때 딸은 피부가 벗겨진 이 낯선 여자가 자기가 알던 어머니와 닮지 않았으므로 놀라 달아났다.

딸을 안심시킬 수 없었던 족장은 강으로 돌아가서 낡은 피부를 찾아 다시 붙였다. 이야기에 의하면, 그때 이후로 인간은 젊음을 되찾고 충만하게 살고 사랑할 힘을 잃어버렸다고 한다. 인간은 실패의 두려움과 자신의 결점을 덮으려는 욕구에 붙잡힌 필멸의 존재가 되고 말았다.

무가치감의 트랜스에서 깨어나기

벗겨내기 가장 힘든 낡은 껍질은 자신에게 문제가 있다는, 부족하거나 결점이 있다는 핵심 신념이다. 지난 수십 년간 명상을 지도하면서 이 신념 때문에 친밀한 관계를 맺지 못하고, 불안과 우울을 일으키고, 중독행동을 가중시키고, 사랑하는 사람에게 상처를 주는 것을 보았다. 철학자 프리드리히 니체(Friedrich Nietzsche)는 "허물을 벗지 못하는 뱀은 죽는다."라고 썼다. 성장하기 위해서는 자신에게 문제가 있다는 신념에서 벗어나야 한다.

부정적 자기-신념의 고리를 알고 싶다면 자기 자신을 얕보았던 일상의 영역을 살펴보라. 기분이 몹시 안 좋았던 상황에 잠시 집중한 후 자문한다.

나는 자신에 대해 어떤 신념을 지니고 있는가? 부족하다는 것인가? 타인에게 상처를 주는 나쁜 사람이라는 것인가? 사람들이 당신을 거부할 것이라는 것인가? 혹은 당신이 갈망하는 관계나 성공을 절대로 가질 수 없을 거라는 것인가? 당신이 사랑스럽지 않다는 것인가?

이제 이렇게 질문해보자.

이런 신념을 버리는 게 잘못인가? 혹은, **이런 자기-판단을 벗어버리면 어떤 나쁜 일이 일어날까?** 워크숍에서나 개인적으로 내가 듣는 대답은 아래와 같다.

"나는 절대로 바뀌지 않을 거고 내가 되고 싶은 사람이 될 수 없을 겁니다."

"내가 더 나쁜 사람이 될까 두려워요."

"무기력해지겠지요. 나 자신을 지키고 보호해줄 방법이 전혀 없으니까요."

"다른 사람들이 나를 더 비판하고, 나는 그 비판에 대처하지 못할 테지요."

"내가 누군지 모를 겁니다."

"어떻게 살아야 할지 모르겠지요."

이런 신념에 대해 토론해보면 바뀐 모습에 타인들이 어떻게 반응할지 두렵다는 사람들도 있다. 딸의 불안감을 덜어주려고 다시 강으로

간 여자처럼, 우리는 타인의 기대에 부응하려고 자신의 낡은 껍질을 유지하고 있다. 부족한 자신을 경험하는 것이 익숙하므로 편안하다. 우리는 이 불안감을 나눌 수 있는 이들과 자주 관계를 맺는다. "부족하거나" 연약한 사람이라는 역할로 의존적인 관계를 형성하는 것이다. 가족 중 가장 어린 이는 항상 "우리 애기"이고, 약물 남용으로 고생하고 있는 이는 "중독자 녀석"이며, 지배욕이 강하고 공격적인 이는 "대장님"이다. 자기-정체감은 자신에 대한 타인의 믿음으로써 강화되며, 그 상태를 유지함으로써 공모자가 된다. 배를 뒤흔드는 모험보다는 현재의 관계를 보호하는 편을 택한다.

수련생들은 흔히, 자기-판단이 필요하며, 자신에게 어떤 문제가 있는지 모를 때 타인들이 일러줄 거라고 말한다. 그들은 "저만 제가 부족하다고 여기는 것은 아니에요. 모든 사람이 그렇게 말해요."라고 말한다. 불확실한 것에 붙잡히고 싶지 않은 그들에게는 낡은 신념의 보호막을 벗기는 것이 위험하게 느껴진다.

그래서, 부정적 자기-신념은 고통스러울 때도 일종의 확실성·방향성·통제감을 제공한다. 우리는 자기-판단과 두려움에 기반한 사고로 이루어진 습관적인 내면의 대화로써 무가치감을 유지하면서 수 년, 혹은 수십 년 동안 트랜스 상태에 머물고 있다. 낡은 껍질을 벗겨내는 자유를 감지하기 시작하는 것은, 우리를 타인과 자신의 마음과 영혼에서 단절시키고 자신이 부족하다는 것을 **믿어야 한다**는 트랜스의 고통에 자신을 직접 개방할 때뿐이다.

실제지만 진실은 아니다

재니스는 주 단위 명상수업에 참석했던 싱글맘인 친구였다. 그녀는 고 달픈 직장 생활뿐 아니라 사회불안으로 힘들어하는 열다섯 살 된 아들 브루스와 그녀의 방문이 낙인 아버지 사이에서 몹시 힘들어했다. 그 녀는 일주일에 두 번 조금 일찍 퇴근하여 45분 간 밀리는 도로를 운전 해서 아버지가 계시는 요양원을 방문했다. 아버지는 늘 그녀를 반겼고 떠나려고 하면 다음에 언제 오느냐고 불안스레 묻곤 했다. 그녀는 죄 책감을 갖게 하는 아버지에게 화가 났고, 길에서 허비한 시간과 아들 에 대해서도 화가 났고, 무엇보다, 좀 더 품이 넓고 다정하지 못한 자신 에게 화가 났다.

RAIN 훈련을 해도 이 분노감은 꼼짝하지 않았다. 어느 날 산책 중에 그녀는 내게 도움을 청했다. 그래서 나는 명상지도자용 모자를 쓰고 자신에 대해 어떤 신념을 갖고 있는지 물어보았다. 그녀는 즉시, "나는 가장 중요한 여러 면에서 부족한 사람이지."라고 말했다. 그녀는 체념하듯 고개를 절레절레 흔들며 계속 말했다. "타라, 너도 알듯이, 나 는 그들에게 잘해주지도 못하고 … 말하기 싫지만 … 나는 사랑이 많 은 사람은 아니야."

친구에게서 그토록 고통스러운 자기-판단 이야기를 듣자, 나는 바로 위로해주고 싶었다. "너는 사랑이 많은 사람이야. … 그때가 기억 나니 … ?" 하지만 그렇게 하지 않고, 재니스가 예상치 못했던 질문, 작 가인 바이런 케이티(Byron Katie)가 사용하는 질문을 했다. "진짜야? 네 가 실패를 일삼고 사랑이 많은 사람이 아니라는 것이 진짜야?"

그녀는 바로 대답했다. "모든 증거들이 그래."

나는 다시 질문했다. "네가 실패를 일삼고, 다정한 사람이 아니라고 확신해? 그게 진실이야?" 그녀는 이번에는 대답하기 전에 좀 망설였다.

"응, 정말 진실처럼 **느껴져**. 이즈음의 나 자신이 정말 마음에 안 들어. … 하지만 … 확신하지는 못하겠네." 우리는 잠시 말없이 산책을 했다. 재니스는 심각하고 슬퍼보였지만 우울해보이지는 않았다.

나는 한 스승에게서 배운 말을 전했다. "실제지만 진실은 아니야." 그렇다, 신념 및 신념 아래에 있는 감정은 실제다. 그것은 우리의 심신에 존재하고 강력한 힘을 발휘한다. 하지만 우리는 자신에게 이렇게 물어야 한다. 그것들이 이 세상에서의 실제적이고, 살아있고, 변하고 있는 경험과 일치하는가? 다시 말해, 그것은 진실인가?

사고란 마음에 현실에 대한 지도를 형성하는 소리, 그리고/혹은 이미지들이다. 어떤 지도는 유용하다. 예를 들어, 카페인 음료를 너무 많이 마시면 타인과의 자리에서 집중하지 못할 거라고 생각한다. 이것은 나의 행동을 유도한다. 어떤 지도들은 해롭다. 예를 들어, 친구에게 노, 라고 하는 것은 내가 나쁜 사람임을 증명한다는 신념 같은 것이다.

이 모든 경우에서, 사고나 신념은 선(禪)의 가르침처럼 달이 아니라 달을 가리키는 손가락 같은 것임을 알아야 한다.

그 다음 주 명상 시간에, 나는 재니스 이야기라는 말은 하지 않고 이 주제를 거론했다. 신념은 정신적·정서적·신체적으로 그것을 경험하기 때문에 실제 존재하는 것이다. 그래서 삶에 실제로 영향을 미친다! 간디의 말처럼, 신념은 행동을 이끌고, 성격을 형성하여, 결국 운명을 결정한다. 하지만 정말 사실로 느껴지는 신념조차도 단지 정신적 표상, 혹은 경험의 상징일 뿐이다.

"나의 생각을 믿을 필요는 없어. … 그것은 그냥 생각일 뿐이야!"를 깨달으면 삶이 바뀔 수 있다. 스스로 가지고 있는 자신에 대한 이야기는, 현재 진행 중인 당신의 감각, 당신의 부드러운 마음, 바로 지금 이 글자들을 보거나 듣고 있는 의식과 같은 실제 당신 존재와 같은 것이 아니다. 신념이 계속 현실을 거르고 해석하고 있기 때문에 우리는 자신과 세상에 대한 이야기를 실제라고 오해한다. "실제지만 진실은 아님"을 이해하는 것이 이런 감옥에서 우리를 해방시킬 수 있다.

이후 몇 주 동안, 이런 교육 덕분에 재니스에게 미미하지만 중요한 자각이 일어났다. 재니스는 보다 희망적으로 되었고 보다 깊이 집중하려고 했다. 나는 이것을 여러 번 목격했다. "나는 나의 생각이 아니야.", 혹은 "이것은 그저 신념일 뿐이야."라는 관점을 지니면 내면의 대화에서 놓여나게 되고 선택권이 주어지면서 보다 큰 자각이 가능해진다.

RAIN으로 신념에서 벗어나기

RAIN은 두려움에 근거한 신념에서 벗어날 수 있는 체계적인 방법을 제공한다. 재니스와 나는 RAIN 단계들을 밟아보려고 다시 만났고, 그녀는 매일 단 몇 분이라도 훈련을 계속했다. 그녀는 몇 주 후 자신의 경험을 들려주었다.

어느 오후, 아버지가 계시는 요양원에 주차를 한 재니스는 RAIN을 하고나서 들어가기로 마음먹었다. 그녀는 의자를 뒤로 젖히고 눈을 감은 후 자신에게 질문을 했다. "내 안에서 무슨 일이 일어나고 있는가?" 익숙한 소리가 들렸다. "이것은 지금 내가 가장 하고 싶지 않은 일이야. 나는 정말 시간이 없어." 그녀는 이를 악물었다. 아버지를 생각하자, 책임감과 분노, 죄책감과 긴장감이 느껴졌다.

재니스는 유턴을 하여 내면으로 관심을 돌렸고 이것이 출발점이 되었다. 그녀는 감정 덩어리를 **인지했고**, 그것으로 자신을 판단하는 대신, 그 감정을 내치지 않고 고통을 **인정했다**. 그런 다음 몇 차례 호흡을 한 후 바로 앉고, 일어나고 있는 일을 더 잘 느끼려고 애쓰면서 호기심을 가지고 **살펴보기**를 시작하였다. 그녀는 자신에게 부드럽게 물었다. "어디가 가장 힘들어?" 가슴으로 주의가 모아졌다. 열감과 딱딱함, 압박감을 느꼈다. 그녀는 자신에게 "아, 나는 화가 나."라고 했다. 그녀가 분노를 그냥 내버려두자 분노가 모습을 바꾸더니 무력감으로 변했다. 아버지, 아들, 직장 문제에서 기대에 부응할 길이 없었다. 그녀는 늘 실패하는 못난 사람이었다. 이제 무력감과 더불어 자기-비난이 나타났다. "나도 내가 싫어. 이렇게 우울하고 화가 나있고 가슴이 꽉 막힌 무기력한 사람은 싫어."

살펴보기를 통해 그녀는 자신이 도망쳤던 것, 즉 자신은 실패자이고 사랑이 부족한 사람이라는 신념에 가닿았다. 그때 그녀는 우리가 함께 모색했던 질문을 떠올렸다. "이 신념이 실제지만 진실은 아닐 수도 있지 않을까?" 이렇게 질문하자 지금 일어나고 있는 것과 더불어 현존할 수 있는 여유가 생겼다.

계속 질문했다. "이 신념을 믿는다면 내면에는 무슨 일이 일어나는가?" 가슴이 쓰리고 경직되고 어린애 같은 무기력감과 수치심에 차 있다고 느꼈다. 피곤함도 엄습했다. 몸에 나타난 깊은 정서적 통증에 가닿자, 이 감정이 정말 오랫동안 자신 안에 묻혀있었음을 깨달았다. 자연스럽게 슬픔과 자기-연민이 일어났다.

재니스는 RAIN의 **보살피기** 단계에 다다랐고 눈물을 흘리며 어린 아이에게 하듯이 부드럽게 속삭였다. "정말 힘든 일인데도 너는 최선을 다하고 있어. 넌 아버지와 브루스를 사랑하고 있어. 이제 여기 왔으니 편안하게 있어. 지금 아버지와 같이 있고 지금 아버지를 사랑하는 것으로도 충분해. 괜찮아."

그녀는 현명하고 다정한 부모 품에 안긴 것 마냥 편안해졌다. 들어가기 전에 5분쯤 이 따스하고 넓은 새로운 마음의 공간에서 쉬며 앉아있었다. 병실로 들어갔을 때 아버지는 막 낮잠에서 깨어나던 참이었다.

아버지는 활짝 웃으며 말했다. "어린 네가 로시 등에 올라타려고 하는 꿈을 꿨어." 아버지와 그녀는 웃음을 터뜨렸고 사랑했던 반려견 로시에 관한 추억을 나누었다. 그러자 행복했던 시간들이 더 많이 생각났다. 그녀는 떠나면서 다음에는 파일로 저장해둔 어린 시절 사진을 가져오겠다고 약속했다. 차로 돌아왔을 때 그녀는 아버지가 언제 올지 물어보지 않았다는 사실을 깨달았다. 그녀는 **돌아왔지만**, 아버지는 그다지 외롭지 않았다.

재니스는 RAIN을 통해 자신에 대한 자연스럽고도 열린 마음과 다시 연결될 수 있었다. 하지만 이것이 그녀의 분노, 죄책감, 부정적인 신념이 기적처럼 사라졌음을 의미하지는 않았다. RAIN은 한 방에 끝나는 경험은 아니다. 오래 묵은 신념과 감정은 계속 떠오르기 때문이다. 몇 주간의 RAIN 훈련 후 달라진 점은, 자신의 신념이 사실이 아님을, 그 신념이 자신의 삶의 경험과 존재감을 제한할 필요가 없었다는 사실을 분명하게 안 것이다.

그날 밤 재니스는 얼마나 오랫동안 자신이 부족하다는 생각에 매였었는지 돌이켜보았다. 그리고 **RAIN 이후** 단계를 깊게 할 수 있는 질문을 했다. "나에 대한 이 신념을 믿지 않는다면 나는 어떤 사람일까?" 그러자 저절로 여유로움, 활기, 따스함이 느껴졌다. 그녀는 모든 사고나 신념 위에 자신의 영혼이 있음을 알았다. 이 사실을 믿자 재니스에게 진정한 평화가 찾아왔다.

신념 너머의 존재

반복을 요하지만, RAIN의 네 단계는 평생 지속된 치명적인 신념의 손아귀를 느슨하게 하고 구속적 자기-정체감 너머에 있는 자유를 드러낼 수 있다. RAIN 이후 단계에서 자신의 경험에 집중한다면, 두 가지 근본적인 자유의 정취를 발견할 것이다.

○ 첫 번째는 불교 심리학자가 "무아" 혹은 공의 깨달음이라 부르는 것이다. 이것은 구속감을 주는 자기-중심성, 자기-견고성, 혹은 자기-영원성이 없는 상태를 말한다. 우

리는 두렵거나 부족하거나 단절된 자기라는 제한적인 정
체감에서 자유롭다.

○ 자유의 두 번째 차원은 자각 그 자체의 순수함과 충만함
을 깨닫는 것이다. 우리는 이 경계 없고, 깨어있고, 부드러
운 현존감을 우리의 본성으로 인지한다.

인도의 영적 지도자인 니사르가닷따(Sri Nisargadatta)에 의하면 자
유의 이런 근본적 표현들은 분리될 수 없다.

지혜는 내가 아무것도 아니라 말하네.
사랑은 내가 전부라 말하네.
이 둘 사이로 삶이 흘러가네.

RAIN 이후 단계에서 단순한 질문을 해보면 자각을 경험히는 데
도움이 된다. 재니스처럼 "이런 제한적 신념을 더 이상 믿지 않는다면
나는 어떤 사람인가?" 혹은 "내게 아무 문제가 없다면 나는 어떤 사람
인가?"라고 자문해본다. "무아" 그리고/혹은 일체를 스쳐보기만 해도
황금을 맛볼 수 있다.

자신을 판단하기, 타인을 판단하기

브루스는 엄마와 동시에 변하고 있었다. 수년 간 재니스는 브루스가

불안감으로 인해 친구를 사귀지 못하고 학업에 뒤처질까 걱정했다. 그런데 자신이 개인적 실패감에서 놓여나자 아들에 대해서도 편안해지기 시작했다. 저녁을 먹으면서 브루스의 심술궂은 유머와 재빠른 관찰력을 즐겼고, 밤늦게 사무실에서 돌아와서 브루스의 기타 소리를 듣고 감동받기도 했다. 브루스가 제 길을 찾아갈 거라는 확신이 들었고 무언가 개운해졌다. 브루스는 같은 반 친구 두 명과 음악활동을 시작했고 자신에 대해 보다 편해졌다.

봄방학 중 어느 날, 브루스는 할아버지에게 자신의 새 기타로 노래를 몇 곡 연주해드리고 싶다고 했다. 이것은 대단한 변화였다. 그는 항상 요양원에 가기를 싫어했다. 그때부터 일 년 후 아버지가 돌아가실 때까지 그들은 몇 주에 한 번씩 요양원을 방문해서 기타를 치고 노래하고 이야기를 나누었다. 그녀가 자신의 신념에서 벗어나자 사랑하는 이들의 행복감이 곧바로 증가되었다.

자신이 이기적인 사람이라고 확신하면, 다른 사람들도 그렇다고 의심하기 쉽다. 곤궁한 자신이 싫다면, 타인에게서 보이는 곤궁함이 불쾌하거나 두렵다. 자신이 실패할 거라는 기분이 들면 가까운 사람에게서 실패의 징조를 찾을 것이다. 부정적인 자기-신념은 타인에 대한 경험을 형성하는 강력한 렌즈가 된다. 실제 그곳에 존재하는 대로 볼 수 없게 된다.

낡은 껍질 밖으로 나가면 새롭고 선명한 풍경을 볼 수 있다. 자신의 가슴과 존재의 진정성과 선의를 감지할 뿐 아니라 타인에게서 빛나는 황금을 더 잘 볼 수 있다. 기본 미덕에 대한 믿음이 커지는 것은 RAIN 훈련이 주는 선물이다.

"엄청난 모험"을 감수하기

이쯤에서 당신은 "그래, 나의 판단과 실패감을 버리고 싶어. … 하지만 그것들은 너무 끈질겨!"라는 생각을 할 것이다.

사실, 맞는 말이다. 따라서 "나에게 뭔가 문제가 있어."라는 생각이 정말 깊게 뿌리박혀 있음을 인정하는 것이 중요하다. 나도 그 깊은 뿌리에 좌절하곤 한다! 그것을 진화론적 관점에서 생각하자 도움이 되었다. 낙오될 수 있다는 두려움은 생존 뇌에 뿌리를 두며, 그것은 수백만 년 동안 인간의 존재를 형성해오고 있다. 이 오래된 두려움은 부정적 신념이라는 방어적 피부에 계속 매달리게 한다. 하지만 완전한 잠재력을 향한 강력한 충동, 즉 보다 통합적이고, 지적이고, 연민이 가득한 존재가 되려는 충동도 존재한다.

RAIN은 생존 뇌에서 비롯되는 두려움을 관심 있게 보살펴줌으로써 미래 자기의 부름에 귀 기울이도록 하여 선 위로 데려간다. 그래도 이런 갈등은 모든 사람들에게 지극히 자연스러운 긴장감을 지속적으로 일으킨다.

낡은 껍질을 버릴 때, 자기 확신의 보호막을 느슨하게 할 때, 자신과 타인에 관한 부정적 신념에서 자유로울 때, 우리는 시인 마크 네포(Mark Nepo)가 "엄청난 모험"이라고 말한 것을 감행하는 셈이다. 그것은 여타의 성장처럼, 미지의 세계, 위험, 상실에 자신을 노출시키는 것이므로 모험이며, 존재의 자연스러운 아름다움, 민감성, 응답이 깨어나 드러나는 것이므로 엄청난 것이다.

개인이나 집단의 변혁에는 모험에의 자발적인 참여가 필요하다.

부정적 자기-신념은 마음을 구속하고 편협하게 하고 자신의 가슴과 고통에서 멀어지게 한다. 아니면, 이것들을 살펴보아야 할 신호, RAIN의 마음챙김과 근본적 연민으로 엄청난 모험을 감행할 신호로 여길 수도 있다. 그렇게 할 때, 우리는 사고나 신념 너머의 자신을 발견하기 시작한다. 또한 열린 마음의 자각을 향한 무한한 능력을 드러내기 시작한다.

명상 훈련 :
RAIN으로 고통스러운 신념 뿌리 뽑기

특히, 이번 판의 RAIN 명상의 살펴보기 단계는 괴로움을 일으키는 신념의 손아귀에서 풀려나기 위한 것이다.

편안하게 앉아 몇 차례 길고 깊이 호흡하면서 집중한다. 잠시 자신의 몸을 훑어보고 긴장이 감지되는 부위를 이완한다.

　자신의 삶에서 괴로움을 일으키는 신념을 떠올려라. 혹은 바로 지금이 괴로운 상황이라면 질문을 해보자. "나는 무엇을 믿고 있는가?" 당신이 가치가 없거나, 실패자라는, 혹은 상처가 너무 많아 행복하지 않고 사랑받지 못한다는, 언제나 기대에 못 미친다는 것인가? "별난", "실패자", "넌 결코 아무도 믿지 못하지."라는 누군가의 목소리가 들리는가?

　이 신념과 제대로 연결되기 위해 그것을 일으켰던 구체적 상황이나 유사한 경우를 회상하라. 될수록 명확하게 떠올려라. 당신 주위에 무엇이 보이는가? 누가 있는가? 어떤 생각을 했으며 어떤 기분이었나?

인지하기 : 사고와 감정은 신념을 표현한다. 지금 당신은 무엇을 믿고 있는가?

인정하기 : 잠시 멈추고 그 신념 및 그와 동반되는 감정을 그대로 두라.

살펴보기 : "이것이 진정 진실인가?", "이것이 진실이라고 나는 확신하는가?" 라는 질문으로 시작하라.

그런 다음, "이런 신념으로 산다는 것은 어떤 삶인가?"라고 질문해본다. 생각에서 몸으로 집중을 옮겨 유턴함으로써 깊게 살펴볼 수 있다. 어떤 감정과 감각이 강한가? 두려움이나 수치심, 분노나 자기-증오를 느끼는가?

"이런 신념으로 산다는 것이 나의 삶에 어떤 영향을 미치고 있는가?"라는 질문으로 살펴보기를 확장하라. 그 신념이 타인과의 관계, 창의성, 봉사하는 능력, 경험을 즐기는 능력, 내면의 성장에 영향을 미친다는 것을 알 수 있는가?

잠시 쉬고 질문한다. "이 신념이 내 삶을 형성해온 방식을 정직하게 바라보고 느끼는 기분은 어떨까?

이제 몸에 집중한다. 신념 아래에 있으면서 그것을 가동시킨 상처와 두려움을 살펴본다. 바로 지금 가장 취약하게 느껴지는 부분을 만나 물어보라. "지금 가장 필요한 것은 무엇인가?"

보살피기 : 이제 가장 지혜롭고 사랑스런 자기인, 미래 자기, 깨어난 가슴을 불러내어 당신의 상처를 보고 느끼게 하라. 어떤 메시지, 접

축, 에너지, 이미지가 당신 내면의 상처를 가장 잘 치유해줄까? 그것을
제공하고, 취약한 부분이 보살핌의 에너지를 받아 그 속에 잠기도록
하라.

RAIN 이후 : 현존감이 펼쳐지는 것을 알아차리고 자각의 공간에
서 쉬어라. 잠시 후 자신에게 질문한다. "이 신념이 없다면 나의 삶은
어떤 모습일까?", 그리고/혹은 "이 신념에서 벗어난다면 나는 어떤 사
람이 될까?"

무엇이 떠오르든 그 경험 안에서 휴식하라. 그 경험이 당신을 채
우게 하고 그것에 익숙해져라.

질의응답

Q _ 사는 동안 이 신념이 진실이라고 계속 증명되면 어찌하
나?

A _ 강력한 신념은 감정과 행동에 직접 영향을 주므로 그 결
과 삶이 전개되는 방식이 영향을 받는다. 예를 들어, 자신이
바람직하지 않고 사랑스럽지 않다고 생각해서 불안하면, 관
계의 욕구로 인해 동반자에게 매달리거나 거절의 두려움 때
문에 자신의 취약성을 숨기기 쉽다. 신념 때문에 관계가 실패
하고 당신은 신념-행동-실패-신념이라는 순환의 고리에 걸
려든다.

"내가 늘 거절당할 거라는 것을 나는 확실히 알고 있는가?"라고 자문할지 모르겠다. 정말 알고 있는가? 신경가소성에 의하면 과거에 어떤 경험을 했든 우리는 변할 수 있다. 자신의 신념에서 놓여날 때 선택 가능한 미래를 위한 여지가 생긴다. 이것은 외부세계에 대한 신념에서도 마찬가지다. 당신은 정치 이념이 다른 사람과 절대로 친할 수 없고 공통 목표를 향해 함께 일할 수 없을 거라 믿을지도 모르겠다. 하지만 정말 그렇게 확신하는가? 이런 유형의 신념과 싸우려면 연민을 깨우고 세상을 치유하는 데 필요한, 정당·인종·성·종교 간의 대화를 향해 마음을 열어야 한다.

개인적인 삶에서, 미래에 대해 조금만 마음을 열어도 현재에 보다 많은 호기심과 부드러움을 선사하고 그 신념을 일으킨 상처와 만날 수 있다. 이 상처에 집중하면 신념의 뿌리를 치유하고, 보다 유연하고 자신감 있고 자유로운 관계를 맺을 것이다.

Q_ 나는 나 자신의 부정적인 면을 아주 분명하게 알고 있다. 나의 결점을 "신념"으로 일축한다면, 결점이 더 심해지는 건 아닐까?

A_ 우리 모두에게는 변화시키고 싶은 성격이나 자아 덮개가 어느 정도 있다. 우리는 때로 이기적이고 공격적이며 중독적이고 둔감하고 무시하는 행동을 한다. 맞다. 충족되지 못한 욕구의 격렬함에 좌우되는 이런 행동들은 자신과 타인에게

해가 될 수 있다. 우리는 이런 행동이 타인과의 관계에서 괴로움과 소외감을 일으킨다는 것을 인지해야 한다.

하지만, 인식하는 지혜와 혐오스런 판단은 다른 세계다. 인식은 "만사를 내 맘대로 고집한다면 동료들이 나를 피하고 냉랭해지고 멀어질 것이다."라고 한다. 판단은 "내 맘대로 하려는 것은 내가 이기적이고 나쁜 사람임을 의미한다."라고 한다. 판단은 우리의 근본 존재를 규정짓는다.

3장에 나왔던 황금불상을 기억하라. 중요한 것은 덮개와 황금의 차이를 깨닫는 것이다. 당신은 이기적으로 행동할지 모르지만, 본래 이기적인 사람은 아니다. 대다수의 사람처럼 당신은 이기심이라는 조건화된 층을 가지고 있는 영혼, 자각, 사랑의 존재다. 덮개("나는 이기적인 사람이야.")와 동일시하는 것은 자기-신념을 강화하며 황금을 보지 못하게 할 뿐이다.

잘못이나 결점과 연관된 경험에 RAIN을 직접 적용하면 그것을 작동시키는 상처를 보게 되어 자기-연민의 힘을 깨울 것이다. 그리하여, 이기심이나 당신을 구속하는 여타 덮개의 속박에서 자연스럽게 풀려날 것이다. 당신은 낡은 껍질을 벗고 새 삶을 살 수 있다.

4. 부정적 자기-신념 내보내기

5

수치심에서 벗어나기

사랑하는 이여, 나의 이마에 입맞춤해주오.
… 내 가슴 안 신성의 불빛을 밝혀주오.
_ 하피즈(Hafiz), 〈깨어있기(Keeping Watch)〉

대부분의 영적, 종교적 전통에서, "집"은 관계나 소속감을 경험하는 신성한 공간이다. 만성적 수치심은 생명력을 선사하는 그 소속감을 끊어버린다. 우리 영혼의 황금을 덮고 우리를 자신과 타인으로부터 추방한다.

　모든 수치심이 독인 것은 아니다. 수치심은 우리가 생존하길 바란다. 초기 인류에게 수치심은 자신을 보호해줄 집단이 있다는 의미였다. 생존 뇌의 기본 메시지는 "난 잘못을 저질렀고, 사람들이 이 사실을 알면 날 쫓아낼 거야."라는 것이다. 수치심은 사회적 기준에서 벗어난 행동을 했을 때 생기며, 잘못을 들키면 추방당할 거라는 두려움을 수반한다. 건강한 수치심이라면 행동을 긍정적 방향으로 변화시키거나 다시 집단에 소속되도록 교정을 자극하고, 그 결과 수치심은 줄어든다.

하지만 수치심이, "나한테 문제가 있어. 이제 여기 있을 수 없어."라고 한다면 해롭게 변한 것이다. 그리되면 그것은 더 이상 지나가는 정서가 아니며, 우리는 "나쁜", 혹은 "부족한" 자기가 되고 만다. 부정적 자기-신념에 쉽게 넘어가고 자기-혐오에 빠져 자신에게 친절함과 보살핌을 줄 수 없다고 여긴다.

이 장에서는, RAIN의 보살피기 단계와 그것에 접근하기 위해 훈련생들이 알아낸 여러 창의적인 방법에 중점을 두려고 한다. 성서에 나오는 가장 유명한 수치심 이야기 한 가지, 렘브란트의 그림, 그리고 동시대의 어느 가톨릭 사제의 영적 자각을 통해 이 주제를 시작해보련다.

돌아온 탕자

어느 부자에게 두 아들이 있었는데 둘째 아들이 자기 몫의 유산을 미리 달라고 했다. 아버지가 동의하자 둘째 아들은 집을 떠나 다른 나라로 가 "방탕한 생활"을 하면서 유산을 흥청망청 써버렸다. 곧 배를 곯게 되었고 결국 돼지를 돌보며 돼지 먹이를 먹을 지경이 되었다. 가난과 굶주림에 지친 아들은 차라리 아버지의 하인들이 더 잘 먹겠다 싶어 집으로 돌아가 아버지에게 자비를 간청하기로 했다.

너무나 다행스럽게 아버지는 용서와 사랑으로 그를 받아들여 성대한 귀향 축하 잔치를 열어준다. 이를 본 큰 아들은 분노와 질투심으로 아버지에게 항의한다. 그는 늘 아버지에게 순종하며 살아왔다. 그는 왜 이 즐거운 잔치의 주인공이 아니었을까? 아버지는 자신의 조건 없는 사랑을 강조했다. "아들아, 너는 나와 내내 함께였고 내가 가진 모든 것이 네 것이다. 하지만 우리가 축하하고 기뻐하는 것은 마땅하다. 왜냐하면 네 동생은 죽었다가 살아 돌아왔기 때문이다. 잃었다가 찾은 것이다."

그 유명한 렘브란트의 그림은 아버지 앞에 수치심으로 머리를 조아리고 무릎을 꿇고 있는 누더기를 걸친 탕자를 보여준다. 늙은 아버지는 굳센 왼손을 아들 어깨에 올린 채 "네가 집으로 왔구나. 나는 네가 누군지 안다."라고 말하는 듯 아들을 맞으며 축복하고 있다. 아버지의 오른손은 아들의 등을 부드럽게 쓰다듬으며 위로하고 있다. 아버지는 지혜와 연민의 구현, 신성한 남성성, 신성한 여성성이다. 멀찍이 한쪽 구석에는 분노와 판단으로 경직된 큰 아들이 어둠 속에 서 있다.

수치심의 여러 모습 껴안기

삼백 년 후 이 그림은 독일의 가톨릭 사제이자 작가인 헨리 누웬(Henri Nouwen)의 영적 삶을 변화시켰다. 그가 자신의 책 『돌아온 탕자(The Return of the Prodigal Son)』에 썼듯이, 첫 번째 깨달음은, 둘째 아들의 수치심과 자신이 전적으로 닮았다는 것이다. 그도 집을 떠나 인정, 성공, 명성 등 외적인 것을 쟁취함으로써 내면의 공허감을 채우려고 했었다. 하지만 그림을 깊이 묵상하면서 사제는 보다 깊은 통찰을 경험했다. 자신은 판단과 비난으로 영적 평안을 누리지 못한 형이기도 했다는 것이다. 깊은 자기-혐오, 분노, 질투심, 타인들에 대한 적개심으로 인해 형은 사랑의 보다 큰 근원인 아버지로부터 보살핌의 포옹을 받지 못했다.

결국, 자신의 이런 부분을 정직하게 직면할 때 떠오른 고통과 갈망이 변화를 일으켰다. 누웬은 무장을 해제하고 하느님의 용서, 연민, 사랑을 받아들였고, 그 사랑을 받아들이자 흠 많고 소외된 제한적 정체감 너머를 자각하기 시작했다. 그는 이렇게 썼다.

그러면 내 안의 두 아들이 점차 연민을 지닌 아버지로 변할 수 있다. 이 변화는 내 분주한 가슴의 가장 깊은 욕망을 충족 시킨다. 집으로 돌아오는 자녀들의 어깨에 내 고단한 팔을 뻗 어 축복의 손을 얹는 것보다 더한 기쁨이 어디 있을까?

사랑 안에 머물기

나는 동생의 탐욕과 형의 혐오적 수치심을 여러 번 경험했다. 자기-연민이 커가는 중에도 나는 때때로 가슴에서 완전히 단절된 느낌이 들곤 했다. 이런 중에, 사랑 안에 든다는, 보살핌을 받는다는 느낌을 알게 하여 그 이후 내 훈련의 중심이 된 경험을 했다.

8년 전 어느 겨울, 강의와 가족 휴가를 연이어 빡빡하게 보낸 나는 2주간의 침묵 수련에 참가했다. 하루가 채 지나기도 전에 나는 죄책감과 후회에 휩싸였다. 왜 남동생과 아직도 그 이야기를 안했지? 가족 모임 일정을 잡을 때 왜 여동생 말을 끊고 끼어들었지? 그 모임을 제대로 즐기기나 했나? 나는 딴 데 정신이 팔리고 이기적이었던 상황들을 계속 찾아냈다. 내가 너무나 잘 아는 상황, 무가치감의 트랜스에 다시 일조를 하고 있었다.

나는 스스로에게 말했다. "좋아, RAIN이 필요할 때군." 먼저 죄책감을 인지하고 인정한 후 그 배후의 신념을, "나는 보다 더 훌륭하고 사랑이 넘치는 너그러운 사람이 되어야만 해."라고 이름 짓고 살펴보기 단계를 시작했다. 그런 다음, 몸에 집중하자 가라앉는 느낌과 가슴과 복부의 공허하면서 고통스러운 어둠을 만났다.

그러고 나서 가슴에 손을 얹고 보살핌의 말로 보살피기 단계를 시도했지만 내 안의 화난 부분이 꼼짝하지 않았다. "아니, 절대로 괜찮지 않아. 괜찮은 게 아니야. 나는 이기적이고 사랑을 줄 줄 몰라. 이러고 싶지 않아!"

화는 무력감으로 변했고 나는 울기 시작했다. 나 자신이 싫었고 변하지 않을까 겁이 났다. 이제 "나는 사랑스럽지 않아."라는 보다 깊은 핵심 신념이 나타났다.

사랑스럽지 못하다는 느낌이 있는 깊은 곳에게 뭐가 가장 필요한지 묻자 나도 모르게 소리 내어 말했다. "제발 나를 사랑해줘." 계속 애원했다. "제발 나를 사랑해줘."

바로 그때, 나를 에워싼 직감과 빛의 장소이자 더할 나위 없이 부드럽고 연민에 찬 존재인 너무나 친근한 현존감을 자각했다. 나는 고개를 조금 숙였고 순수한 수용과 보살핌의 축복인 입맞춤을 이마에서 느꼈다. 내 안의 무언가가 열렸고 나는 사랑의 빛 속에 잠겼다.

빛을 더 많이 받아들일수록 소외감은 더 많이 달아났다. 바깥의 바람소리, 몸의 따끔거림, 세상을 뜬 친구와의 추억, 끈질긴 자기-판단에 대한 슬픔 등 모든 것이 이 환하고 열린 가슴 안으로 들어왔다. 한 인디언 스승의 "사랑은 항상 당신을 사랑하고 있답니다."라는 속삭임을 들었고 이것이 참임을 깨달았다.

그 경험 후 힘들 때는 그 친근한 현존감을 자주 부른다. 나는 이마에 축복을 감지하고 연민의 품 안에 들어있음을 느낀다. 또한 힘든 시간이 아니더라도 이렇게 해야 함을 배웠다. 이메일을 주고받는 사이, 샤워 중에, 이야기를 나누기 전에, 잠시 멈춰 현존감을 향하고 사랑 안에서 사랑의 장소가 될 수 있는 순간은 많다.

보살피기로 향하는 이 길은 매일 반복할수록 훨씬 더 활기차고 친해지고 익숙해진다. 사랑을 하고 사랑을 받는 경험에 더 많이 잠길수록 일상에서 그러기가 더 쉬워진다. 이기심, 자기-판단, 두려움이라는 낡은 습관은 계속되겠지만, 이제 그것들은 모든 것을 품어주는 부드러운 마음의 공간에 들어있다.

사랑과 소속감을 향해 손 내밀기

수치심의 핵심 감정은 나쁜 사람이라는 느낌이므로 자기-혐오, 두려움, 숨고 싶은 충동이 뒤따른다. 우리는 단절되며 더 이상 삶의 순환의 일부가 아니다. 수치심의 치료제는 소속감과 본질적인 미덕을 믿게 하는 사랑의 현존감, 근본적 연민이다.

"제발 나를 사랑해줘."라고 외친 그날 오후에는 그 행동이 무엇인지 몰랐다. 이제는 그것이 왜소한 자기의 "행위들"로는 도달할 수 없는, 사랑하고 사랑받는 느낌인 보살피기라는 내면의 원천에 다가가기 위한 한 방법임을 안다.

유아기일 때 우리는 주변 사람들을 사랑과 보살핌의 원천으로 여겨 의지한다. 발달심리학자들에 따르면 인간에게는 그런 사랑을 정말 빠른 속도로 내면화하는 선천적 능력이 있다. 만사가 잘 흘러가면 사랑, 안전감, 행복, 소속감, 살면서 의지할 수 있는 강점 등의 내면의 자원을 구축한다.

하지만, 여기서 우리는 또 다른 중요한 사실을 탐험하는 중이다. 생애 초기에 그런 긍정적 내면상태가 형성되지 않았더라도, 혹은 수치심과 같은 정서가 그것에서 우리를 단절시켰더라도, 그러한 자원들을 보살피고 발전시키는 방법을 찾을 수 있다. 삶의 어떤 시기에도 사랑과 소속감의 내적 경험으로 접근하는 법을 기를 수 있다. RAIN의 보살피기 단계를 통해 자신의 본질적인 미덕을 믿는 법을 배울 수 있다.

자원의 닻 : 보살피기의 원천에 접근하기

자기-연민에 다가갈 수 없다면 보살피기의 다른 원천을 찾아야 할 때다. 자신 밖으로 눈을 돌려 자신에게 특별한 의미가 있는 생생한 경험과 친절함의 예를 찾아서 자신의 가슴을 보살펴야 한다. 이것이 우리가 발달시키려는 내면의 자원을 만들고 안정화시키기 때문에 나는 자원의 닻이라 부른다. **수강생들과 함께 나누었던 몇몇 자원의 닻을 소개한다.**

- 할머니댁 식탁에 할머니와 함께 있는 모습을 떠올리면서 가슴에 손을 얹고 할머니의 정이 쏟아져 들어온다고 상상한다.
- 늙은 골든 리트리버에 머리를 기댄 채 잠든 두 살 된 아들 사진을 지니고 다닌다. 힘들 때 그 사진을 보면 잊고 있던 사랑이 느껴진다.
- 달라이 라마를 떠올리고 그분이 나를 바라보고, 염려하고, 가슴에 품어준다고 상상한다.
- 반려견을 껴안는다. 옆에 없으면, 귀가할 때 그 녀석이 기뻐하는 모습, 내 다리에 기대어 자는 모습을 상상한다.
- '나를 사랑해줘.'라고 말하고는 나무와 새, 꽃과 바위, 모든 생물들이 내게 사랑을 보내고 있다고 상상한다.
- 두려움 없고 다정하며 따뜻하고 연민이 많은 미래 자기를 상상하고 도움을 청한다.
- 자비보살인 관음을 부르고 나를 둘러싼 빛을 떠올리고 그 빛이 내게 들어와 관음보살의 자비와 친절로 나를 채운다고 상상한다.
- 배우자에게 안아달라고 하고, 곁에 없으면 그녀의 팔이 나를 감싼다고 상상한다.
- 청금석 염주 팔찌를 차고 다니는데, 팔찌를 벗고 구슬 하나하나를 면밀히 느끼다 보면 불성과 연민, 현존감과 연결된다.
- 할아버지가 가르쳐주신 유대교 기도문을 나직이 암송하면 할아버지의 사랑과 우주에 가득한 사랑이 상기된다.
- 땅에 눕거나 뒤뜰의 크고 늙은 참나무에 기댄다. 광활한 땅과 하늘이 나의 슬픔을 감싸게 둔다. 창문 없는 12층의 작은 방에 머물 때는 이 모든 것을 상상해본다.
- 가슴에 손을 얹고 나와 타인을 위한 자애의 구절을 반복한다. 내가 행복하고 안전하고 평화롭기를. 당신이 행복하고 안전하고 평화롭기를.
- 같은 고통 속에 있는 이들을 기억하고 우리는 하나이며 마음을 나눈다고 느낀다.

보살피기로 가는 여정 계획하기

지금부터는 자신의 자원을 구축하는 다른 접근법들을 제안하려고 하는데 많은 것이 수련생들과 나눈 경험에 바탕을 두고 있다. 외부적인 것으로 보이는 원천과의 관계가 어떻게 수치심을 치유했는지 보여주는 두 가지 예를 소개한다.

젊은 여성인 브렌다는 5년 만에 알코올중독이 재발했다. 다시 알코올을 끊었지만 AA(알코올중독방지협회) 집단의 지지에도 불구하고 몇 달 뒤 수치심과 자기-증오에 휩싸였다. 자기-연민에 다가가려고 할 때마다 분노와 절망의 벽에 가로막혔다.

그 후 브렌다는 "자신의 미래 자기 불러들이기"와 3장에 나온 명상을 배웠다. 그녀는 용서하는, 지혜로운, 그리고 두 반려견과 아름다운 들판에 서 있는 활기찬 중년 여자라는 이미지를 구축하기 시작했다. 이 이미지는 자원의 닻이자 그녀의 일상 훈련의 일부가 되었다. 그녀는 맑고 푸른 눈과 따스한 미소를 지닌 미래 자기를 상상했고 마음이 편안해짐을 느꼈다. 몇 주 후 그녀는 의도적으로 자신의 미래 자기에게 수치심과 실패감을 데려왔고 도움을 청했다. 응답하는 소리가 들렸다. "당신은 중독 이상의 존재입니다. … 자신의 따스한 가슴을 믿으세요." 온기와 빛이 그녀를 채웠고 미래 자기가 이미 자신 안에 있음을 느꼈다.

브렌다의 수치심과 자신을 향한 엄격함은 쉽게 사라지지 않았다. 하지만, 훈련한 지 여섯 달이 지났을 때 그녀는 "미래 자기를 지니니까 어떤 부정적 이야기보다도 나에 대한 진실에 더 가까워지는 기분이 들어요."라고 말했다.

시안은 2008년 불경기 때 직장을 잃었다. 16개월 동안 구직활동을 했으나 계속 거절을 당하고는 우울의 악순환에 빠졌다. 주별 명상수업에 참석한 시안은 자신의 깊은 수치심과 스스로 만드는 소외감에 대해 솔직하게 이야기했다. RAIN을 시도했지만 보살피기 단계가 그를 괴롭혔다. "나는 패배자인가 봐요. 자기-연민이 전혀 생기질 않아요."

자신을 보살피거나 이해해주는 사람이 없냐고 묻자 그는 변함없이 다정한 자신의 아내라고 말했다. 하지만 그는 아내의 위로를 받아들일 수 없었다. 그가 표현한 대로 "가족을 부양해야 하는데 그렇게 하지 못하고 있기" 때문이었다. 한참 뒤 그는 오래된 남성 모임을 언급했다. 나는 회원들 간의 개인적 지지 외에 그 모임 자체를 접근가능한 자원의 닻으로 여겨보라고 제안했다. "사나이다운 회원들 얼굴을 떠올리고 그들의 보살핌과 관심이 스며들게 해보세요." 시안은 아주 조용했다.

잠시 후 기분이 어떤지 물어보았다. "말로 표현하기 힘들지만 내가 직장이 있든 없든 그들은 나를 존중한다는 느낌이 들어요. 그냥 한 인간으로요." 그는 약간 목이 메었다. "우리는 함께 있어요. … 연결되어서. 따뜻해지면서 기운이 나요."

나는 시안에게 따뜻한 연결감에 집중하고 그것이 그의 몸에 가득 차게 하라고 했다. 시안은 보살피기가 주는 치유에 다가가고 있었고, RAIN 이후 단계에서 치유가 깊어졌다. 나는 "이러한 감정들에 있어서 당신에게 무엇이 중요한지 생각하고 그것을 기억하세요. 더 자주 친구들을 생각하고 이 느낌을 떠올릴수록, 필요한 내면의 자원이 더 많이 나타날 겁니다."라고 말했다.

세상의 미덕을 불러들이기

보다 큰 사랑의 원천으로 다가가는 것은 깨달음 전의 붓다를 비롯한 수많은 존재들이 내면의 자원을 보살피기 위해 사용한 자연스럽고 강력한 방법이다.

2장에서 우리는 붓다의 깨달음의 너른 보살핌, 그의 결심을 훼방하려고 마라가 마귀들을 보냈을 때조차도 밤새 보리수 아래서 명상을 한 싯다르타에 대하여 살펴보았다. 이제 붓다와 우리의 자유에 필수불가결한 핵심 요소를 하나 더 보태려 한다. 싯다르타가 연민과 마음챙김으로 마귀들을 만났을 때 아직 완전히 자유롭지는 않았다. 밤이 끝나려하자 마라는 자신의 가장 큰 도전장을 내밀었다. 싯다르타는 무슨 권리로 깨달음을 염원했는가? 다시 말하면, "자신이 누구라 생각하느냐?"이다. 마라는 깨달음을 확인해줄 증인도 보여 달라고 요구했다.

그러자 붓다가 오른손을 뻗어 땅에 대었다. 대지의 여신이 포효하며 일어났다. "내가 당신의 증인입니다." 땅이 흔들렸고, 마라는 사라졌다. 새벽이 되자 싯다르타는 붓다가 되었다.

깨달음 전의 붓다도 자신의 가치에 대한 의심과 도전에 직면했다. 붓다는 보다 큰 현존감에 의지함으로써 자신이 모든 생명과 연결되어있음을 깨치고 확인하였고, 가슴에서 의심을 몰아냈다. 우리도 대지에 접촉하여 보살피기의 외부 자원에 의지하는 법을 배울 수 있다. 또한 수치심의 고통을 치유하는 사랑과 소속감의 내적 자원도 기를 수 있다.

명상 연습 : 사랑 안에 머물기

눈을 감고 조용히 앉아 호흡을 통해 몸을 느끼면서 긴장된 부분을 이완시킨다.

자기-판단이나 자기-혐오로 인해 자신을 연민으로 품지 못하는 상황을 생각한다. 어떤 일이 벌어지는지 떠올려보고 최악인 부분, "나한테 문제가 있어."라는 느낌을 주는 부분을 생각한다.

자신이 나쁘고 사랑스럽지 않고 가치가 없는 사람이라고 느끼는 취약한 신체 부분을 찾아라. 특히 목, 가슴, 복부에 집중하여 수치심의 감각에 마음을 열도록 하라. 취약한 그 부분으로 호흡을 들이마시고 내쉬면 집중이 잘 유지될 것이다.

이 내면의 장소를 기점으로 가장 편안하면서 가장 치유적인 보살핌을 상상한다. 그것은 당신이 가진 미덕과 가치를 인정하는 말인가? 포옹인가? 부드럽고 따스한 현존감인가?

이제 가장 보살핌의 원천이 되었으면 하는 사람을 생각한다. 누구의 사랑이 가장 치유감을 주는가? 누구의 보살핌을 가장 믿을 수 있는가? 친한 친구, 자녀, 반려견, 나무, 혹은 이미 돌아가신 조부모님일 수 있다. 선생님이나, 붓다, 관음, 성모, 예수 같은 영적 존재를 떠올려도 된다. 무형의 현존감 혹은 자신의 고귀한 자기, 자신의 미래 모습이나 이미 실현된 모습을 그려볼 수도 있다.

당신이 얼마나 관심과 사랑을 원하고 품안에 들기를 갈망하는지 느껴라. 그런 다음 속으로 혹은 나직하게 당신이 선택한 사랑의 원천에게 부탁한다. "나를 사랑해주세요.", "나를 안아주세요.", "나를 보살펴주세요."라고 말하고는 당신의 갈망을 가장 잘 표현하는 말을 조용히 반복한다.

그 사랑의 원천이 당신의 목소리를 들었다고 상상하라. 그 존재가 당신의 상처와 갈망을 느낀다고 상상하라. 만약 눈이 있는 존재라면 완전한 사랑과 이해, 보살핌으로 당신을 바라보며 받아들인다고 상상하라.

그 사랑이 당신을 감싸고 당신 안으로 스며드는 힘찬 현존감이라고 생각하라. 흡수성 좋은 스펀지가 되라. 그 사랑이 따뜻한 빛으로 몸을 채운다고 느끼거나, 구멍과 틈 사이로 흘러들어와 가장 아픈 곳을 위로하고 치유해주는 황금빛 꿀로 여겨도 좋다.

이 사랑 안에 잠겨 … 더 깊이 들어가 … 사랑의 존재와 하나가 되라. 당신의 작은 자아가 떠다니는 부드러운 들판, 당신의 삶을 품고 있는 사랑의 자각이 되라. 마음의 이 공간을 알게 되면 점점 안식처가 될 것이다.

명상을 마치기 전 잠깐 귀를 기울여보자. 당신이 기억해야할 중요한 메시지가 들리는가?

질의응답

Q_ 수치심에 빠져있을 때 자기-연민을 어떻게 찾을 수 있을까? 보살피기 단계까지 갔지만 나는 조금도 보살필 가치가

없는 사람이라는 느낌이 든다. 뭔가를 하려들수록 스스로를 얼마나 나쁘게 생각하는지만 드러난다.

A_ 일리가 있는 말이다. 자신과 전쟁 중일 때의 심리상태와 생화학은 모두 자기-연민과 대립하고 있다. 그렇다면 어떻게 변화를 시작할까? 우리의 가슴은 내부의 고통에 깊게 집중할 때 부드러워지기 시작한다. 그런데 우리 모두는 너무나 자주 "이런 수치심과 나에 대한 이런 분노를 느껴서는 안 돼."라고 생각하며 자신의 감정을 판단해버린다. 또한 자신의 상황을 타인과 비교하면서 스스로에게 말한다. "그 사람들 때문에 더 안 돼." 그러고는 자신은 친절함을 받을 가치가 없다고 결정한다.

이럴 때, "바로 그 자리에서 시작하는 것"이 도움이 된다. 자신에 대한 나쁜 감정을 인지하고 인정하라. 그런 다음 살펴보라. 수치심에 사로잡힌 불쾌한 느낌을 몸으로 감지하라. 당신은 얼마나 오랫동안 자신에게 문제가 있고 보살핌을 받을 가치가 없다고 믿으면서 살아왔고, 그런 믿음 때문에 충만하게 살지 못했음을 알아챌 것이다. 잠시 동안 몸과 가슴, 마음에 영향을 주는 수치심의 고통에 가닿으라. "아, 괴롭다. … 아파."라고 정직하게 말할 수 있는 순간 슬픔과 자기-연민이 자연스럽게 차오르는 것을 느낄 것이다.

Q_ 만약, 보다 큰 사랑의 원천을 찾지 못하면 어떡하나?

A_ 소외감과 수치심을 느끼면 어디서나 다가갈 수 있는 사

랑의 존재가 있음을 믿기 어렵다. 특히, 어린 시절에 보살핌을 거의 받지 못했거나, 더 나쁜 경우인 집단 따돌림이나 학대를 당했다면 그렇다. 다행스럽게, 자원으로 연결되는 든든한 길을 만드는 데 시간은 좀 더 걸리겠지만 가능한 일이다. 나는 다양한 양육과정과 큰 정서적 고통을 지닌 수천 명의 사람들이 사랑의 원천을 발견하는 것을 목격했다.

사랑을 자원으로 삼는 비결은 내가 사랑의 덩굴손이라고 이름 붙인 것을 찾아보는 것이다. 당신이 충만한 사랑의 온기를 느끼지 못하는 관계도 있겠지만, 당신은 자신이 경험하고 싶은 보살핌이 있다고 느낀다. 이전의 명상법, "사랑 안에 머물기"를 창의적으로 훈련하라. 이 세상 어디라도 당신이 조금이라도 감응을 느낄 수 있는 곳을 찾아보라.

사랑의 덩굴손은 훈련으로 강화될 수 있으며 그것은 연결감으로 가는 중요한 통로가 된다.

사랑의 덩굴손을 하나라도 찾았으면 잠시 멈추고 그것이 스며들어 당신을 채우도록 하라. 그것을 온기, 빛, 활력 … 등으로 몸 안에서 느껴보라. 적어도 15초 내지 30초 동안 그것과 함께 하라.

마지막으로, 이 과정을 규칙적으로 반복하기를 바란다. 당신의 덩굴손은 싹을 틔우고, 시간이 흐르면서 사랑의 향기를 지닌 꽃을 피울 것이다.

Q_ 다른 사람들이 내게 정말 문제가 있다는 메시지를 보낸

다. 그들이 틀렸음을 어떻게 알 수 있을까?

A _ 타인 혹은 자신에게 어떤 영향을 주는지 알려주는 메시지와 "이래서 당신은 나쁜 사람이야."라는 메시지 사이에는 중요한 차이가 있다. 예를 들면, "당신의 판단과 분노 때문에 난 불안해."라는 말을 듣는 것은 불편하지만 유용한 정보다. 우리는 피드백에 열려 있음으로써 성장한다. 하지만, 근본적으로 문제가 있다고 암시하는 메시지는 진실이 아니다.

나쁜 사람이라는 메시지를 믿지 말라. 만약 어떤 메시지가 수치심을 일으킨다면 4장에 나온 "실제지만 진실은 아니다."에 나온 토론을 기억하라. 수치심이라는 감정은 정말 실제 상황이지만 당신에 대한 진실을 나타내지 않는다. 자기-연민을 지니고 자신의 내적 경험에 접속하거나 당신을 사랑하는 사람을 떠올리고 그가 다정하게 당신을 안아준다고 생각하라. 자신의 기본 미덕을 기억하고 깊은 의도로써 깨어나는 가슴과 마음을 믿으라.

우리는 이 안에 함께 있다. 나쁨에 대한 가장 사악한 메시지는 우리 사회에 박혀있는 것들이다. 문화는 좋은/나쁜, 옳은/그른, 우등한/열등한 이야기를 기반으로 조직화되어 모든 이들에게 여러 층위의 수치심을 일으킨다. 이러한 이야기는 우리가 서로를 대하는 방식, 우리가 벌어야 하는 돈, 소비재, 외모, 창의성을 표현하는 방식, 영적 혹은 종교적 신념, 성정체감, 피부색 등을 목표물로 삼는다. 사회적 수치심은 초기 부족 사회에서는 결속력을 강화하여 인간의 진화에 도움이 되었고 지금도 소속감을 위협하는 행동에 대한 경각심을 불러일으킬 수 있다. 하지만 아주 커다란 그림자가 달려있다. 여성의 적절한 역할과 행동, 유색인종의 열등한 지위, 이성애자 외의 성정체감을 가진 사람에 대한 부자연스러움 등에 대한 사회적 메시지는 끔찍한 수치심, 억압, 불공정함, 고통을 계속 발생시킨다. 3부에서 이 문제를 좀 더 다루겠지만, "당신에게 문제가 있어."라는 메시지에는 보이지 않는, 수치심을 일으키는, 독소적인 사회적 이야기가 흔히 내포되어있음을 기억하길 바란다.

6

두려움에서 깨어나기

우리는 적자생존한 존재가 아니라
보살핌으로 생존한 존재다.

_루이스 코졸리노(Louis Cozolino)

어느 먼 나라에, 극도의 고통도 강력한 마법으로 없앨 수 있는 귀인이
있다는 소문이 퍼졌다. 하지만, 치료를 받기 위해서는 황야에 있는 그
의 은신처를 찾아 울창한 숲과 험준한 산길을 통과해야 했다. 고난을
이겨내고 지치고 남루해진 사람들이 귀인의 오두막에 도착했다. 귀인
은 그들을 맑은 냇가로 데려가 차를 대접하고 솔숲과 하늘을 바라보며
고요히 앉아있었다. 드디어 입을 뗀 그는 이후 그들 사이에 오갈 것을
비밀로 하겠다는 맹세를 하라고 말했다. 맹세를 하자, 그는 단 한 가지
만 물었다. "당신이 느끼기 싫은 것은 무엇인가요?"

끝나지 않는 두려움의 고통

당신이 정서적으로 괴로운 상태라면 귀인의 질문이 당황스럽거나 공격적으로 보일 것이다. 하지만 다시 생각하면 고통을 둘러싸고 있는 저항, 즉 두려움을 느끼는 데 대한 두려움이 괴로움을 지속시킨다는 사실을 알아챌 것이다.

특히 두려움이 강렬한 경우에 우리는 그 두려움에 빠져 전멸될까 무섭다. 그래서 생존 뇌는 다양한 수준으로 몸속의 그 생생한 정서적 에너지를 없애라고 촉구하므로, 우리는 감정을 묻거나 마비시키고 생각을 채운다. 하지만 두려움 및 여타 괴로운 정서에서 달아나면서 충만한 현존감과 생명력에서도 멀어진다. 자신의 지성, 창의성, 사랑하는 능력에서 멀어진다.

자신의 감정을 거부하는 마음은 때로 우울로 나타난다. 근육과 자세가 긴장하여 "전사 자세(Worrier Pose)"로 되고 만성불안이나 초조감을 보이기도 한다. 외로움, 불안, 권태, 혹은 자동조정장치에 걸린 느낌 등으로 나타날 수 있고, 자주 중독행동으로 표면화된다.

어떤 식이든 두려움에 저항하면 트랜스에 들게 된다.

1장에 나온 자각의 원을 기억하는가? 선 위는 자각 상태이고 선 아래는 아니다. 두려움에 저항할 때 우리는 그 두려움과 동일시되어 일부분 선 아래에 살며 온전한 밝음과 현존감에서 분리된다. 느끼지 못하고 처리되지 못한 두려움은 자각 밖에서 가동되어 우리의 신념, 결정, 행동을 조성한다. 느끼고 싶지 않은 두려움이 삶을 통제하고 속박하는 것이다.

한 친구가 이런 이야기를 한 적이 있다. 자신의 아들이 여섯 살이 었을 때 괴물에 쫓기는 악몽을 계속 꾸었다. 괴물은 몸집이 아주 크고 검었고, 아들이 아무리 빨리 도망쳐도 항상 바로 뒤에 있었다. 너무 무섭고 너무 자주 나타나 아들은 잠드는 게 겁이 났다. 어느 날 밤 잘 시간이 되었을 때 엄마가 아들의 손을 잡고 말했다. "음, 오늘밤 괴물이 나타나면 이렇게 한 번 해봐. 도망가지 말고 고개를 돌려 괴물이 어떻게 생겼는지 보고 엄마한테 말해줘. 알았지?" 다음 날 아침 아들이 흥분해서 엄마 방으로 뛰어 왔다. 아들은 괴물을 쳐다보았다. … 괴물이 아니었다! 그냥 아들이 좋아하는 비디오게임에 나오는 덩치가 큰 악당일 뿐이었고 아들이 똑바로 쳐다보자 사라져버렸다.

당신은 "상상의 괴물을 마주하고 그것이 사라지는 걸 보면 좋겠지요. 하지만 진짜 위험은요?" 라고 말할지 모르겠다. 실제적인 위협이 있든 없든, 두려움이라는 정서적 경험에 직면하고 마음을 열면 우리는 선 위로 올라가 자신의 내재적 자원에 다가간다. 이성과 명료함, 용기와 연민이 일어난다. 도망치는 것은 무력감과 두려움을 확대할 뿐이다.

우리는 의식하지 못하고 습관적으로 두려움을 피하므로 직면에는 의도와 현존감이 필요하다. RAIN은 유턴을 도와준다. 두려움을 인지하고 인정하면 두려움의 힘이 줄어드는 방향으로 현존감이 깊어진다. 훈련을 통해서 저항을 멈추면 마귀들이 사라짐을 깨닫는다. 여전히 두렵지만 보다 큰 현존감과 자기-연민의 공간에 다시 연결되면서 선 위에 머문다.

RAIN으로 두려움 바라보기

RAIN과 스트레스에 관한 종일 세미나 후, 브리아나가 개인적 문제로 나를 찾아왔다. 그녀는 최근 대기업의 영업 담당 부책임자가 되었지만 "시간 낭비만 하는" 사람이라면 누구라도 바로 말을 끊어버리는 CEO에게 두려움을 느꼈다. 그는 매주 임원회의를 주재했는데, 그녀 표현대로라면 회의는 "뇌를 얼어붙게" 하는 "고문"이었다. 그녀는 "저는 능력 면에서는 걱정할 필요가 없는 사람이에요. 이전 직장에서 산업 표창을 받았기 때문에 채용되었어요. 그런데 이 회사 분위기는 완전히 달라요. 그냥 조직일 뿐이지요. 그리고 다른 임원들도 은근히 저를 무시해요. 복통을 느끼며 제 사무실로 돌아가는데, 언제까지 버틸 수 있을지 모르겠어요. RAIN이 도움이 될까요?"라고 말했다.

나는 회의 직전에 몇 분간 RAIN을 해보라고 권했고, 회의가 있는 날 그녀의 상태를 물었다.

"오전에 불안감이 점점 몰려오는 걸 느끼고, 보고서를 검토하고 … 언급해야 할 부분을 표시하고 … 미친 듯 바빠요. … 실제로는 전혀 생산적이지 않고요."

그런 감정을 잘 아는 나는 미소를 지었다. "좋아요, 그렇다면 RAIN을 하기 전에 그 미친 듯한 상황에 멈춤 단추를 누르고 있다고 상상해요."

브리아나는 눈을 감고 임원회의 30분 전에 책상에 앉아있는 자신을 그려보았다. "멈출 때, 첫 번째로 해야 하는 일은 불안을 인지하고 그대로 인정하는 것입니다." 그녀가 고개를 끄덕였다. "이제, 몸의 느낌에 주의를 집중해보면, 어떤 것이 감지되나요?"

살펴보기로 들어가면서 그녀가 중얼거렸다. "마른 입술 … 몹시 조이는 가슴 … 두근거리는 심장 … 그리고, 맞아요, 위가 꼬이는 느낌." 나는 복부에 손을 대고 그곳으로 길고 느린 들숨과 날숨을 보내라고 했다. 이렇게 하면 집중이 유지되고 두려움과 접속한 상태가 지속될 수 있다.

이제 그녀 안의 두려움에게 무엇이 가장 필요한지 물어보라고 했다. 잠시 후, 그녀가 놀라면서 나를 올려다보았다. "두려움은 받아들여지길 바라네요. … 같이 있고 싶고, 여기 있어도 괜찮다는."

따라서, 두려움에게 필요한 보살피기는 받아들여지고 "잘못된" 게 아니라는 것이었다. 나는 브리아나에게 그녀가 가진 지혜와 친절이 어떻게 응하고 싶은지 물었다. 그녀는 자신의 취약한 부분을 인정하는 길을 찾을 수 있을까? 그녀는 손을 복부에 둔 채 천천히 호흡하면서 고요하게 앉아있었다. 그리고 고개를 끄덕였다. "방금 '여기 있어도 괜찮아.'라는 메시지를 보냈어요. … 그리고 정말 괜찮은 것 같아요. 마음이 약간 편해졌어요."

브리아나의 메시지는 진정 치유적이면서 지혜로운 것이었다. 우리는 대양과 같이 여러 감정의 파도를 지니며, 그 모든 것은 우리의 일부로 우리에게 속해있다. 상처나 두려움과 같은 힘든 감정과 마주칠 때 그것이 "나의 일부"임을 인정하면, 우리를 스쳐가는 것에 대해 자연스러운 확장감과 편안함을 가질 수 있다.

브리아나는 매주 임원회의에 참석하기 전에 RAIN 훈련을 했다. 멈춤 단추를 누른 다음 두려움을 인지하고 인정하며 호흡을 하면서 살피고 가장 강렬한 감정이 느껴지는 곳에 손을 대고 "괜찮아."라는 위로를 보냈다. 회의 중에 불안감이 치솟으려 하면 그저 그곳으로 호흡을 하면서 "괜찮아."라는 메시지를 보내곤 했다.

3개월쯤 후 마지막으로 브리아나가 나를 찾아왔다. CEO에 대한 긴장감이 사라진 건 아니지만 불안감은 다소 줄어들었다. 보다 중요한 것은 불안감이 그렇게 부담스럽지 않았다. 그녀는 "불안해져도 그렇게 놀라지는 않아요. … 너무 개인적으로 받아들이지도 않고요. 불안과 그토록 심하게 싸웠었는데, 지금은 이대로도 괜찮아요. 불안감을 받아들이고 나니 얼었던 뇌가 녹는 기분이에요. 이제 자유로워졌어요."라고 말했다.

그녀는 업무에서도 RAIN의 열매를 맛보고 있었다. 곤경에 빠져 자동반응을 할 때는, 불안이 완전히 개인적인 것, 자신에 대한 부정적 평가로 느껴진다. RAIN은 그러한 동일시를 느슨하게 해주므로, 불안은 규정짓고 장악하는 정서가 아니라 불쾌하지만 문제는 아닌, 친근한 내면의 일기예보가 된다.

브리아나는 CEO에게 위험이 따르지만 창의적인 영업 전략을 제안하기로 약속했고 그의 지지를 얻었다고 했다. 또한 한 동료와 다정한 협력 관계를 만들었고 두 명과는 서로 알아가는 중이라고 했다. 그녀는 "보다시피, 지금은 불안감 속에 흥분이 섞여 있어요. 전 힘차게 성장하고 있답니다."라고 말했다.

우리는 불안해지면 무언가 잘못되었고 자신을 보호할 행동을 취해야 한다는 생각을 하도록 조건화되어있다. 하지만, 마크 트웨인(Mark Twain)이 말했듯이, "나의 삶에서 최악의 상황은 실제로 결코 일어나지 않았다." 훈련을 통해서 우리는 걱정거리를 예견하고 걱정거리를 찾는 습관을 알아차린다. 그런 다음, 자신에게 "그건 그저 불안감이야. 괜찮아. … 나의 일부야."라고 말하고, 평생 지속된 자동반응의 습관에서 벗어나기 시작한다.

두려움이 "지나치다"고 느낄 때

브리아나의 경우, 불안감이 직장생활에 방해는 되었지만 RAIN 훈련을 할 만큼의 현존감과 집중력은 있었다. 하지만 두려움이 극심하여 공포감이나 무력감을 느끼면 현존감에 다가갈 수 없다. 이럴 때 경험을 관찰하는 것은 트라우마를 재발시키거나 두려움을 강화할 가능성이 있다. "수용의 창(window of tolerance)" 밖으로 밀려나는 것이다.

이 용어는 정신과 의사이자 작가인 대니얼 시겔(Daniel Siegel)이 만든 것으로 두려움, 분노, 혹은 기타 강력한 정서로 힘들어하는 이들에게 유용한 도구다. 수용의 창은 각자 다르다. 당신은 자신의 회복탄력성이 매일 달라지며, 보다 길게 보더라도 스트레스가 지속되면 줄어들다가 만사가 잘 풀리면 확장되는 것을 알아차렸을 것이다. 기쁜 소식은 상황에 상관없이 RAIN이라는 내적 작업으로 자신의 수용의 창(또는, 정신과 의사가 말하는 감정 내성affect tolerance)을 넓힐 수 있다는 것이다. 하지만 이미 "창 밖"에 있다면 그럴 수가 없다.

정서에 압도당할 때 일어나는 일을 설명할 때 나는 대니얼 시겔의 또 다른 발명품을 애용한다. 이것은 복잡한 인체조직과 스트레스에 대한 자동반응을 보다 쉽게 이해시켜주는 뇌 모형이다.

손바닥 안의 뇌

집에서 한 번 해보라! 손을 들고 엄지를 손바닥에 놓고 나머지 네 손가락을 엄지 위로 접으면서 주먹을 쥐어라. 이것이 당신의 뇌다. 당신의 얼굴은 손가락 관절 앞쪽이고 손 뒷면이 머리 뒤쪽이다.

이제 잠시 다시 손가락을 펴라. 손목은 척추를 나타낸다. 손바닥 아래쪽은 뇌간이고 엄지손가락은 변연계이다. 뇌간은 호흡이나 심장박동과 같은 신체의 기본 기능, 각성 수준, 투쟁−도망−동결 반응과 같은 생존 반응을 맡고 있다. 뇌 깊숙이 자리 잡은 변연계는 정서의 중심으로서 행동과 반응을 유도하기 위해 뇌간과 밀접하게 작용한다. (시겔(Siegel)의 설명대로, 변연계는 "이것이 좋은 것인가, 아니면 나쁜 것인가?"라는 핵심 질문에 초점을 둔다.) 또한 변연계는 기억이 형성되고 저장되는 곳이다. 이런 활동 대부분은 우리의 자각 밖의 일이다.

다시 엄지 위로 손가락을 접으면 뇌의 상위층, 즉 대뇌피질과 만나게 된다. 이 부분은 뇌에서 가장 늦게 진화된 부분으로 공간과 시간에 대한 지향성, 사고, 이성, 계획, 상상을 담당한다. 이마 바로 뒤쪽인 전두엽 피질은 첫째

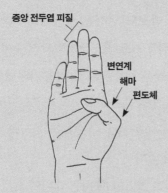

그림처럼 엄지를 손바닥 중간에 놓아라.

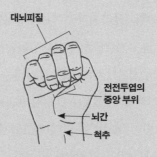

이제 엄지 위로 손가락을 접어라.
그러면 피질이 뇌의 변연계 위를 덮게 된다.

끌어안음

마디에서 손가락 끝까지이다. 손가락 끝으로 손바닥을 누르면서 그것이 뇌의 모든 부분을 연결시키는 것을 보아라. 이것이 삶을 안내하는 메시지들을 보내고 받는 영역이다. 중앙 전두엽 영역이 목격자다. 그것은 마음챙김, 공감, 연민의 능력을 가지며 복잡한 인간관계 속을 항해하는 능력의 바탕을 이룬다. 또한 원시뇌의 생존 자동반응을 잠잠하게 하거나 "하향 조절하는" 영역이다.

당신이 회복탄력성 상태라면 뇌의 모든 부분들 사이의 소통이 원활하다(시겔(Siegel) 박사는 이를 "통합"이라 부른다). 예를 들어, 아이를 학교에 데려다주느라 운전 중일 때 누군가 갑자기 끼어들었다고 생각해보자. 변연계와 뇌간이 너무나 신속하게 자동반응하므로 당신은 무슨 일이 일어나는지 채 알기도 전에 브레이크를 밟는다. 그 후 당신은 두려움과 분노가 몸 전체로 밀려듦을 느낀다. 하지만, 전두엽 피질은 "부딪힐 뻔 했지만 위험을 피했어."라는 진정시키는 메시지를 보내고, 당신은 서서히 다시 정신을 차린다.

그렇지만 스트레스가 과하거나 트라우마가 생기면 전두엽 피질이 변연계 반응을 하향 조절할 수 없다. 두려움과 분노가 장악한다. 욕설을 내뱉거나 자녀를 놀라게 하거나, 더 나쁜 경우, 그 차를 뒤쫓아 추월하거나 손가락 욕을 하려들 것이다. 생존 뇌에게 납치를 당하면 자신과 타인에게 쉽사리 해를 가할 수 있다.

손 모형 뇌를 배우면 이런 일이 작동하는 방식을 이해할 수 있다. "위험! 문제 발생!"이라는 메시지가 뇌간을 통해 밀려들고 변연계로 향한다. 그리고 전두엽 피질(엄지를 감싼 네 손가락)이 이미 과한 스트레스를 받고 있으므로 관여하지 않고 그냥 손가락은 펼쳐진다. 말 그대로 "뚜껑이 열린다!" 높은 각성 상태가 유지되면서, 당신은 현명한 판단, 공감, 도덕적 추리, 그리고 지혜로운 삶으로 우리를 안내하는 여타 내면의 힘에 접근하지 못한다.

마음챙김과 자기-연민의 자연스러운 능력에서 단절될 때 우리에게는 시스템을 다독여서 다시 연결될 방법, 통합과 회복탄력성으로 돌아갈 방법이 필요하다. 이때 RAIN의 보살피기 단계가 치유로 가는 아주 중요한 길이 된다.

강렬한 두려움 보살피기

5장에서 RAIN의 보살피기가 수치심을 어떻게 다루는지 살펴보았다. 수치심에 사로잡혀있을 때 가장 필요한 것은 자신이 사랑스럽고 소중한 사람임을 믿는 것이다. RAIN을 통해 자신보다 더 큰 사랑의 원천, 자신의 기본 미덕을 믿도록 도와주는 자원을 발견하는 법을 배운다.

두려움이 자신을 수용의 창밖으로 밀어내고 압도당하는 느낌이 들 때, **당장 필요한 일은 안전감을 가지는 것이다.** 이런 경우, RAIN을 효과적으로 하기 위해서는, 시작 전부터 안전감과 현존감을 충분히 느껴야 한다. 그래서 나는 자주 첫 단계로 보살피기와 내적 자원의 닻 강화하기를 제안한다. 명상 중 언제라도 멈추고 보살피기를 할 수 있다.

당신은 "그런데, 보살피기 단계는 RAIN의 마지막 단계 아닌가요?"라고 의문을 가질지 모른다. 알다시피, 온전한 보살피기는 살펴보기로써 자신의 경험에 직접 접속된 후에 하는 마지막 단계이다. 하지만 보살피기에 내재된 자기-연민은 모든 과정을 아우르며, 트라우마나 강렬한 두려움에 직면할 때는 인정하기와 살펴보기 단계가 현명치 않거나 불가능할 수도 있다. 이럴 때는 RAIN의 순서를 바꿀 필요가 있다. 보살피기로써 초반에 어느 정도의 안전감과 연결감을 쌓아두고, 필요할 때마다 반복한다면, RAIN이 치유를 보다 잘 도와줄 것이다.

보살피기로 가는 직접적인 접근법 한 가지는 이 장 끝에 나오는 명상 연습에서처럼 몸과 호흡에 집중하는 것이다.

보살피기로 가는 두 번째 접근법은 5장에서 소개한 대로 말이나 이미지, 물건이나 몸짓 등 당신에게 가장 필요한 내적 자원과 당신을 연결시키는 자원의 닻을 알아내고 접근하는 것이다. 이런 연관된 닻이 세워지기만 하면 그것은 빠르고도 직접적인 접근 지점을 제공하여 당신이 "선 아래" 가장 많이 내려가 있을 때 의지할 수 있다.

하지만, 삶의 지속적인 변화를 바란다면 안전감이나 평화 같은 긍정적 내면 상태에 접근하는 것만으로는 충분치 않다. 우리는 이런 일시적 상태를 자신이 누구인지 말해주는 지속적인 표현인 특성으로 구축할 수 있음을 알고 있다. 상태를 특성으로 변화시키는 이 과정은 자기-보살피기의 심오한 발현이다.

상태에서 특성으로

생존 뇌는 즐거운 경험보다 고통스런 경험을 더 기꺼이 기억하게 작동된다는 것을 떠올려보라. 이것이 부정성 편향이다. 고통스러운 사건은 세세하게 회상할 수 없더라도(트라우마를 겪을 때 자주 일어나듯) 암묵적 기억으로 깊이 박혀 자신과 세상을 경험하는 방식, 즉 기대·신념·기분을 조성한다. 반대로, 일상에서의 많은 긍정적 경험은 순식간에 잊힌다. 정서와 의미가 풍부한 어떤 고점만 기억하고, 편안하고 안전하고 믿음직하고 성공적이고 사랑받는 느낌을 가졌던 대부분의 순간은 지나가는 상태일 뿐이다.

바람직한 상태를 존재의 지속적인 수준인 특성으로 만들기 위해서는 두 가지 기본 단계가 필요하다. 첫 번째는, 그런 경험이 슬그머니 발생할 때, 이를 인지하든 자원의 닻을 통해 의도적으로 알아내든 "그 경험을 소유하는" 것이다. 두 번째는, 그 긍정적 상태와 그와 동반되는 자기-감각에 온전하고 지속적으로 몰입하여 집중하는 것이다. 심리학자 릭 핸슨(Rick Hanson)은 이 두 번째 단계를 "설치(installation)"라 부른다. 이것은 긍정적 경험에 "고착성"을 부여하여 미래에 인출할 수 있는 장기 암묵적 기억으로 설치된다.

이것이 스쳐가는 상태가 서서히 특성으로 구축되는 방식이다. 경험을 소유하고 그에 집중하는 것을 반복함으로써 뇌의 신경가소성을 동원하여 자신과 삶을 경험하는 방식을 근본적으로 바꾸는 것이다.

성찰 연습 : 긍정적 상태 설치하기

설치는, 긍정적인 내면 상태(고요함, 확신, 사랑, 안전감의 순간들)가 자연스럽게 발생할 때나 의도적으로 그런 상태를 일으킬 때 가능하다. 그런 경우, 다음처럼 해보라.

- 당신의 의도, 관심, 집중으로 그 경험을 유지하여 적어도 15초 내지 30초 동안 그 상태에 머물라.
- 그것이 당신의 몸에 가득 차게 하라. 최대한 커지도록 하라. 모든 감각을 동원하라. 무엇이 보이고 무엇이 들리는가? 촉감, 체온, 에너지, 움직임을 몸이 어떻게 경험하는가? 그 경험에 맛이나 향기가 있는가?
- 빛이 방을 채우고 물이 스펀지에 스미듯 그 경험이 당신의 세포 안으로 들어오게 하라. 그 감각 경험을 허락하고 그것에 굴복하고 받아들인다고 생각하라.
- 그 경험에서 의미 있거나 중요하다고 느껴지는 것이 무엇인지 잠시 생각하라.

성공적으로 설치하기 위해서는 반복이 핵심이다. 접근과 설치를 되풀이하는 것이다. 기분이 좋을 때뿐 아니라 언짢거나 약간 스트레스가 있을 때도 훈련하라. 평화롭거나 힘이 넘치는 상태에 접속할 때마다 그것이 당신을 완전히 채우도록 잠시 그대로 있으라. 설치가 익숙해지면 정말 힘든 일에 봉착했을 때 보다 쉽게 접근할 수 있다.

무엇을 훈련하든 당신은 점점 강해진다. 긍정적 상태를 지속적 특성으로 바꾸는 법을 배우는 것은 자신을 위한 가장 멋진 선물 중 하나이다. 두려움이나 수치심 같은 정서에 사로잡혀 있더라도 내면의 자원이 강화되면 뇌가 변하고 마음이 치유되며 의식이 진화한다.

이 장 끝에 나오는 명상 연습인 "안전감의 씨앗 보살피기"와 "넘겨주기"로 이를 직접 시도해볼 수 있다.

RAIN 훈련으로 극심한 두려움 다뤄보기

테리는 오랫동안 명상을 해왔지만 딸 메간이 약물 중독에 빠지자 명상에서 위안을 받지 못했다. 고요하게 앉아있노라면 참기 힘든 불안감이 촉발되곤 했다.

자신의 딸을 중독에서 구하기로 마음먹은 테리는 지난 3년 동안 두려움과 분노 사이에서 롤러코스터를 탔다. 테리는 재활치료소 비용을 연이어 지불했다. 딸의 집세와 심리치료비를 냈고, 직장을 구해주려고 애썼지만 계속되는 거짓말과 또 다른 재발에 직면할 뿐이었다. 메간은 몇 주일씩 행방을 감추기도 했고 테리는 공포감에 휩싸였다. 메간은 바닥까지 추락한 뒤에야 돌아와 도와달라고 매달리면서 달라지겠다고 약속했다.

테리는 자신이 딸의 중독행동을 지속시킨다는 걸 알았지만 어쩔 도리가 없었다. 그녀는 메간이 약물과용으로 시체 안치소에 있다는, 강간을 당하고 살해되었다는 전화가 올까봐 두려운 나날을 보내고 있었다.

테리의 친구가 그녀에게 "넌 트라우마에 시달리고 있어. 지금 당장 너부터 도움을 받아야 해."라고 말한 후에야 치료를 시작했고 영적 조언을 구하러 나를 찾아왔다.

나는 그녀에게 살면서 연결감과 평화를 가져다준 것이 무엇인지 물어보았다. 그녀는 "대개는 기도지요. 저는 우주의 어머니인 성모님께 기도해요. 하지만 이즈음 기도하려고 하면 가슴이 두려움에 파묻힌 것 같아요. 숨도 잘 못 쉬겠어요."라고 말했다.

"바로 지금 어떤 것이 가슴이 숨을 쉬도록 해줄까요?"라고 내가 물었다.

테리는 잠시 눈을 감고 있었다. "이 두려움을 혼자 질 수 없다면"이라고 말하고 살짝 미소를 지으며 나를 바라보았다. "나 대신 우주가 가져가면 좋겠어요!"

나는 "그럼 그렇게 해볼까요?"라고 말했고 그녀는 결연히 고개를 끄덕이고 다시 눈을 감았다.

"당신이 가진 큰 두려움들을 떠올려보세요. 그리고 그것을 양손으로 경건하고 부드럽게 들어서 … 성모님 품으로 건넨다고 상상해봐요. 그것을 없애는 게 아닙니다. 보다 너른 무엇이 당신이 그것을 드는 것을 도와주는 것입니다. 이렇게 상상하고 느낄 수 있나요? 실제로 두 손을 모아 위로 올려도 괜찮아요."

테리는 손을 올리면서 머리를 약간 숙였다. 눈물이 뺨을 타고 흘렀다. 몇 분 뒤, 그녀는 손을 내리고 말없이 앉아있었다. "타라, 이제 숨을 쉴 수 있겠어요. 가슴이 숨을 쉬어요. 그것은 상상할 수 없을 만치 무겁고 슬픈 것이지만 약간 숨통이 트여요. … 그건 보다 큰 무엇의 일부이고 … 숨을 쉬고 있어요."

테리는 마음을 편안하게 하는 자원의 닻(기도하는 자세라는 이미지와 느낌)을 찾았다. 그녀에게 말없이 편안하게 호흡하면서 고요함이 가슴에 차도록 두는 게 어떤 것인지 잠시 느껴보라고 격려했다. 마치기 전에 나는 훈련의 중심을 자신의 두려움을 성모님(자원의 닻)께 건네주고 그 품에 안겨있는 느낌에 집중하는 것(내면의 상태 설치)에 두라고 제안했다.

두려움의 뿌리가 깊고/깊거나 일상생활이 계속 그것을 강화할 때는, RAIN을 전부 다 하기 **전에** 며칠, 몇 주, 몇 달 동안 안전감부터 길러야 한다. 그럴 때도 두려움이 "지나치다"는 신호가 오면 그때마다 멈추고 내면의 자원에 접근하는 게 중요하다.

몇 주 뒤 테리와 다시 만났을 때, 메간은 다시 재활치료소를 나와 테리의 시야에서 완전히 벗어나버렸다. 테리는 괴로웠지만 많이 기도했고, 자신의 경험에 RAIN 안의 온전한 마음챙김과 연민을 가져올 수 있을 것 같다고 말했다. 나는 언제든지 성모님께 두려움을 안는 걸 도와달라고 부탁할 수 있음을 상기시켰다.

그녀는 자신이 느끼는 두려움과 스트레스를 인지하고 인정하는 것에서부터 시작했다. 살펴보기를 하면서 자신에게 "나는 무엇을 믿고 있지?"라고 물었다. "무기력해서 딸을 통제하거나 구할 수 없어."라는 말이 들렸다. 그녀는 잠시 멈추었고, 나는 그녀의 호흡이 깊어지는 걸 보았다. 그녀는 "그것은 내 가슴 속에 있는 두려움이라는 검고, 움켜진 주먹이야. 그리고 나는 여기 있어야만 돼."라고 중얼거렸다. 몇 분 뒤, "성모님이 두려움을 안는 걸 도와준다고 느끼니 도움이 되네요."라고 했다.

테리는 호흡을 하면서 그 강렬함 안으로 들어갔고, 무언가 변했다. 눈물이 흘러나왔고 태아 자세로 의자에 웅크린 채 흐느꼈다. "아기를 잃어버릴지도 모르는데 할 수 있는 게 없어요." 테리는 두려움 안에 갇혀있던 상실의 고통에 직면했다.

그녀가 10분쯤 실컷 울다가 조용해지자 내가 물었다. "그 슬픔의 장소에는 무엇이 가장 필요할까요?"

그녀는 천천히 바로 앉더니 중얼거렸다. "지금 당장이요? 물과 휴지지요." 그녀는 다시 방으로 돌아왔고 다소 진정되자 "그것은 여기 있어야 하지만 … 너무 커요. 우주 안의 모든 친절이 감싸주어야 해요. 두려움이 나보다 더 큰 존재의 품에 안기는 것처럼요."라고 말했다.

나는 슬픔을 그냥 둔 채 보다 큰 존재에 안겨 잠시 그대로 쉬라고 했다. 그녀는 약간 흔들거리면서 자신을 감싸 안고 앉아있었다. 그러더니 두 손을 부드럽게 모아 위로 들면서 머리를 숙이고 바치는 자세를 취했다. 몇 분 뒤, 나는 "슬픔을 인정하고 광활한 친절함에 마음을 여니 어떤가요?"라고 물었다.

"이 극심한 고통이 무한한 연민의 바다에 떠다니는 것 같고 … 약간 평화로워요."

테리에게 있어서, 메간에 대한 감정의 롤러코스터가 끝난 건 아니었지만 내면의 넘겨줌은 보다 지혜로운 대응을 가져왔다. 가슴이 찢어졌지만 메간의 간청과 약속에 노(No)라고 말했다. 노숙자가 된 딸이 약물을 사기 위해 매춘을 한다는 사실을 알았을 때는 훨씬 더 힘들었다. 하지만 테리는 자신이 메간의 구조자일 수 없음을 깊이 깨달았다. 그 대신, 자신의 두려움과 슬픔에 마음을 열고 연민의 바다가 그것을 품도록 두었다.

테리의 선긋기로 메간은 선택을 하지 않을 수 없었다. 메간은 사는 쪽을 선택했다. 이후 4년 동안 메간은 자신이 달아나려 했던 악마에 천천히 직면하면서 자신의 삶에 점점 더 책임감을 가지게 되었다.

두려움 없는 가슴

내 경험에 의하면 두려움은 사라지지 않는다. 삶은 본래 안전하지 않다. 우리는 사랑하는 사람을 잃고, 관계에 실패하고, 직장에서 뒤처지고, 몸은 소멸하고, 세상에는 폭력이 끊이질 않으며, 지구의 생태계와 종은 계속 위협을 받고 있다. 궁극적으로 우리는 삶과 죽음을 통제할 수 없다.

하지만, 테리가 알아냈듯이 근본적 연민으로써 두려움이 자연스럽게 축소되는 것을 경험할 수 있다. 계속 변하고 있는 상태인 두려움을 우리의 깊은 본성의 특성인 광대한 부드러움으로 품을 수 있다. RAIN 훈련을 통해 이 마음의 장소, 즉 불안이나 두려움에 소유되거나 소진되지 않고 그것을 품는, 두려움에 사로잡힌 작은 자아보다 더 큰, 사랑으로 가득한 현존감을 찾아낼 수 있다.

마지막으로 만났을 때 테리는 삶의 부침에서 자신이 터득한 것을 말했다. "나는 메간의 삶을 통제할 수 없어요. … 메간에겐 아직 큰 문제가 많고 모든 게 잘 되리라 확신할 수 없어요. 내가 할 수 있는 것은 보살피고, 최선을 다해 도와주고, 두려워질 때 현존감을 잃지 않는 것뿐이지요. 성모님께 의지하니까 두려움과 내 삶을 품어주는 사랑과 현존감이 생겨요."

우리 모두는 자신의 내적 자원을 보살피는, 두려움에 직면해서도 두려움 없는 가슴을 발견하는 법을 배울 수 있다. 자원의 닻은 아주 다양하다. 믿음직한 친구나 영적인 인물을 떠올리고, 나무에 기대고, 자신의 가슴을 어루만지고, 바위를 껴안을 수 있다. 그러한 것들이 깨우는 긍정적 내면 상태에 온전히 집중하는 것이 우리의 삶을 품는 부드러운 현존감을 직접 보살피는 일이다.

명상 연습 :
안전감의 씨앗 보살피기

명상으로 내면의 안전감을 증가시키는 세 가지 주요 경로가 있다 : 몸과 호흡에 집중하기, 지혜롭고 사랑이 가득한 메시지, 마음속으로 사람, 장소, 활동, 추억을 되새기기

몸과 호흡

○ 자신의 몸을 자각하고 안정되고 편안한 자세로 바르게 앉는다. 등, 엉덩이, 발이 의자나 바닥을 어떻게 누르는지 느껴본다. 몸의 무게와 중력감, 지구가 당신을 어떻게 붙들고 있는지 느껴본다.
○ 몸을 훑으면서 긴장이 느껴지는 곳을 이완한다.

○ 호흡에 집중하면서 길게 들이마시고 길게 내쉰다(각각 5~6 초쯤). 날숨으로 이완하고 매 호흡을 부드럽고 편안하게 하면서, 들숨과 날숨 사이에 멈추지 않는다. (이것을 "응집성 호흡coherence breathing"이라 하는데 심신을 곧장 안정시킨다.)

○ 손은 가슴, 배, 혹은 뺨에 부드럽게 둔다.

지혜롭고 사랑이 가득한 메시지

○ "내가 여기 있어요. 당신과 함께 있어요."와 같은 자기-메시지

○ 기도/친절한 축복의 말. "내가 안팎의 위험에서 안전하기를."

○ "옴 마니 반메 훔"(마음이 깨어날 때 연민의 보석을 발견할지니.)과 같이 신성한 의미를 지닌 만트라나 구절

안전감을 위한 자원의 닻을 발견하고 가꾸기

자원의 닻을 알아내기 위해서는 두려움이 없을 때 아래에 나오는 질문을 던져본다. 몸에 주의집중하고 가장 편안한 느낌을 주는 것을 찾아본다.

○ 누구에게 연결감이나 소속감을 느끼는가? 누구에게서 보살핌이나 사랑을, 편안하고 안전하고 보호받는다고 느끼는가?

당신은 가족, 친구, 선생님, 치유자 등 잘 아는 사람이나, 연결감을 느끼지만 만난 적은 없는 사람, 살아있거나 혹은 세상을 떠난 사람, 반려동물, 부처, 관음, 예수 등의 영적 지도자를 떠올릴 것이다.

○ **언제, 어디서, 가장 안전하고 보호받고 편안하며 힘이 나는가?** 안식처라는 느낌이 드는 곳이면 된다. 자연의 세계, 교회나 사찰, 집, 카페 같은 곳일 것이다.

○ **어떤 활동을 할 때 안전하고 보호받는 기분, 힘이 느껴지는가?** 봉사활동, 수영, 드로잉, 춤과 같이 당신을 내면의 자원으로 연결시키는 활동이 있는지 생각하라.

○ **과거의 어떤 사건, 특히 어떤 경험이 강하고 안전하고 힘이 넘치는 기분을 되살리는가?** 성취나 숙달, 배움이나 봉사, 타인과의 관계와 관련된 어떤 시기라도 된다.

이런 질문의 답을 생각한 후, 지금 안전감을 가장 잘 느끼게 하는 사람이나, 장소, 활동이나 추억을 선택한다. 이제 이것이 당신의 자원의 닻, 긍정적 상태로 가는 입구다.

모든 감각을 동원하여 이 자원의 닻을 떠올리면서 깊이 집중한다. 예를 들어, 그것이 어떤 사람이라면 그 사람의 이미지를 명확하고 자세하게 그려보고 목소리나 말을 상기하고 다정한 접촉이나 표정을 회상한다.

자원의 닻을 생각할 때 몸에서 일어나는 편안함, 안전감, 위로 등의 느낌에 주목한다.

15초 내지 30초 동안 안전감이나 보호라는 이 긍정적 경험을 구축하고, 그 느낌에 집중하고, 그것이 당신 안으로 스며들어와 가득 차게 하면서 마무리한다.

명상 연습 :
넘겨주기

근심 걱정이 많고 어떤 결과에 불안해질 때마다 이 명상을 해본다. 보다 큰 우주에 당신의 곤경을 믿고 맡길 때 어떤 일이 일어나는지 살핀다.

편안한 자세로 앉아 눈을 감고 긴장된 부위를 이완한다.

잠시 동안, 불안이나 두려움을 인지하고 인정하라. 당신이 믿고 있는 것(안 좋은 일이 일어날 거야.)을 생각하고 몸에서 가장 강한 두려움이 느껴지는 곳을 경험하면서 관찰하라. 그 감각에 직접 접속하고 받아들이면서 깊이 관찰하라.

이제 신, 영혼, 우주의 지성, 예수, 부처, 성모, 자연 등 연민이 가득하며 모든 것을 포용한다고 여겨지는 선한 존재, 혹은 무형의 존재를 떠올린다.

당신이 안고 있는 모든 두려움을 보다 넓은 곳, 보다 광대한 존재에게 넘긴다고 상상한다. 그것은 이제 더 이상 혼자 걱정하거나 감당할 "의무"가 아니다. 당신의 작은 자아는 책임이 없다. 보다 큰 존재의 손이 두려움과 걱정을 받아들도록 하라.

"넘겨주기"를 심상화하여 느껴보라. 연기하듯이 두 손을 하늘을 향하여 올리고 고개를 숙여도 된다. 이 무거운 짐을 들지 않으니 어떤 기분인가?

RAIN 이후 : 해결해야 할 문제가 없다면 이 순간이 어떨까? 편안한 공간에서 이완하여 쉴 수 있는지 살펴라.

질의응답

Q_ 두려움이 발생할 때 항상 RAIN의 모든 단계를 밟아야 하는가?

A_ 반드시 그렇진 않다! 훈련이 진행되는 몇 가지 방식이 있다.

RAIN의 첫 두 단계인 인지하기와 인정하기는 마음챙김적 열린 현존감을 끌어내 두려움(혹은 다른 힘든 정서) 가운데서 균형과 자유를 찾는 걸 도와준다. 하여, 첫 두 단계는 필요하다. 두려움이 강하고 자동반응성에 사로잡혀 있을 경우에는, 살펴보기가 여러 겹의 취약성이 드러나는 걸 도와줄 것이며, 보살피기는 필요한 치유를 제공할 것이다.

마지막으로, 두려움이 매우 강렬할 때는 보살피기 단계부터 시작하여 단계를 밟기 전에 안전감부터 충분히 마련할 필요가 있다.

Q_ 두려움 "넘겨주기"가 우리의 힘을 빼앗는 것은 아닐까? 또는 두려움을 감당할 수 없다는 생각을 강화하지는 않을까?
A_ 두려움에 빠져있을 때는 그것을 잘 다루지 못한다. 이미 제물이 되고 소유당하고 단절되고 약해졌다고 느낀다. 생존 뇌가 장악하여 이성, 마음챙김, 연민의 영역인 전두엽 피질과의 소통을 줄였기 때문이다. 넘겨주기는 처음에는 외부의 어떤 것에게 두려움을 넘기는 듯 보이지만 실제로는 자신의 자원, 잠시 숨어있는 지혜·연민·사랑과 다시 연결되기 위하여 자신의 상상력을 이용하는 것이다. "넘겨주기"는 자신의 전체성으로 돌아가는 튼튼한 교량이 될 수 있다.

Q_ 자신이 수용의 창 밖에 있다는 것을 언제 알 수 있을까? 트라우마가 재발할 위험이 있다는 것은 알지만 때로는 내가 그저 불편한 마음을 회피하는 게 아닐까 생각된다.
A_ 만약 트라우마가 있고/있거나 악몽, 쉽게 놀라는 것, 강력한 불안감이나 공황장애 같은 외상후 스트레스 장애 증상을 겪는다면, 정서적 불편감이나 "너무 과한" 감정은 당신이 수용의 창 밖에 있다는 의미라는 게 맞다. 그렇지 않다면, 당신이 "우위를 점하고" 불편감이 전개되는 것을 목격하면서 잠시 그것과 함께 머물기를 시도할 수 있다. 그때, 불편감이 심해지면 다른 것에 집중해야 하는 신호로 여기고 자신을 위

로하고 힘을 북돋울 방법을 찾아라. 하지만, 훈련을 하면서 당신은 두려움과 공존할 수 있는 균형감과 회복탄력성을 발달시킬 수 있음을 알게 된다. 현재에 머무는 법을 배우면 습관적인 도피를 멈추고 스트레스 와중에도 보다 편안하고 자유로워진다. 실제로 당신의 수용의 창을 확장시킨다.

Q_ 두려움이 나를 통제한다고 생각하는데 명상을 할 때 몸에서 그 두려움을 찾을 수가 없다.

A_ 당신만 그런 건 아니다! 인간은 두려움의 신체 경험에서 분리되어 두려움에 근거한 사고와 행동 안으로 물러나려는 강한 반사 신경을 가지고 있다. 두려움의 감각에 자신을 의도적으로 개방하기 위해서는 훈련이 필요하다. 명상 중 두려운 생각이 일어나면 목, 가슴, 배 부위에 부드럽게 집중해본다. 그곳으로 호흡을 불어넣는다고 여기면 집중에 도움이 된다. 딱딱함, 쓰라림, 열감, 압박감, 혹은 경련 등의 감각에 주시하고 두려움이 모습을 드러내도록 하라. 인내심을 가진다면 몸으로 드러나는 두려움에 점차 익숙해질 것이다. 그리고 그 익숙함으로 두려움에 덜 얽매이게 된다. 이제 당신은 두려움에 자동반응하기보다는 보다 잘 대응할 수 있을 것이다.

Q_ 명상 중에 두려움과 접속한 것이 나의 외상후 스트레스 장애 증상을 촉발시켰다. 계속하면 무너져버릴까 두렵다. 명상을 계속 해야 하는가?

A_ 외상후 스트레스 장애 증상이 있다면 마음챙김과 RAIN 을 진행하기 전에 내면의 자원부터 배양하는 것이 현명하다. 내면의 자원에 접근하는 법을 강화해놓으면 수용의 창이 넓어질 것이다. 또한 트라우마-민감성 지도자나 마음챙김에 기반한 치료사에게 훈련을 수정하는 방법에 대해 상담을 받는 것도 도움이 된다.

여러 유형의 명상법이 있고, 어떤 명상법은 고요함과 행복에 관한 내면의 자원을 직접적으로 길러준다. 예를 들어, 당신은 이미 자애 명상, 호흡 집중 명상, 걷기 명상에 익숙할 것이다. 이 중 어떤 것이든 어려움에 처한 당신이 보다 안정되고 편안하도록 도와줄 수 있다.

7

자신의 깊은 갈망 찾아보기

사람은 진정 자기가 좋아하는 일을 할 때만 자유롭다.
그렇게 하면서 자기의 중심에 가닿는 것이다! 일단 뛰어들라.

_D. H. 로렌스(D. H. Lawrence)

맥스는 60세 생일을 맞아 파트너인 폴과 함께 "근본적 수용"이라는 주제의 일일 워크숍에 참석했다. 폴은 그전부터 "60년간 그랬으면 충분해. 당신은 결승선을 향해 달리느라 풍경을 놓치고 있어."라고 말했었다.

투자자문회사의 소유주인 맥스도 이를 인정했다. 휴식 시간에 이야기를 나누던 중 맥스는 "나는 FOMO 때문에 괴롭습니다."라고 고백했다. 내가 눈썹을 치켜 올리자 그는 "놓칠지도 모른다는 두려움(Fear of Missing Out) 말입니다. 새로운 구조조정, 차세대 아이폰, 고교 동창모임, 놀라운 인생-전환 워크숍 등 계속 새로운 소식이 들려와요."라고 말했다. 갑자기 말을 멈춘 그가 나를 향해 미소를 지으면서 "그런 것에서 소외되어 보트를 놓칠까 겁이 납니다."라고 했다.

그는 잠깐 말을 멈추었다가 좀 심각한 표정으로 나를 바라보았다. "사실, 불안합니다. 만족한 적이 한 번도 없어요. 지난 주말, 폴이 '어디 까지라야 충분한 거야?'라며 정곡을 찔렀죠. 나는 이미 많은 것을 가지고 있어요. 멋진 경력, 좋은 평판, 건강, 사랑하는 파트너. 하지만 결코 충분치 않은 것 같아요." 그는 "나의 진짜 FOMO는 삶이 흘러가버려 정말 중요한 것을 놓치고 있다는 것입니다."라고 했다.

맥스와 폴이 FOMO, 즉 시간이 늘 부족하다는, 제대로 살아보지도 못하고 죽을 거라는 생각에 시달리는 우리 삶의 방식을 드러내는 용어를 알려주었다. 우리는 그 다음에 올 감각적 경험, 다른 사람과의 사랑, 두려움을 덜어주는 술 한 잔을 좇는 사이 현존감을 놓치고 있다. 진정한 자신을 깨닫고 타인과 다정한 관계를 맺고 나무 사이에 부는 바람소리를 들을 수 있는 유일한 장소, 여기와 지금을 떠난 것이다.

선승 료칸(Ryokan)은 "의미를 찾고 싶다면 너무 많은 것을 추구하지 말라."고 했다. 만성적 결핍감은 그 순간에 제대로 머물면서 있는 그대로 보는 것을 방해한다. 늘 다른 곳으로 가는 중이라면 이곳의 삶을 누리지 못한다.

RAIN은 삶을 압박하는 결핍감에서 벗어나게 한다. 이 장에서는, 살펴보기를 통해 건강치 못한 갈망을 부추기는 충족되지 않는 욕구가 어떻게 드러나는지, 보살피기로써 우리가 내면의 전체성과 성취감으로 어떻게 연결되는지 알아보려고 한다. 먼저, 무언가를 놓치고 있고 지금 충분치 않다고 느끼게 하는 일반적인 조건화부터 알아보자.

끌어안음

자신의 별에서 멀어지다

"욕망desire"이라는 말은 "놓치다missing", 혹은 "갈망하다longing"라는 의미인 라틴어 동사 데시데라레(desiderare)에서 왔는데 이는 "별에서 멀어지다"라는 의미다. 자, 생각해보자. 우주의 모든 것은 별에서 만들어졌다. 별은 생명의 근원이다. 별은 스스로 빛난다. 모든 형상은 그 근원에서 비롯되어 그로부터 분리되면 고통스럽다. 연결감과 충만한 삶을 향한 열망은 여기서 나온다. 욕망의 초기설정 초점은 쾌락이다. 쾌락은 안전감, 음식, 성, 자기-가치, 타인과의 연결감, 영적 깨달음 등 충만한 삶의 필수품에 대한 생물학적 주신호이기 때문이다. 따라서 욕망은 별이 우리를 본향으로 불러들이는 에너지다.

쾌락의 추구는 매우 유익할 수 있지만, 욕망의 에너지는 기본 욕구가 충족되지 않으면 문제를 일으키고 다스리기 쉽지 않다. 그럴 경우, 욕망이 강화되고 집중의 범위가 좁아지며 보다 쉽게 획득할 수 있거나 즉감적인 대체물에 고착된다. 안전감을 느끼지 못하면 권력이나 돈을 좇는다. 사랑받지 못한다고 느끼면 계속 인정을 추구하거나 애정을 받을 거란 희망으로 성취를 쌓아올린다. 욕구가 근본적으로 충족되지 못하면 고착이 강화되고, 욕망은 갈구와 중독 행동으로 변한다.

대체물은 임시방편은 되지만 진정한 기대에는 미치지 못한다. 성취는 진정한 가치감을 주지 못하고, 돈이나 소유물은 진정한 안전감을 주지 못하며, 수백 명의 소셜 미디어 친구들이 사랑받는다는 확신을 주지 못한다. 그래서 계속 뭔가를 놓치고 있다는 기분이 들어 대체물을 찾고 자신의 별에서 멀어진다.

성찰 연습 : "만약 ~한다면"이라는 마음

대체물을 추구할 때는 변연계 트랜스 상태다. 우리를 추동하는 신념과 충족되지 못한 욕구 대부분이 의식적 자각 밖, "선 아래"에 있다. 살펴보기는 계속 앞으로만 향하게 하는 만성적 불만족감과 "이 일만 바뀐다면" 삶이 나아질 거라는 신념을 드러낸다.

(만약 일어나기만 한다면) 만사가 달라질 거라 확신하는 무언가가 수평선에 있는가? 내게 어울리는 파트너를 찾으면, 자녀가 있다면, 살이 빠지면, 제대로 된 직장을 구한다면, 자녀가 바라던 대학에 입학한다면 등 성취감을 주거나 만족시킬 것 말이다. 이제 "만약 ~한다면"의 결과를 살펴보자. 어떤 생각과 기분이 드는가? 삶의 방향을 결정하는 것에는? 현재 삶을 즐기는 능력에서는? 당신은 삶에 어떤 일이 일어나기를 기다리는가?

일상에서 보다 소소하게 "만약 ~한다면"이 어떻게 등장하는지 관찰하라. 조금만 더 잘 수 있다면, 아이들이 옷을 더 빨리 입는다면, 차가 덜 밀리면, 커피를 한 잔 더 마실 수 있다면, 이 프로젝트가 마무리되면, 최신 폰이 있다면, 파일이 정리되어 있다면, 그 와인을 마신다면, 누가 부엌을 정리해준다면, 실컷 잘 수 있다면. 당신은 언제 바라던 것을 이루며, 만족감은 얼마나 오래 갈까?

이제 읽는 걸 잠시 멈추고 이 순간의 "만약 ~한다면"을 찾아보라. 다른 무언가를 찾는 중이라는 생각이 드는가? 그 아래에 깔린 불만족감이 느껴지는가? 바로 지금 놓치고 있는 것은 없는가?

대체물은 결코 오랫동안 만족을 주지 못하기에 집착하는 욕망의 파도가 삶을 주무른다. 우리는 대양의 표면에서 이리저리 떠돌고 진정한 자기가 지닌 순수한 갈망에 도달할 수 없다. D. H. 로렌스(D. H.

Lawrence)의 말대로, 뛰어들어야 한다!

RAIN으로 FOMO 다루기

맥스는 워크숍을 통해 자신의 미래 자기와 관계를 맺게 되었다. 그는 유도명상 중에 자연 그대로의 모습을 간직한 어느 호수에서 바람에 일렁이는 작은 돛단배를 타고 있는 나이 든 자신을 보았다. 무엇을 좇아가고 있거나 무엇을 입증하고 있지 않았다. 그의 미래 자기의 메시지는 "당신은 지금 그 자리에서 만족할 수 있다."는 것이었다.

이 모습이 맥스의 마음에 뭔가를 일으키긴 했지만 실제 생활과는 거리가 있었다. 넉 달 뒤 다시 수련회에 참석한 그는 "나의 끝없는 추구"를 RAIN으로 다뤄보고자 했다. 명상 중에도 그는 새로 시작하는 중요한 투자 문제를 생각하느라 현재에 머물지 못했다. 나는 그 집착을 인지하고 인정한 후 유턴하라고 했다. "프로젝트에 관한 생각에서 몸의 느낌 쪽으로 집중을 옮겨보면, 어떤 게 감지되지요?" 그는 "흥분, 쟁취, 두려움"이라고 했다.

살펴보기를 계속하자 그는 가슴 쪽에서 열과 압박감, 초조감을 느꼈다. 그 부분이 무엇을 믿고 있는지 묻자, 그는 "뭔가를 하지 않으면 놓칠 것이다. 나는 기회를 잃을 것이다."라고 말했다.

나는 "당신은 무엇을 잃는가요?"라고 물었다.

맥스는 고개를 흔들었다. "모르겠어요. 아마 돈? 잘할 수 있는 기회? 중요한 경력?"

"맥스, 정말 그래요? 중요한 것을 잃을까요?"

그는 다시 고개를 흔들었다. "아니에요, 하지만 그렇게 느껴져요. 늘 그래요. 가만히 있으면 무엇인가를 … 활력, 삶을 잃어버릴 것 같아요."

그가 몸의 느낌으로 두려움과 욕구가 뒤섞인 곳을 만났으므로 나는 지혜로운 보살피기의 원천인 미래 자기를 떠올려보라고 했다. "당신의 미래 자기는 당신을 어떻게 안내할까요?"

그는 고개를 끄덕이고 잠시 뒤에 말했다. "미래 자기와 함께 보트를 타고 있는데, 이번에는 좀 다르네요. 바람이 아무리 불어도 미래 자기가 바람을 적극 다스리고 있어요. … 미래 자기는 순간에 충실하고 활기차고 신이 나 있어요!" 맥스가 미소를 지었다.

"미래 자기가 당신에게 알려주려는 게 있나요?"

"당연히요. 내 어깨에 손을 얹고 말하는 것 같아요. '삶은 이 순간으로 충분해. 더 이상 좇아갈 필요가 없어. **이게** 바로 그거야!'" 그가 눈을 뜨고 웃었다. "타라, 지금 여기 … 바람을 느끼고 … 여기 앉아, 숨을 쉬고, 당신과 이 문제를 살피고, 가슴의 온기를 느끼고. **이게** 바로 **그거지요!**"

특히, 자신 밖의 무언가를 추구해왔다면, 맥스가 그랬듯이, 바로 지금 일어나고 있는 것과 만날 때 욕망의 일부인 초조감, 긴장, 두려움이 나타날 것이다. 흔히 "무엇인가 놓치고 있어."라는 기분이 맴돈다. 그런데, 자신이 원한다고 여기는 것을 추구하지 않고 그 자리에 머문다면 어떤 일이 일어날까? 자신을 격려해서 "이게 바로 그거야."라는 말을 믿는다면(어깨에 다정한 손을 얹는 것처럼) 어떨까? 서서히 충만하고 생기 넘치는 자신만의 현존감을 발견할 것이다. 진정으로 갈망한 것이 이미 이곳에 존재한다는, "충분"하다는 기쁨도 솟는다. 선승 료칸(Ryokan)의 유명한 시에서 이런 영혼을 음미할 수 있다. "도둑이 두고 떠났네. 창문에 걸린 달을."

현존감 안에 드는 것이 내면을 자유롭게 하지만 그것이 반드시 근본적인 외적 변화를 의미하는 것은 아니다. 맥스의 일상생활은 이전과 거의 비슷했다. 그는 뒤로 물러나있는 사람이 아니었기에 관심이 쏠린 계약과 동료 전문가들의 존경심을 향해 계속 매진하였다. 하지만 그는 이렇게 말했다. "그다지 불안하거나 휘둘리지 않습니다. … 현재에 머물 때가 더 많아요. 불안해하면서 더 좋은 바람을 찾아 출발하려고 하면, 그 늙은 선원이 어깨에 손을 얹고 속삭여요. '이게 바로 그거야!'"

사랑에 중독되다

맥에게 FOMO의 치료제는 현재 순간으로 돌아오는 법을 배우는 것이었다. 하지만 충족되지 않는 욕구의 깊고 근원적인 층에 다다르지 않고는 현존감으로 유턴할 수 없을 때가 있다. 나 자신의 삶을 비롯한 많은 삶에서 욕망이 눈덩이처럼 붙어 집착으로 변하는 것을 보았다. 이럴 때는 우리를 조종하는 갈구와 두려움에 보다 깊이 집중해야 한다.

데이비드는 6개월 동안 사귄 연인이 그들의 위태로웠던 사랑을 끝내버린 직후 명상 수련회에 참가했다. 그는 열정의 순간들, 평생 함께 하리라는 약속처럼 여겨졌던 사랑의 순간들을 떠올리면서 짧았던 추억을 계속 훑었다. 되새길수록, 더욱 필사적으로 갈망했다.

개인적으로 만났을 때, 그는 "나는 평생의 사랑을 잃어버렸어요. 다른 사람, 훨씬 더 좋은 사람을 만날 거라고 하지만 … 믿지 않아요. 그녀가 유일한 사랑이었어요. 삶이 끝난 것 같아요."라고 단언했다.

내가 바로 그 자리에서 RAIN을 해보자고 하자 데이비드는 놀란 듯 했다. 이야기가 쏟아졌다. "명상을 하려고 앉아 있어도 생각나는 건 그녀에게 전화를 하고, 만날 준비를 하고, 사랑을 나누고, 잘 하는 것뿐이에요." 그는 자신이 어떤 바보짓을 했는지 정확히 알아내기 위해 계속 그들의 마지막 다툼을 돌이켜본다고 했다.

"어떤 감정이 가장 많이 의식되나요?"

"욕망, 강렬하고 멈출 수 없는 욕망이지요."

"그 욕망을 그저 인지하고 판단 없이 있는 그대로 인정할 수 있는지 보세요." 그는 혐오스럽다는 듯 고개를 흔들었다. "그건 힘들어요. 나 자신을 통제할 수 없고, 이토록 그녀를 원한다는 게 너무 부끄러워요."

"이해해요. 그건 너무 당연한 겁니다. 욕망과 동반되는 수치심도 인정할 수 있겠는지 보세요. 이 감정에 '욕망, 욕망 … 수치심, 수치심'이라고 불러보는 게 도움이 될 겁니다. 그런 다음 잠시 쉬면서 그것들을 지금 여기에 두세요."

잠시 후 그가 고개를 끄덕였다. 나는 물어보았다. "지금 가장 강한 감정은요?"

그는 주저하지 않았다. "욕망입니다. 나의 모든 세포가 그녀가 돌아오길 열망해요."

"좋아요, 그럼 그 욕망을 살펴봅시다. 당신이 가진 환상이 마음이라는 스크린에 상영된다고 생각해보세요." 나는 그가 눈을 감기를 기다렸다. "이제, 스크린 밖으로 고개를 돌릴 때 어떤 일이 일어나는지 보세요. 몸과 가슴에서 무슨 일이 일어나고 있나요? 그 욕망은 당신 몸 어디에 있나요? 그 느낌을 말해주겠어요?" 나는 그가 사고에서 감정으로 유턴하여 자신의 경험 안으로 충분히 들어갈 수 있도록 격려했다.

데이비드의 욕망은 심장 속에 손톱을 깊이 박은 채로 잡아당기고 있는 손임이 드러났다. 잡아당길 때마다 가슴에서 살점이 떨어져나가는 것 같았다. 그의 가슴은 갈가리 찢기고 있었다.

우리는 "욕망의 근원 찾기"라는 살펴보기를 통해 현존감을 심화시키기 시작했다. 이것은 충족되지 않은 욕구를 찾아서, 고착화된 결핍에 연료를 주입하는 진정한 갈망을 그 속에서 찾도록 돕는다.

"욕망의 에너지, 당신 심장을 잡아당기고 있는 그 손 안으로 들어간다고 상상해보세요." 데이비드는 입을 다물고 집중하느라 얼굴을 찡그린 채 앞으로 몸을 숙였다. 나는 잠시 후 물어보았다. "그 욕망의 에너지는 어떤 걸 경험하고 싶어 해요?"

"친구가 필요해요. … 그것은 혼자 있기 싫어해요."

"좋아요, 잡아당기는 그 감정에 머무르세요. 그리고 느껴봐요. … '친구'라는 건 어떤 느낌인가요? '친구'가 있으면 어떨 것 같아요?"

"편안하고 … 흘러 보낼 수 있고 … 무언가의 일부이겠지요."

"'무언가의 일부'인 건 어떤 느낌인가요? … 어떤 것과 비슷해요?"

"그것은"-그는 두 손을 가슴에 댔다.-"나의 가슴이 이토록 넓고 … 온전히 살아있고 … 온기와 빛으로 가득 찬 것 같은, 느낌이지요."

"지금 당장 느낄 수 있어요?" 그는 고개를 끄덕였다. "이것이 욕망의 에너지가 진정 원하는 건가요? 다른 건 없나요?"

잠자코 있다가 데이비드가 나지막이 말했다. "지금은 욕망이 없어요. … "

데이비드가 이 따스하고 환한 공간에서 쉬게 되면서 살펴보기가 보살피기로 이어졌다. 잠시 후, 이 경험에서 그가 기억하고 싶은 것을 생각해보라고 했다. "타라, 사랑이에요. … 그리고 그건 이미 여기 있어요."라고 그가 대답했다. 데이비드의 손은 여전히 가슴에 있었다. "하지만 이 방을 나가면 몇 분, 혹은 몇 시간 만에 잊어버리고 다시 그녀와의 사랑을 원하겠지요." 그러더니 자신의 가슴을 토닥이며 "어찌 됐든 사랑이 여기 있다는 것만은 명심해야겠어요."라고 말했다.

훈련을 마치면서 우리는 불가피하게 반복되는 환상과 싸우지 않는 것에 대해 이야기를 나누었고, 나는 사랑을 갈구하는 이 오래된 인간적인 방식 때문에 자신을 판단하지 말라고 했다. 자신의 욕망을 판단하면 그 갈망 안에 숨어있는 사랑, 우리를 부르고 있는 내재된 영원한 사랑으로 가는 길이 막힌다.

애착은 나쁜 것인가?

많은 사람들이 타인과 친밀한 관계를 맺고 싶은 갈망을 없애야 하는지 묻는다. "애착"이 건강치 않거나 영적 발달을 저해한다는 말을 들었기 때문이다. 하지만 친밀하고 보듬는 관계를 추구하는 것은 당연하고 건강한 것이다. 우리의 몸과 뇌는 태어나는 순간부터 애착을 추구한다. 그것은 인간이 생존하는 방식이다. 유아들은 자신들의 욕구를 만족시켜주지 못하는 양육자에게도 애착을 갖는다. 문제는, 생의 초기에 애착욕구가 만족되지 못하면 친밀감에 집착하거나 밀어내어 진정한 관계가 불가능해진다는 것이다. 그리고 자신의 대체물이 성에 차지 않으면 오지 않는 위안을 찾아 밤새도록 우는 버림받은 아이의 심정이 되곤 한다.

데이비드에게는 열정적인 성관계가 분담금만 올린 셈이었다. 인간은 나무에서 내려온 후 내내 욕망의 생물학과 투쟁하고(그리고 즐기고) 있다. 호르몬과 여타 신경전달물질이 몸에 흐르면서 각성과 유대감을 추동하고 기억에 강한 각인을 남긴다. 이런 뇌 순환 중 일부는 아편 및 다른 약물 중독과도 연관된다. 데이비드가 자신의 심장이 뜯긴다고 느낀 것은 놀랍지 않다. 그는 금단 증상을 겪고 있었다.

그래서, 데이비드에게는 내부에 근원을 둔 사랑을 찾는 것이 치유의 핵심이다. RAIN은 욕망이 밖으로 고착될 때 직접적인 경험 쪽으로 유턴하게 함으로써 고착을 풀어준다. 애착은 계속 발생하겠지만 삶을 짓밟고 사랑의 물결을 막지는 못할 것이다. 자신 안의 사랑을 믿을수록 전체성과 자발성, 진정한 보살핌으로 타인들과 연결될 수 있다.

충족되지 못한 욕구가 중독으로

안전감과 연결감에 대한 최초의 욕구가 충족되지 못하면 중독에 보다 취약해진다. 신경학자들에 따르면 스트레스는 쾌감을 기록하는 도파민 수용기의 감소를 비롯한 뇌의 생물학적 변화를 일으킨다. 그 결과 성, 음식, 돈, 약물 등 강력한 보상을 더 갈구한다. 마약주사로 쾌감 중추에 잠깐 불이 들어오면 도파민 수용기의 민감성이 줄면서 만족감을 얻는 데 점점 더 자극이 많이 필요해진다. 알코올 중독자 모임에서 때때로 듣는 말처럼, "한 잔 마시면 새 사람이 된 듯하지만 … 그 새 사람은 또 마셔야만 한다."

갈구에 사로잡히면 전두엽 피질 활동이 감소하여 비판적 사고와 억제 능력을 손상시킨다. 완전히 다른 사람이 된 기분이 든다. 변연계에 붙잡혀서 보다 최근에 진화된 뇌에 접근할 수 없다! 시간이 흐르면서 자각을 담당하는 뇌의 양식이 심하게 손상되고, 사고, 감정, 선택, 타인과 관계 맺는 방식 등 모든 것이 중독에 걸려든다. 존재에 생명력을 불어넣는 영혼인 황금에서 멀어진다.

사랑 대신 음식을

프랜은 과식자 모임의 후원자 추천으로 나를 찾아왔다. 그녀는 그 모임이 도움이 된다고 말했다. 친구도 사귀고 고생담도 듣고 자신의 경험을 솔직하게 나누는 것이 식탐에 대한 그녀의 수치심을 덜어주었다. 하지만 큰 스트레스가 닥치면 폭식이 재발하곤 했다.

어쩌면 핵심을 빠뜨린 건지 모른다. 그녀는 "보다 고귀한 힘을 믿는 사람들은 외롭거나 일이 안 풀릴 때 갈 곳이 있는데, 난 없어요. 내 후원자가 이 문제를 도와주려고 애를 썼어요. 우주에 나보다 큰 어떤 존재가 있다고 생각할 수도 있지만, 나를 굽어보는 신과 같은 힘은 아닌 것 같아요."라고 말했다.

프랜은 명상을 하면 폭식을 제어할 내면의 힘이 생기는지 알고 싶어 했다. 나는 RAIN을 제안하면서 최근의 폭식 사건을 회상할 수 있는지 물었다.

그녀는 "아, 아빠와 새엄마가 온다고 할 때였어요."라고 말했다. 프랜은 두 분 사이가 좋지 않아서 그 방문이 두려웠다고 말했다. 그녀는 청소를 하려고 일찍 퇴근해서 저녁식사 대신 간식을 먹었는데 그만 시리얼과 아이스크림을 폭식하고 말았다.

그녀는 서재를 손님방으로 바꾸고 두 분이 좋아할 만한 음식을 준비하려고 할 때 불안이 촉발되었다고 했다. 우리는 그 지점에서 RAIN을 시작했고 프랜은 불안을 알아차리고 불안에게 자리를 마련해주고자 잠시 쉬었다. 그녀는 그 불안의 장소에게 무엇을 믿느냐고 물어보면서 살펴보기를 했다. "음, 그분들은 방문한 걸 후회하고, 우리집 접이용 의자가 불편하고, 내가 요리를 못한다고 생각하겠지요. 오빠와 언니랑 비교하고요. 다들 일 년에 이십만 달러 이상 벌고 가족도 꾸리고 보다 보편적인 삶을 살고 있거든요. … "

"좋아요. … 이제 속도를 늦추고 잠시 멈춥시다. 지금 차오르는 가장 강한 감정은 무엇인가요?"

"불안 … 그리고, 사실은 상처입니다. 그들한테 난 실패자예요. 그래서 나를 존중하지 않아요."

"상처를 느껴본다면 … 몸 어디에 있나요?"

프랜은 목으로 손을 가져갔다. "바로 여기예요. 목이 졸리는 것 같아요. … 눈물이나 말을 참으려는 것처럼."

"눈물이나 말을 참지 않는다면 어떤 일이 일어날까요?"

"그 모든 고통이 밖으로 나온다면, 아무도 내 곁에 없을 겁니다. 오빠는 늘 '넌 상처 받기를 기다리는 사람 같아.'라고 말했어요. 아주 어렸을 때도요." 프랜은 울기 시작했다. "내가 상처 받으면 아무도 같이 있으려 하지 않아요."

"그게 정말 사실인가요?"

"음 … 나는 나 자신과 같이 있고 싶지 않아요. … 이렇게 예민하다니 너무 유치하고 어리석어요."

나는 졸린 느낌이 드는 목 안의 그곳, 그렇게 쉽게 상처받는 어린 그곳으로 들어가라고 했다. "바로 지금, 그곳은, 당신에게 무엇을 가장 바라나요. … 당신과 어떻게 있었으면 하나요?"

"상처받는다는 것을 알기를 원하고, 보살펴주고 … 떠나지 않기를 원해요."

"좋습니다. 이제 여기서 잠시 멈추고, 당신의 가장 친절하고 지혜로운 부분의 눈으로 그 상처를 본다고 생각해봐요. … 어떻게 응답하겠어요?"

프랜은 자세를 바로 하더니 심호흡을 몇 번 했다. "그 어린 부분에게 내가 돌본다고 … 진짜 돌보겠다고 안심시켜주고 싶어요. … 하지만 나는 내가 떠날 거란 걸 알아요. 나는 그 감정과 오래 머물 수가 없어요."

"그 어린 부분에게 힘들어도 돌보겠다고, 머물고 싶다고 말해주면 어때요? 당신은 최선을 다할 거잖아요."

프랜은 고개를 끄덕였다. "상처받은 곳이 그러면 충분하다고 말했어요." 잠시 후 그녀가 덧붙였다. "내 안의 무언가가 좀 편해졌어요. … 부드러워지고, 그다지 괴롭지 않고요."

영혼에 난 구멍

"나는 영혼에 난 구멍이라고 부르곤 하는 무엇을 지닌 채 태어났다. … 내가 충분히 훌륭하지 않았다는 사실로 인한 고통. 내가 그다지 가치 있는 사람이 아니었다는 사실로 인한 고통. 당신이 내게 항상 관심을 갖지는 않았다는 사실에서 온 고통. 당신이 나를 그리 좋아하지 않았을 거라는 사실에서 온 고통.

우리 중독자들에게, 회복이란 단지 약을 먹거나 주사를 맞는 것 너머의 일이다. … 회복이란 바로 영혼에 관한 것, 영혼에 난 구멍을 다루는 것이다."

_ 윌리엄 코프 모이어스(William Cope Moyers)

그 후 몇 달 동안 우리는 RAIN을 여러 차례 했다. 살펴보기 단계를 하면서 프랜은 충족되지 못한 소속감의 욕구에 익숙해졌다. 불안을 일으키는 "영혼에 난 구멍"과의 접촉을 통해 보다 쉽게 자신에게 보살핌의 메시지를 보내게 되었다. 하지만 훈련 시간 외에 불안이 충동으로 진행되면 상처받은 그곳에 머물 수 없었다. 순식간에 옛 습관이 끼어들어 폭식을 했다.

이러던 차에, 그녀 혼자 힘으로 했던 RAIN 명상 이후 변화가 시작되었다. 다음에 만났을 때, 프랜은 과식자 모임 친구가 모임 뒤풀이에 자신을 부르지 않아 상처를 받았다고 했다. 그녀의 어른 마음은 그게 고의가 아님을 알았지만 내면의 아이는 상처를 받았다. 예전 같았으면 집으로 가 (그녀 표현대로라면) 그 아이에게 음식을 채워 넣었을 것이다. 하지만 이번에는 곧장 침대로 가서 웅크렸다. 손이 목으로 갔고 곧 울기 시작했다. "나는 외톨이였고, 어렸고, 아무도 없는 것 같았어요. … 동시에 이 모습을 보고 있었어요. 이 어린 소녀에게 그냥 마음이 열렸고 나는 계속 속삭였어요. '나는 너랑 있고 싶어, 나는 떠나지 않아, 떠나지 않을 거야.' 내가 말하는 것 같지 않았어요. 내 영혼이 … 빛이 가득한 현존감이 … 그녀를 … 나를 … 감싸고 있는 듯 했어요. … 모르겠어요. 하지만 어린 나 너머에 있는 영적인 것이었어요. 나의 보다 고귀한 힘인 듯 … 모든 감정이 가라앉고 나서도 내가 빛나는 것 같았어요."

당신의 별이 당신을 부르네

프랜이 RAIN 이후 단계에서 경험했던 빛은 강력했다. 며칠 만에, 그녀는 재발이 될 뻔한 상황을 막을 수 있었다. 그녀는 때로 재발될 것이고 이런 치유의 길을 닦는 것이 평생의 과업이 될 거란 사실을 수용했다. 하지만 이제는 과식자 모임의 지지와 더불어 내면의 상처의 욕구에 대응할 수 있음을 믿었다. RAIN 이후 단계에서의 보살피고 현재에 머물기를 통해 그녀가 자신의 영혼이라 부르는 보살핌의 현존감과의 관계가 깊어질 것이다. 이는 불만투성이였던 제한적 자기정체감도 변하게 했다. 프랜은 "중독 행동이 있긴 하지만, 나는 중독자는 아니에요. … 그 이상의 존재예요."라고 말했다.

결핍의 트랜스상태에서 깨어나는 것은 영혼의 길이다. 충족되지 못한 욕구에 휘둘려 해로운 대체물을 좇으면 자신의 별에서 점점 멀어진다. 결핍과 중독적 갈구에서 오는 고통은 당신의 별이 당신에게 깨어나라고 외치는 것이다. RAIN은 이 소리를 듣고 대응하도록 안내해 줄 수 있다. 당신은 유턴하는 법을 배울 수 있고, 그리하여 자신이 진정으로 갈망하는 것을 찾아내고 충족되지 못한 욕구를 치유할 수 있다. RAIN의 근본적 연민을 통해서 당신을 본향으로 부르는 영원한 사랑의 원천을 찾을 수 있다.

명상 연습 : 욕망의 근원 찾기

편안하게 앉아 깊게 호흡하면서 날숨으로 긴장을 내보낸다.

당신의 삶을 돌아보고 욕망의 에너지가 어디서 시작되어 괴로움을 일으키는지 생각한다.

규칙적으로 욕망을 촉발하는 특정 상황이나 욕망을 가장 크게 자극하는 생각을 떠올린다. 그 욕망을 생생하게 느끼기 위해 상황이나 생각을 명확하고 세세하게 그려본다.

그 욕망이 있음을 **인지하고 인정하고**, 판단이 일어날 때 ("이렇게 느끼면 안 돼.") 이것은 자연스럽고 보편적인 경험이라는 친절한 메시지를 보낼 수 있는지 **살펴보라**. "그것은 모든 사람들에게 있다."

몸을 앞으로 숙이고, 주먹을 꽉 쥐고, 욕망이 강렬할 때의 표정을 느끼는 등, 몸으로 욕망을 드러내면서 살펴보라. 그런 다음 몸 안에 집중하라. 어디서 욕망의 에너지가 느껴지는가? 어떤 감각이 가장 잘 감지되는가? 유쾌한 것인가, 불쾌한 것인가? 두려움이 있는가? 다른 정서는 없는가?

이제 그 욕망의 장소에게 "바로 지금 무엇을 가장 갈망하나요?" 라고 물어보면서 계속 살펴본다. 관심? 안전감? 받아들임? 연결감? 이해? 사랑? 귀 기울인 후, 대답이 무엇이든 "당신이 그것을 받는다면, 그것은 당신에게 무엇을 줄까요, 어떤 것일까요?"라고 물어보라.

당신이 갈망하고 있는 내면의 경험과 만나기 위해서는 "당신이 그것을 받는다면, 그것은 당신에게 무엇을 줄까요, 어떤 것일까요?"라는 질문을 자주 반복해야 한다.

질문할 때마다 당신이 바라는 경험이 진정 무엇인지 몸으로 느껴라. 당신이 갈망하는 사랑(이해, 관계, 소속감)을 얻는다면 실제로 어떤 느낌일까?

마음을 열고 이 경험의 자양분으로 자신을 채우고 **보살펴라**. 모든 세포 속으로 스미게 하고 갈망하던 경험 안에서 휴식하라.

RAIN 이후. 자신에게 물어본다. "내가 갈망하던 것이 이미 여기 있다는 게 사실인가?"

명상 연습 :
나의 가장 깊은 갈망은 무엇인가?

편안한 자세로 앉아 이완한다. 수용적 현존감으로써 마음 상태를 자각하라. 개방감이 있는가, 긴장감이 있는가? 평화로움인가, 불안감인가? 만족감인가, 불만족감인가? 마음이 자리 잡은 부분을 느끼고 그곳으로 부드럽게 들이마시고 내쉰다.

"내 가슴이 진정 원하는 게 무엇인가?"라는 질문으로 살펴보기를 시작한다. "삶에서 가장 중요한 것은 무엇일까?", 혹은 "삶의 끝에서 돌아본다면 오늘 … 지금 이 순간 가장 중요한 것은 무엇일까?"라는 질문도 좋다. 자신의 가슴에게 직접 묻는다고 생각하라.

질문을 한 다음, 모든 말, 메시지, 감정에 귀를 기울이고 알아차려라. 인내심을 가져라. 삶에 대한 습관적인 생각에서 벗어나 마음이 열리고 가장 생생한 진실과 연결되는 데는 시간이 필요하다. "나의 가슴은 무엇을 갈망하는가?"와 같은 질문을 반복해야 하며 수용적 침묵 속에서 들어보고 몸, 특히 가슴 속 감정에 닿아 있으라.

갈망은 때에 따라 모습을 달리한다. 흠씬 사랑하거나 사랑받고 싶다는 열망, 진리에 대한 열망, 평화로움에 대한 열망, 도와주고 싶은 열망, 두려움과 고통에서 벗어나고픈 열망을 느낄 것이다. "올바른" 갈망이란 없다. 때로는 갈망을 지지하는 즉각적인 의도에 접속될 수도 있다. 예를 들어, 시를 쓰고, 요가를 하고, 봉사하고, 사회운동에 관여하고 싶다는 열망을 자각하게 될지 모른다. 이는 창의적이고 따뜻하고 활기 있게 살고자 하는 깊은 갈망에 부합된다. 중요한 것은 이 순간 가장 당신다운 것에 조응하는 것이다.

깊은 갈망에 다다랐다는 신호는 진지함, 순수함, 에너지, 혹은 몰입감이다. 새로운 결심, 개방성, 편안함을 가져다주는 내적 전환이라고 설명하는 이들도 있다. 중요한 것과의 실제적인 연결감이 없어도 괜찮다. 조용히 앉아 떠오르는 모든 것을 받아들이고, 다음에 이 탐색을 이어해도 된다.

RAIN 이후. 순수하고 깊은 갈망에 이르렀다고 생각되면 그 충만함 속으로 들어가라. 갈망이 당신의 온몸과 당신의 존재로 드러날 때 이 열망의 정수를 세포에서 느껴라. 그 갈망이 바로 깨어나는 가슴의 외침이라고 생각하라.

질의응답

Q_ 욕망의 근원 찾기 명상을 하면 누군가에게 특별한 사람이 되고 싶다는 욕망에 계속 다다른다. 이 욕망은 잘못된 것인가? 만약 그렇다면, 여기서 벗어나 어디로 가야하나?

A_ 우리는 사회적 동물이며, 우리의 생존과 번영은 부분적으로 타인의 보살핌에 의존한다. 특별하다는 느낌을 갖고 싶은 것, 어떤 식으로 대우받고 싶은 것, 특별한 파트너이고 싶은 욕망은 지극히 자연스럽다. 하지만, 이 욕망이 지나치면 괴롭다. 자기정체감과 행복감이 자신과 관계되는 사람에게

달려있다는 듯이 관심이 외부 원천에 고착된다. 욕망의 근원 찾기 명상의 목적은 동기를 일으키지만 삶을 통제하거나 제한하지는 않는 내면의 원천과 연결되는 것이다.

욕망의 근원 찾기 훈련으로 누군가에게 특별한 존재가 되고 싶다는 욕망에 다다랐을 때 깊이 살펴보라. 당신이 원하는(실제든 상상이든) 사람에 대한 관심에서 벗어나 "특별한 느낌"이라는 내면의 경험을 상상하고 탐험하는 쪽으로 유턴하라. 당신이 누군가에게 특별하다면 당신의 내면은 어떤 느낌일까? 따스함? 편안함? 빛남? 활기참? 만물과의 연결감?

"따스함과 생동감" 등, 당신이 느끼는 긍정적인 감정으로 당신을 채워라. 그것에 익숙해져라. 이것이 진정 당신이 원하는 것이다. 이것이 특별하다는 느낌이다. 그것은 당신 안에 있다. 행복감의 내면의 원천을 알고 믿어보라. 특별한 사람을 찾고 싶은 충동도 일어날 수 있는데, 그것도 괜찮다. 하지만, 갈망하는 것이 당신 내면의 자원이라는 것을 이해하면 훨씬 더 편안하고 품위 있고 만족스럽게 살아갈 것이다.

Q_ 욕망이 "자연스러운 것"임은 알지만 내가 음식, 성, 약물을 몹시 갈구한다는 사실이 정말 부끄럽다.

A_ 대부분 사람들은 자신을 통제할 수 있어야 하고 갈구한다는 것이 실패자를 의미한다고 믿는다. 이런 수치심은 중독 행동을 유발시키는 결핍감이라는 핵심 감정에 불을 지핀다. 자유는 자신의 수치심에 치유의 관심을 가질 때 시작된다. 박

탈감이 있을 때 갈구하는 것은 당연하다. 오랫동안 먹지 못하면 몸은 음식을 찾는다. 마찬가지로, 사랑, 관심, 보호를 박탈당하면 이런 보편적인 욕구가 충족되길 갈구한다. 그리고 이 욕구가 충족되지 않으면 음식, 성, 약물과 같은 대체물을 찾아 나설 것이다. 충족되지 못한 욕구가 있는 것과 그 욕구로 인해 대리 만족을 구하는 것은 당신 잘못이 아니다. 수많은 사람들이 같은 배를 타고 있다.

수치심이 올라오면 당신의 가장 지혜롭고 사랑이 넘치는 부분, 즉 당신의 미래 자기나 진화된 자기를 불러내라. 연민이 담긴 눈으로 바라보면서, 작은 자아에게 "그건 네 잘못이 아니야."라고 말하라. 혹은 "사랑스런 당신, 괜찮아요.", "이 갈구는 당신 것이지만, 갈구가 당신의 전부는 아닙니다.", "다른 사람들도 이렇게 느낍니다."라고 말하라. 수치심에게 연민이 가득한 현존감을 계속 불러오면, 수치심의 손아귀가 느슨해지면서 자원을 잘 활용하는 새로운 방향으로 대응할 수 있을 것이다.

3부

RAIN과 인간관계

8

용서의 RAIN

생각건대, 사람들이 그토록 고집스럽게
미움에 집착하는 한 가지 이유는 미움이 사라지면
고통과 씨름해야 한다는 것을 알기 때문이다.

_ 제임스 볼드윈(James Baldwin)

용서가 과거를 바꾸진 못하지만 미래는 넓힐 수 있다.

_ 폴 보세(Paul Boese)

지역 호스피스에서 자원봉사를 하는 명상 회원 한 분이 그녀와 친구가
된 어느 환자에 대한 이야기를 들려주었다.

샬롯은 자주 불안하거나 우울했고 죽음이 임박하고 목 안의
종양이 점점 커짐에 따라 더욱 말수가 줄었다. 어느 날 아침
도착해보니 그녀는 악몽 때문에 심란해하고 있었다. 꿈에서
의사가 남은 날이 사흘 밖에 없다고 말했던 것이다. 샬롯은

힘없고 껵껵거리는 목소리로 자신은 준비가 되지 않아 아직 죽을 수 없다고 했다. 우선 남편에게 하고 싶은 말이 있었다. 놀랍게도 사흘 뒤 샬롯은 집으로 갈 준비를 했다. 의사 말에 따르면 그녀의 종양이 갑자기 줄어들었다.

다음 번 방문했을 때 샬롯은 돌아와 있었고 아주 평온해보였다. 그녀의 이야기를 최대한 회상해보면 이렇다. "남편 입장에서 보면, 함께 한 세월 내내 나는 화가 나 있었어요. 그는 항상 나보다 일과 테니스가 우선이었고, 아이들에게는 지나치게 너그러웠고, 합리화는 잘했지만 감정을 표현할 줄 몰랐고, 집안일도 서툴렀어요. … 이야기하자면 끝이 없어요. 결혼한 지 20년쯤 후 남편은 한 여자와 아주 친하게 지냈어요. 그는 그 사실을 솔직하게 이야기했어요. 그녀와 잔 건 아니에요. 하지만 난 결코 견딜 수 없었어요. 이미 거절당했다고 느꼈던 것 같아요. 결혼 초부터 남편에게서 내가 특별하다는 느낌을 받지 못했기에 그를 용서할 수 없었어요. 내가 본 것은, 나를 무시하고 내 편이 아닌 남자였지요. 남편이 가진 기본적인 품위와 다정함을 잊어버렸답니다. 그 꿈을 꾸고 나서야 내가 그를 사랑했다는 것을 말해야 한다고 깨달았고, … 내 판단 때문에 사이가 멀어진 게 정말 후회스러웠어요. 나는 남편에게 말했고 그는 들어주었어요. 남편도 후회하는 일을 말했고 포옹을 했는데 둘 다 눈물이 뺨을 타고 흘러내렸어요. 처음으로 친밀감을 느꼈답니다. 이제는 떠날 준비가 되었어요."

마음이 분노, 화, 비난의 실타래에서 벗어나기 위해 죽음을 기다릴 필요는 없다. 그렇지만 이런 공격적 습관은 아주 깊게 패여 있으므로 그것을 내보내기 위해서는 반드시 시간을 들이고 의도를 품어야 한다. 그렇지 않으면 수십 년을 자신뿐 아니라 타인과의 진정한 친밀감을 막는 트랜스 안에서 허송세월할지 모른다.

성찰 연습:
삶의 끝에서

나는 종종 수련생들에게 삶의 끝자락에서 자신의 삶을 돌아본다는 상상을 해보라고 한다. 이것의 이점은 가장 중요한 것을 기억하도록 해서 서로를 단절시키는 습관을 인지할 수 있다는 것이다.

잠시 미래로 떠나 죽음이 임박했다고 상상한다. 삶을 돌아보면서 어떤 중요한 관계에 대해 생각해본다. 열린 마음, 받아들임, 보살핌이 있었는가? 지금 이 사람과 함께 있다면, 삶의 끝에서의 관점이 당신을 어떻게 이끌 것인가?

분노가 우리의 마음을 얼마나 옥죄는지를 목격하면 크거나 작은 방식으로 용서의 길로 향하게 된다. 샬롯처럼, 우리는 사랑하고 자유롭기를 깊이 바란다. 서로를, 그리고 삶을 사랑하려면 비난을 보내버려야 함을 아는 지혜가 우리 안에 있다.

건강한 분노 대 비난의 트랜스

우리는 모두 타인에게 상처를 받는다. 무시당하거나 거절당하고 쳐다봐주지 않고 존중받지 못한다. 우리가 사랑하는 많은 이들이 정서적·신체적 학대를 당하거나 멸시당하고, 성·인종·종교로 인해 조직적 억압을 받는다. 분노는 일종의 지능이다. 본질적으로 생존 정서이기 때문이다. 분노가 신체를 가동시키고 마음을 잘못된 행동에 관한 이야기로 채워나갈 때 관심을 가져야 한다. 분노는 행복의 방해물에 대적하여 에너지를 모으고, 더 잘 경계하고, 신체적 위협에서 자신을 지키고, 강요된 침묵 속에서도 욕구나 견해가 드러나도록 한다.

하지만, 불교계 스승이자 작가인 루쓰 킹(Ruth King)은 이렇게 썼다. "분노는 변화를 일으키지 않는다. 분노는 촉발제다." 분노는 현명하게 사용해야 하는 에너지다. 또한 사회적 수준에서 억압에 대한 분노는 정의를 향한 요구에 힘을 줄 수 있다.

그런데 비난의 이야기가 멈추지 않는다면? 틈만 나면 폭발할 것 같고, 당하는 것 같아 화가 나고, 자신뿐 아니라 온갖 사람들을 다 비난하고 있다면?

만성적 비난과 분노는 거의 항상, 고통스럽게 한계를 좁히고 있는 트랜스의 신호이다. "작동 중" 상태가 쌓이면, 분노는 가슴을 둘러싼 딱딱한 갑옷이 된다. 그것은 절대로 떨어지지 않는 딱지마냥 상처를 치유하는 자각의 빛과 온기를 막아버린다. 현명한 대처를 방해하고 두려움으로 인한 자동반응을 유도한다. 이해와 공감, 친밀감을 해치면서 타인과 멀어지게 한다.

한 친구의 말대로 트랜스 상태에서는 "비난이 준비" 된다. 열을 감지하는 미사일처럼 목소리의 음색, 즉흥적 언급, 기다리게 한 것, 집중의 결여 등에 쉽게 장전된다. 우리의 자동반응은 일어나고 있는 것에 상관없이 타인이 자신을 판단하고, 이용하고, 무시하거나 밀어낸다고 습관적으로 가정한다. 10대 자녀가 해야 할 집안일을 게을리 하거나 배우자가 일에 너무 많은 시간을 쏟는다며 천천히 불붙는 분노를 키우기도 한다. 이런 만성적 분노는 보이지 않는 거리감으로 타인을 사랑하고 음미하는 걸 방해하므로 교활하다고 할 수 있다.

성찰 연습 : 준비된 비난

트랜스 상태에서는 자신에게 원래 있던 상처와 연관된 상황이나 사람들에게서 무의식적으로 쉽사리 자극을 받는다. 트랜스에서 깨어나는 것은 자신이 그 안에 있을 때, 즉 생각과 감정이 의식적 자각 밖, "선 아래"에서 작동되고 있을 때를 인지하면서 시작된다.

자신을 향한 어떤 행동에 화가 나거나 상처를 받는 것은 당연하지만, 비난의 트랜스는 보다 강하고, 고통스럽고, 지속되는 반응을 불러온다. 자신에게 질문해보라. 나는 얼마나 규칙적으로 자극을 받는가? 누군가를 비난할 때, 그것은 그에 대한 나의 모든 경험을 압도하는가?

이런 질문을 염두에 두고 아래와 같은 상황에서의 당신의 자동반응을 살펴보라.

- 비난받을 때
- 당신 이야기를 듣지 않거나 관심을 보이지 않을 때
- 바빠서 당신을 못 만난다고 할 때

- 이메일이나 문자에 답이 없을 때
- 당신을 실망시킬 때 – 당신을 성심껏 돕지 않거나 "자기 일"만 할 때
- 당신에게 감사를 표하지 않을 때
- 당신에게 너무 많은 것을 요구할 때
- 당신 의견에 반대할 때
- 당신이 바라는 것(부, 직업, 가정, 자녀, 배우자)을 가지고 있을 때
- 항상 지각할 때

분노와 비난의 트랜스 상태에서는 생존 뇌가 경험의 모든 차원을 주관한다. 몸은 긴장되고 가슴은 무감각해지거나 오그라들고 초조하며 생각이 경직된다. 트랜스가 두터울수록 이성, 마음챙김, 공감의 영역인 전두엽 피질에 접근하기 어렵다.

뇌의 전체성으로부터의 단절은 타인을 지각하는 방식에 큰 영향을 미친다. 타인이 자신과 같은 주관적 감정을 가진 실제적 존재가 아니라 내가 비실제적 타인이라고 부르는 존재가 되고 만다. 그들의 결점, 자신과 다른 점, 그들이 자신을 어떻게 위협하고 방해하는지 등에 초점을 맞춘다. 동시에 자기-감각도 좁아져서 희생자이며 정당한 분노를 가진 비실제적 자기가 된다. 이렇게 집중의 렌즈가 좁혀지면 선 아래에 머물게 되고 타인과의 연결감이나 자신에 대한 편안함을 느낄 수 없다.

스테판은 우리 지역의 명상반 학생인데 수십 년 동안 아버지를 비실제적 타인으로 여기는 관계에 갇혀있었다. 트랜스가 물러나고서야

그는 자신이 평생 두르고 있던 비난의 갑옷에 직면했고 진정한 치유를 시작할 수 있었다.

비실제적 타인

여러 모로 엄마를 닮아 예민하고 예술가적 기질이 많은 스테판은 어린 시절부터 자신이 아버지에게 실망스런 존재라는 것을 알았다. 목공과 스포츠 및 모든 종류의 야외 활동을 즐기는 그의 아버지는 기회가 있을 때마다 운동 능력이 부족하고 암벽타기를 겁내고 연장에 도통 관심이 없다면서 스테판을 무시했다. 그는 처음에는 아버지를 기쁘게 할 방법을 찾으려고 노력했지만, 청년이 되자 아버지를 밀어내는 법을 알게 되었고 몇 달간 아버지에게 말을 걸지 않기도 했다.

스테판이 독립한 후에도 적대감은 계속되었다. 명절 모임에서 그의 아버지는 오일 교환도 못하고, 패트리어츠 팀 경기도 보러 가지 않고, 스테이크를 싫어하는 아들을 작정하듯 비웃었다. 그것은 어린 시절부터 그를 괴롭혔던 열등감과 자기-의심의 감정을 되살리면서 여전히 상처가 되었다. 스테판 부부에게 아이들이 생기면서 비난이 다소 수그러들었지만 어머니가 돌아가시자 두 사람 사이의 긴장된 거리감은 다시 예전대로였다.

그런데, 명상 수련회에 오기 몇 달 전에 스테판의 아버지가 심장 발작을 일으켰다. 혼자 살던 아버지는 이제 요양원으로 가야 했다. 운전을 할 수 없고 독립성과 안식처를 잃게 된 아버지는 매우 낙담했다.

스테판은 여동생이 아버지 일을 정리하는 것을 도와줬지만 마음은 그저 그랬다. 여동생이 한 마디 했다. "오빠가 어렸을 때 아버지는 정말 나빴어. 하지만 이젠 지나간 이야기야. 아버지는 힘든 시간을 보내고 있어. 언제 아버지를 용서할거야. … 돌아가신 다음에?"

화가 치민 스테판이 대답했다. "아버지는 자신이 나를 얼마나 힘들게 했는지 절대 모를 거야. … 용서받을 자격도 없어."

스테판과 아버지는 치명적인 대립상태에 있었다. 둘 다 자신의 역할, 즉 만족스럽지 못한 아들과 적대적이고 얕잡아보는 아버지라는 역할에 갇혀있었다. 두 사람 모두 자기 나름의 열정과 보살핌, 상처와 불안정을 가진 실제적이고 복잡하고 주관적인 존재가 아니라 내면의 영화 속 이차원적인 비실제적 타인으로 굳어져 있었다. 편협하고 제한적인 비실제적 자기로써 관계를 맺고 있었다.

성찰 연습:
비실제적 타인과 비실제적 자기

친구나 동료, 혹은 가족과의 최근 갈등 장면을 떠올려 본다. 무엇이 갈등을 촉발시켰고 최고조의 긴장 상태에서 그 틀을 굳힌 것이 무엇이었는지 영화라고 생각하고 바라본다.

그 순간, 당신은 어디에 초점을 두고 있는가? 분노나 앙갚음, 혐오감이나 무례함을 보이는 표정인가? 그 정서를 드러내는 말이나 음색인가?

당신은 그들을 나쁜, 비실제적 타인으로 보고 있는가?

그들이 직면하고 있는 힘든 상황을 생각하면 어떤가? 그들은 상처와 스트레스를 받고, 불안하고, 능력이 부족하다고 느끼고, 자신에 대해 우울해하는가?

그들의 장점, 즉 다정하고 잘 도와주고 창의적이고 몰입하는 점들을 떠올려보면 어떤가?

이제, 관심을 자신에게 돌려보자.

목격자 관점으로 볼 때, 비난에 사로잡힌 당신은 어떤 모습일까? 목소리는? 몸의 느낌은? 가슴은? 화가 나거나 상처받은 희생자 역할인가? 자신이 옳다는 재판관? 위협을 하는 공격자?

이런 자신이 좋은가? 이 사람이 진정한 당신인가?

당신의 고통과 상처에 대해 잊은 것은 없는가?

당신의 미덕, 마음으로 진정 중요하게 여기는 것 중에 잊은 것은 없는가?

사람들을 무의식적으로 나쁜 비실제적 타인으로 여기면 상처를 주기 쉽다. 그들이 자신과 마찬가지로 주관적인 감정을 가진 존재라고 보지 않는다. 10장에서 이야기하겠지만, 이런 비실제적 타인화는, 인종이나 계급, 종교나 정치적 관점, 성적 지향성이나 정체감에 근거해 집단 전체를 열등하고 위험하고 적대적이라고 간주하고 억압하는 비극적 근간이기도 하다. 인간 외의 종에 대한 비실제적 타인화와 폭력은 아직 잘 인식되지 못한다.

희망적이게도, 진화 중인 우리의 뇌에는 마음챙김과 연민의 능력이 있다. 트랜스에서 깨어나 자신과 타인을 보다 명료하게 볼 수 있고 용서하는 마음을 기를 수 있다.

용서의 정의

도움이 될 만한 용서의 정의가 있다. 용서는 당신의 가슴을 둘러싼 비난, 그리고/혹은 미움이라는 보호 갑옷을 벗는 것이다.

　내가 좋아하는 정의도 있다. 용서는 (자신을 비롯한) 모든 사람을 당신 가슴 바깥에 두지 않는 것이다.

　다른 것도 있다. 용서란 상처의 고통으로 충만한 현존감을 데려올 때 생기는 연민이다.

　그러나, 많은 이들에게 **용서**라는 말은 별 감흥이 없거나 혼란을 야기한다. 그렇다면, 그냥 **용서** 대신 **연민**, 혹은 **마음을 연 받아들임**으로 대체해도 괜찮다.

　용서에는 시간이 걸린다. 다른 사람의 친절을 스스로 받아들여야만 용서할 수 있음을 나 자신과 타인에게서 자주 목격했다. 생각해보면 그럴 수밖에 없다. 연민을 받으면, 그 따스함과 연결감으로 두려움과 거절에 대한 예민함이 감소되고 상처를 보살피며 비난의 갑옷 바로 아래에 있는 상실감을 수용하게 된다. 마음이 부드러워지고 시야가 넓어진다. 타인의 괴로움을 보다 선명하게 볼 수 있다.

　하지만, 다른 사람이 우리의 마음을 열어주길 기다릴 필요가 없다. 살펴보기로써 갑옷 아래를 살피고 찾아낸 것에 자기-연민을 보내는 RAIN 훈련을 한다면 용서가 펼쳐질 수 있다. 부드러워진 마음으로 자신의 연민을 타인에게 확장시킬 수 있다.

대부분 사람들에게, 타인 비난에서 내면을 향한 현존감으로 전환하는 것은 쉽지 않다. 자신의 정서적 실재에 마음을 열고 상처와 두려움, 상실을 받아들이는 데는 용기가 필요하다. 작가 앤 라모트(Anne Lamott)가 출처를 모른 채 언급한대로, "용서는 과거가 달랐더라면 하는 희망을 전부 포기하는 것이다." 우리는 힘들게 붙잡고 있는 보호막을 벗고 지금 상태에 부드럽게 예스, 라고 말하면서 엄청난 모험을 감행하려는 것이다.

성찰 연습 :
우리는 왜 그렇게 비난에 집착하는가?

화가 나거나 비난하고 싶은 사람을 떠올린다. 그리고 자문해본다. 이 사람이 나쁘다는 판단을 그만 둘 때 나는 어떤 괴로움을 느낄까?

워크숍에서 이 연습을 할 때, 자신의 느낌을 크게 말해보라고 한다. 손이 계속 올라가고, 참석자들이 연이어 비난의 갑옷 아래 있는 자신의 두려움과 상처를 이야기한다. 다음 중 마음에 와닿는 것이 있는가?

- ○ 무력감, 통제 불능
- ○ 두려움 − 그들은 계속 나에게 상처를 줄 것이다.
- ○ 그들이 틀리지 않았다면, 잘못한 사람은 나다.
- ○ 상처

- ○ 내가 책임을 져야만 한다.
- ○ 힘든 상실을 수용하는 것
- ○ 슬픔
- ○ 인생이 공평하지 않음을 받아들여야 한다.
- ○ 사랑스럽지 않음
- ○ 안전감을 못 느낌

용서가 힘든 이유는 내면의 상처를 피할 수 있다면 우리는 뭐라도 하려 하기 때문이다. 또는 "넌 나에게 상처를 줬지만 괜찮아. 용서해. 그러니까 넌 조금도 책임질 필요가 없어."라는 식으로, 용서가 나쁜 행동을 용인한다는 의미가 될까 두렵다. 용서는 마음을 자유롭게 하고 세상을 치유하는 핵심이므로 수련생들이 혼란스러워하는 몇 가지를 거론하고 싶다.

용서에 대한 오해

용서는 분노나 두려움, 상처나 슬픔을 부정하거나 억압해야 함을 의미하지 않는다.

상처를 받으면 몸, 가슴, 마음이 방어를 하면서 자연스레 축소되는데, 그 축소는 지능적인 것이다. 분노와 비난이 보내는 메시지는, 나는 위협을 받고 나의 안녕감에 장애물이 있다는 것이다. 용서로 나아가기 전에 급박한 위험에서 자신을 보호해야 한다. 또한 경험하는 모든 정서에 수용과 연민에 찬 현존감을 제공해야 한다. 미움이나 분노를 무시하거나 밀쳐내며 모른 체하면 미성숙한 용서가 될 수 있다. 용서했다고 생각하겠지만 실제로는 관심이 필요한 바로 그 감정과 멀어지고 만다.

학대나 여타 트라우마를 경험한 경우라면 특히 분노의 메시지를 존중하고 시간이 걸리더라도 안전한 치유의 공간을 찾는 것이 중요하다. 범죄자를 용서할 수 있고 용서"해야만" 한다는 생각은 수치심과 실패감을 일으켜 자연스러운 치유과정에서 이탈된다. 타인을 위한 연민에 접근하기보다는 자신의 효능감과 강점을 느끼는 것에 집중해야 한다. 이는 분노를 느끼고, 보호의 필요성을 존중하고, 자신에게 자기-연민과 보살핌을 제공한다는 뜻이다. 트라우마를 유발시킨 사람을 재발 없이 생각할 수 있을 만큼 치유되어야 그를 실제적 타인으로 품어줄 수 있다.

용서는 나쁜 행동을 눈감아주는 것이 아니며, 수동성이나 행동하지 않음을 의미하지도 않는다.

용서를 한다고 "당신의 행동이 괜찮습니다.", 혹은 계속 그렇게 행동해도 된다고 말하는 것은 절대 아니다. 신의를 저버린 친구라면 용서를 하되 더 이상 개인적인 감정을 나누지 않고 새로운 경계를 형성할 수 있다. 정서적 학대를 가한 전(前) 배우자를 용서하지만 다시는 그와 단둘만 있지 않겠다고 결심할 수 있다. 비윤리적이거나 잘못된 행동을 한 치료자나 교사를 용서하면서도 적절한 기관이나 위험에 빠질 수 있는 사람들에게 이를 알려줄 수 있다.

분노의 에너지는 촉매 역할은 하지만 장기적이지는 않다. 사회적 행동주의에 깊게 헌신하려는 마음으로 손잡고 나아가려면 용서가 필요하다. 지구 생태계 파괴에 책임이 있는 정치인을 용서하고, 우리의 가치관을 반영하는 운동과 지도자들을 지지할 수 있다. 소외계층을 억압하는 사람들을 향한 증오나 비난을 멈추고, 편견을 줄이고, 피해자들을 위한 정의와 보상 추구에 투신할 수 있다.

용서는 혼자 힘으로 할 필요가 없다.

우리에게는 자주 사회적 지지가 필요하며 특히 트라우마가 있다면 그렇다. 아마, 치료를 시작하고 치유자나 영적인 상담가를 만나고 믿음이 가는 친구와 고민을 나눌 것이다. 교회 폭발, 총기 난사, 혹은 전쟁으로 친구와 가족을 잃은 사람들처럼 집단 전체가 트라우마를 겪은 경우에는, 두려움과 슬픔을 함께 나누는 것, 의식과 기도, 보다 큰 무엇에 속해있다는 치유적 경험, 동료애 등을 통해서 가장 먼저 보살핌이 시작된다.

용서는 한 방, 혹은 속성 과정이 아니다.

깊은 상처든 작은 슬픔이든 용서하는 마음을 기르는 것은 일생의 과정이다. 신체 치료와 마찬가지로 용서도 나름의 적절한 시기가 있고 서두를 수 없다. 특히, 상처가 깊을 경우에는 단계별로 치유가 이루어진다. 분노, 두려움, 수치심, 슬픔의 층위가 변하는 것을 주의 깊게 살펴봐야 한다.

대부분의 경우, 비난과 분노는 가장 가깝고 가장 중요한 관계에서 최고로 강렬하다. 이는 지속적 재촉발이 쉽다는 의미다. 만약 배우자가 사사건건 비판을 한다면 두려움과 분노로 무장된 자기로 오그라들 것이다. 당신은 자신을 보살피고 분노를 내보내면서 갑옷 아래의 상처와 연결되는 과정을 여러 차례 거쳐야 한다. 그렇게 하다보면, 매번 할 때마다 상처가 치유되고 힘을 주고 자신의 존재에 관한 확장감을 주어 타인을 가슴 밖으로 밀어내지 않는 삶이 보다 가능해진다.

용서의 세 단계

용서 과정을 세 단계로 설명하려고 한다. RAIN과 마찬가지로 고정된 단계는 아니지만 유용한 길잡이가 될 수 있다.

용서의 세 단계

용서하려는 마음먹기
RAIN을 사용하여 유턴하기
가슴에 실제적인 타인을 들이기

훈련 중 비난의 트랜스 상태임을 깨달았을 때 세 가지 질문을 해본다. 이 질문들은 세 단계의 자각을 통해 비난에서 깨어나도록 이끌어준다.

- 이 관계에서 나의 가장 깊은 의도는 무엇인가? 이 질문은 깨어있고 열려 있는 마음, 즉 용서하는 마음에 대한 갈망을 상기시킨다.
- 내 안에서 느끼기 싫은 것은 무엇인가(어떤 것에서 달아나려 하는가)? 이 질문은 유턴하여 타인에게서 벗어나 비난의 갑옷 아래에 있는 상처에 집중하게 한다.
- 이 사람에 대한 진실은 과연 무엇인가? 그들은 어떻게 분투하고 있는가? 그들에게 가장 중요한 것은 무엇인가? 이것은 그 사람의 인간성, 고통, 미덕을 상기시킨다.

첫 번째 단계 : 용서하려는 마음먹기

영적인 길을 가기 위해서는 반드시 용서를 해야만 한다고 생각하는 수련생들이 많다. 그들은 자신의 영적 발달에서 분노와 비난은 곤란한 언사라고 간주한다. 하지만 용서는 자아-자기가 명령할 수 있는 게 아니다. 사실, 자기-판단이나 수치심이 용서를 보다 어렵게 한다.

용서할 수 없지만, 용서하려고 할 수는 있다. 이것이 본질적인 이해다. 우리의 자아 너머에는 마음이 자유로우려면 비난이 아닌 포용이 필요함을 아는 지혜가 있다. 이 지혜로부터 당신은 분노와 비난을 붙들면 진정으로 행복하거나 사랑을 느낄 수 없음을 알게 된다. 선 스승인 샬롯 조코 벡(Charlotte Joko Beck)은 "용서할 수 없다는 것은 삶에서 기뻠을 느낄 수 없는 것과 직접 관련이 있다."라고 썼다.

내면에 있는 지혜의 장소는 용서를 향한 깊은 의도를 일으킨다. 당신은 그 의도를 온유한 희망이나 기도라고 느낄지 모르며, 마음은 이완되어 열리고 두려움 없이 용서하는 마음의 자유를 누릴 수 있다. 용서하려는 의도는 실제적인 힘을 갖는다. 당신의 의도나 기도가 진실하고 깊어지는 순간 치유와 변화가 가능해진다. 용서하려는 의도를 품는 것만으로도 용서의 전 과정을 향한 문이 열린다.

성찰 연습:
용서하려는 마음먹기

앞에 나온 예시처럼, 당신이 비난이나 분노로 밀어내고 있는 사람을 생각한 적이 있는가? 비난의 트랜스로 당신이 작아지고 경직되는 걸 느낄 수 있는가? 자신과 그들의 황금을 어떤 식으로 망각하고 있는가? 자신의 가장 지혜롭고 사랑스러운 부분인 미래 자기를 불러 잠시라도 이 사람을 마음에 품으면 어떨까 상상하라. 자유를 느낄 수 있는가?

이제, 마음속으로 이 사람을 불러들여 말을 건네 보라. "(이름을 부르면서) 나는 당신을 용서하려고 합니다." 준비가 덜 된 부분이 있더라도 자신의 의도의 진정성을 느낄 수 있는가? RAIN의 마음챙김과 연민으로써 당신의 마음이 점점 넓어지고 용서를 베풀고 자유로워질 것을 믿어보라.

두 번째 단계 : RAIN을 사용하여 유턴하기

용서하려는 의도가 있으면 RAIN 훈련을 심도 있게 해보고 싶어진다. 의도를 지니면 트랜스로 접어들 경우, 보다 잘 인지한다. 그런 다음 멈추고 그 경험을 인정하면서 보다 충만하게 자각할 수 있다.

우리는 유턴을 하면서 용서의 길에 적극적으로 뛰어든다. 외부로 향한 비난적 사고에서 벗어나 내면의 상처를 직접 살펴볼 수 있도록 집중을 옮겨본다. 이곳에서 비난의 갑옷 아래 있는 상처와 두려움을 직접 대면한다. 집중이 가장 필요한 내면에 RAIN의 마지막 단계인 보살피기로 부드러운 현존감을 불러들이면서 치유가 시작된다. 이것이 보호막인 갑옷을 녹이고 마음을 위로하고 편안하게 하고 열리게 한다.

RAIN과 유턴이 스테판을 어떻게 도왔는지 보자.

봄 수련회에 등록한 스테판은 아버지에 대한 분노에서 놓여나고 싶어 했다. 여동생의 말이 촉발제가 되었고, 명상을 통해 자신이 어떻게 괴로움을 만들어내는지 드러나고 있었다. "나는 앉아서 아버지가 얼마나 나빴고 얼마나 나를 괴롭혔는지 영화 보듯 돌이키고 있어요. 그리고 스스로에게 말하죠, '나는 이렇게 느끼고 있고 … 아버지는 단지 자신의 삶을 살고 있고.'" 용서하려는 의도가 점차 의식화되고 강해졌다.

하지만, 처음 며칠은 그의 말대로 마음은 "불꽃에 기름을 붓기로 작정한 듯" 보였다. 사흘째 되던 날, 그는 "아버지와 관련된 모든 생각이 분노를 일으켜요."라고 말했다. "비난하는 시선이 보이고, 아직도 나를 통제하는 것 같아요. … 나를 비참하게 만들면서요." 한참 뒤, 그는 말했다. "지금 아버지는 발을 질질 끌면서 요양원 주변을 맴도는 노인이 되었어요. 용서하고 싶어요. 동생 말이 맞아요. 하지만 아직도 화가 솟구쳐요."

내가 말했다. "그건 자연스러운 감정이에요. 특히 상처가 깊을수록 화를 멈추고 마음을 열기가 쉽지 않아요. 진심으로 용서하고 싶다면 실제 느낌에 온전히 집중하는 것부터 시작해야 해요. … RAIN으로 해볼 수 있습니다."

스테판은 아주 쉽게 자신의 비난적 사고를 인지하고 인정하였으므로 나는 유턴과 살펴보기로 이끌었다.

"비난에 찬 마음의 이야기를 벗어난다면 몸 어디서 분노가 느껴지나요?" 잠시 후 그는 "바로 여기에요."라고 하면서 양손을 겹쳐서 가슴 중앙으로 가져갔다. 나는 "분노의 감각이 어떤지 살펴보고 감각이 가장 강하게 될 때까지 그냥 두세요. 집중에 도움이 된다면 두 손을 그대로 놔둬도 괜찮아요."라고 말했다.

그는 고개를 끄덕이고 이마를 찌푸리고 입을 앙다물었다. 잠시 후 한숨을 내쉬더니 손을 내리고 의자에 파묻힌 듯 앉았다. 무엇을 알아차렸는지 물어보았다.

"분노가 강해지더니 약간 가라앉았어요. 납작해지고 패배한 느낌이에요…." 그는 잠시 입을 다물었다가 부드럽게 말했다. "나는 실망 그 자체였어요. 아버지가 인정해줄 만큼 남자답지 못했어요."

나는 남자답지 못하다고 믿을 때 몸에서 어떤 일이 일어나는지 계속 살펴보라고 격려했다. "상처가 있어요. 내 가슴 속 … 나의 어린 부분이에요. … 그는 부끄럽고, 외로워요. 그가 울고 있어요. 하지만 소리

내지 않아요."

"말할 수 있다면, 그는 무슨 말을 할까요?"

"나를 바라보고, 나를 좋아하고, 내가 자기 아들이길 바라는, 그런 아버지를 결코 가질 수 없을 거야." 큰 소리로 말하면서 스테판은 손으로 얼굴을 감싸고 울기 시작했다. 분노와 비난이 덮고 있던 고통, 깊은 상실의 슬픔이었다.

그가 진정되기를 기다리다 부드럽게 물어보았다. "당신의 그 부분은 지금 당신에게서 무엇을 가장 바랄까요?"

"내가 여기 있고, 내가 보살핀다는 것을 아는 것이겠지요." 나는 스테판이 그 메시지를 진심으로 여러 번 마음으로 보내면서 자신의 어린 부분을 보살피도록 이끌었다.

그는 다시 손을 포개어 가슴에 얹고 말없이 앉아 있었다. 몇 분 뒤눈을 뜨면서 말했다. "고마워요. 뭔가 가벼워졌어요. 마음이 넓어지고 편안해요."

나는 스테판에게 유턴을 할 때는 마음껏 충분한 시간을 가지라고 격려했다. 수련회 후반에 명상 참가자들을 둘러보노라면 두 손을 가슴에 올린 스테판이 자주 보였다. 마지막 집단 모임에서 스테판은 그 수련회에서 자신이 "가져가는 것"을 이야기했다. "누군가를 비난함으로써 나를 희생자로 만들 수도 있고, 아니면 나 자신을 치유하고 힘을 실어줄 수도 있습니다." 그는 잠시 한 손을 가슴에 대고 덧붙였다. "그것은 선택하기 나름입니다."

희생자 모드에서 벗어난 정체감의 변화는 RAIN 이후 단계에서 경험할 수 있는 선물이다. 나는 "복수는 슬픔의 게으른 형태다."라는 영화 대사가 자주 생각난다. 이 말을 전하면 모두들 이해한다. 자신의 상처, 두려움, 상실의 실제상황에 직면하는 것보다 타인을 비난하는 것이 더 쉽다. 자신의 온전한 힘, 지혜, 연민에 접근할 수 있는 것은 내면의 삶에 치유적 집중을 하면서 RAIN으로 유턴할 때뿐이다. 유턴은 희생자 모드를 없애고 비실제적 타인이라는 가면 너머를 볼 수 있게 한다. 그리하여 점점 커지는 원 안에서 우리의 연민을 확장시킨다.

세 번째 단계 : 마음에 실제적인 타인을 들이기

숲속을 산책하다가 나무 옆에 앉아있는 개를 본다고 상상하라. 반갑게 다가가는데 갑자기 개가 어금니를 드러내며 달려든다. 놀라고 겁이 난 당신은 뒤로 물러난다. 그때 개의 한 발이 덫에 걸린 것을 보게 된다. 당신의 마음은 완전히 달라지고 이제 걱정이 한가득이다. 그렇지만 위험할지 모르므로 너무 가까이 가지는 않는다. 그래도 정말 개를 도와주고 싶다.

그 개가 상처와 고통 때문에 공격한다는 것을 깨닫는 순간 비난이 보살핌으로 변한다. 이는 우리 모두에게 해당된다. 상처를 입히는 행동을 하는 것은 어떤 고통스러운 덫에 걸려들었기 때문이다.

당신에게 상처를 준 사람을 떠올려보라. 그가 상처와 두려움의 덫에 걸려든 것이 보이는가? 오프라 윈프리(Oprah Winfrey)는 아동기 트라우마에 관한 쇼를 하면서 어린 시절의 상처가 폭력적 행동의 전조가 되는 것에 대해 말했다. 그녀는 비난보다는 "무슨 일이 있었니?"라는 중요한 질문을 해야 한다고 했다. 과거의 어떤 고통 때문에 이렇게 행동하는가? 래퍼 제이-지(Jay-Z)는 〈뉴욕 타임스〉 인터뷰에서 이런 식으로 표현했다. "알겠어! 어릴 때 따돌림을 당했구나. 그래서 날 괴롭히려 하고. 이해할 수 있어.' 일단 그것이 이해되면 분노로 자동반응하지 않고 보다 부드럽게 말을 붙일 수 있죠. 아마 '야, 너 괜찮아?' 라고."

> 혹, 적들의 비밀스런 역사를 읽게 된다면, 그들 각자의 삶에서
> 우리의 모든 적대감을 해제시킬 만한 슬픔과 고통을 보게 될
> 것이다.
> _ 헨리 워즈워드 롱펠로우(Henry Wadsworth Longfellow)

불량배가 막 우리를 공격했다면 그의 상처를 볼 수 없다. 하지만 우리가 자신을 잘 보살핀 후에는 그 숨겨진 고통을 볼 수 있다.

수련회 후 스테판을 만났을 때 그는 아버지에 대해 다르게 말했다. "아버지를 저녁식사에 초대했는데 피곤하신지 의자에 묻히다시피 앉아계셨어요. 그때 아들이 '할아버지, 탁구 게임 어때요?'라고 말하자 즉시 바로 앉으시더니 시청하던 쇼에 대해 뭐라 말씀하셨어요. 약한 모습이 보이는 걸 정말 싫어하셨어요."

스테판은 아버지의 자존심과 무력감에 마음이 아팠고 아버지의 "덫에 걸린 다리"를 보자 마음이 부드러워지고 열렸다. 편안해지기 시작했고 아버지도 그렇게 반응했다. 두 사람은 같이 넷플릭스 드라마를 시청하고, 누가 팝콘을 잘 만드는지, 누가 자기가 좋아하는 팀(패트리어츠 대 스틸러스)에 대한 문자를 보낼지 내기를 했다.

여섯 달 뒤 스테판의 아버지는 다시, 훨씬 더 심각한 심장발작을 일으켰다. 어느 날 저녁 스테판이 병원에서 아버지에게 뉴스를 읽어드리고 있는데 아버지가 손을 뻗쳐 그만하라고 했다. 그리고 스테판은 전혀 예상치 못한 말을 들었다. "너에게 좋은 아버지가 아니었다는 걸 안다. 하지만 항상 너를 사랑했다는 걸 넌 모르는 것 같구나." 아버지의 눈은 젖어있었고 두 사람은 잠시 서로 바라보았다. 그 순간은 몇 달 뒤 아버지가 돌아가신 후 오래도록, 스테판이 늘 기억하게 될 순간이었다.

이 이야기를 하면서 스테판이 말했다. "타라, 아버지가 그런 말씀을 하실 수 있었던 것은 내가 아버지를 용서했음을, 안전하다는 걸 느꼈기 때문이겠지요."

누군가를 용서하면 그 사람이 틀림없이 변한다는 말을 하는 게 아니다. 하지만 열린 마음이 갖는 에너지는, 보일 수도 있고 보이지 않을 수도 있지만, 심오한 방식으로 타인에게 영향을 준다. 자신도 자유로워진다.

용서하고 용서받는 것은 둘 다 우리를 진화시킨다. 마음을 열어 용서할 때 자기 자신의 열린 마음과 다시 연결된다. 용서받음을 느끼면 자신의 소속감과 기본 미덕을 믿을 수 있다. 숨을 들이마시고 내쉬는 것처럼 주고받는 것은 연결되어있고, 두 가지 모두 황금을 기억하고 그것으로 살아가게 한다.

작가 스콧 맥클라나한(Scott McClanahan)은 부모와 심하게 다툰 뒤 집을 나간 아들 이야기를 들려준다. 아들은 수년 간 바깥으로 떠돌았고 몇 년은 감옥에 있었다. 석방 몇 달 뒤 부모님에게 집으로 간다면서 도착할 날짜를 알려주는 편지를 보냈다. 만약 그가 보고 싶고 그간 일어났던 일이나 그가 있었던 곳이 부끄럽지 않다면 빨랫줄에 담요를 걸어두라고 했다. 약속한 날 기차에서 내리자 그는 불안해지기 시작했고 부모님이 자기를 보고 싶어 하지 않을 거란 의심이 들어 괴로웠다. 집이 가까워질수록 의심이 커지고 예전에 주고받았던 심한 말들이 기억났다. 막 되돌아가려는 순간 나무에 걸린 담요가 보였다. 다른 담요도 보였다. 집이 시야에 들어왔을 때 빨랫줄과 마당과 지붕이 담요로 뒤덮인 걸 보았다. 부모님이 그를 기다리고 계셨다.

우리는 서로의 마음 안에 들기를 갈망한다. 또한 물러섬 없이 타인을 사랑하기를 갈망한다. 한때 밀어냈던 이를 환영한다는 뜻으로 전력을 다해 용서의 담요를 펼치는 것보다 더 아름다운 일이 있겠는가?

연습 :
용서의 RAIN

타인을 용서한다는 것에는 근본적으로 두 가지 면이 있다. 첫 번째는 비난 아래의 상처를 치유하는 내면의 과정이고, 두 번째는 상대방에게 연민의 관심을 보내는 것이다. 아래에 나오는 첫 부분을 "홀로 서기" 명상으로 여기고 자기-연민이 충분히 느껴질 때까지(며칠, 몇 달, 몇 년이라도) 훈련해보길 바란다. 그런 다음, 준비가 되면 두 가지를 이어서 훈련한다.

편안하게 앉아 눈을 감고 마음을 고요히 한다. 호흡을 몇 차례 깊게 하면서 내쉴 때마다 긴장감을 내보낸다. 자신과 모든 존재를 품는 용서의 마음을 기르려는 의도를 생각하면서 시작한다.

1부 : RAIN으로 비난 아래에 있는 상처 다루기

삶을 돌아보면서, 용서하기 싫고 분노, 그리고/혹은 비난에 사로잡히게 되는 때를 생각한다. 어떤 일이 이런 감정을 일으켰는지 (혹은 일으키고 있는지) 회상한다. "이 일에서 최악은 무엇일까? 가장 기분이 상한 일은 무엇일까?"라고 자문한다.

"이 사람이 어떤 사람이라고 믿고 있는가? 그들이 나와 관계 맺는 방식에 있어서 나는 무엇을 믿고 있는가?"

인지하기 : 이 사람을 떠올릴 때 드는 주된 감정과 생각을 마음에 새겨라.

인정하기 : 잠시 쉬면서 이 경험을 판단이나 어떻게 하려고 하지 말고 있는 그대로 여기 두라.

살펴보기 : 그 사람에 대한 생각을 내보내고 당신 마음에서 일어나는 일에 온전히 집중하면서 유턴하라.

○ 그 사람에 대한 우울한 감정이나 생각이 **몸에서 어떤 느낌**인지 살펴보라. 감정이 가장 강한 부분은 어디인가? 어떤 모습인가? 천천히 깊이 들어가서 가장 힘든 부분을 느껴보라.

○ 상처받은 부분에게 질문하라. "내가 너와 어떻게 있으면 좋을

까? 가장 필요한 것은 무엇인가? 받아들임? 보호? 이해? 용서?
연민? 사랑?"

보살피기 : 당신의 가장 지혜롭고 사랑이 넘치는 자기(미래 자기, 깨어난 가슴)를 불러들이고, 그 소리를 듣고 대답할 수 있다고 상상하라. 가장 필요한 것을 어떻게 제공할 것인가? 접촉(가슴에 손을 얹는 것 같은), 메시지, 혹은 상처 부위가 필요한 것을 받는 걸 도와주는 모습인가?

잠시(30초쯤) 후, 이 부위로 보살피기를 가져오고 그 연민을 어떻게 받아들이는지 느껴보라. (자신의 깨어난 마음에 다가가기가 어렵다면, 친구나 가족, 신, 반려견 등 내면을 가장 마음 편하게 보살필 수 있는 사랑의 원천도 괜찮다.)

RAIN 이후 : 내면의 보살피기를 주고받으면서 자신의 존재감을 인지하고 그 안에서 휴식하라.

2부 : RAIN으로 타인을 용서하기

1부를 마쳤으면 이제 타인으로 관심을 돌리자. 그 사람을 당신의 미래 자기가 지닌 자각으로, 당신의 가장 지혜롭고 연민이 가득한 가슴으로 본다고 생각한다. (10년에서 15년 후의 미래에서 이 훈련을 한다고 상상해도 좋다.)

인지하기 : 그 사람에 대해 당신이 목격하는 것 전부를 마음에 새겨라.

인정하기 : 잠시 멈추고 그 사람에 대한 이 경험을 있는 그대로 인정하라.

살펴보기 : 자신에게 질문해본다. 이 사람을 괴롭히는 취약성 – 두려움, 상처, 충족되지 못한 욕구 – 은 무엇인가? 이 사람은 어쩌다 한 발이 덫에 걸렸는가?

보살피기 : 다음 구절, 혹은 당신만의 연민의 말, 그리고/혹은 시각적 이미지로써 용서하라. 속으로 그 사람 이름을 부르면서 말한다. "나는 당신이 일으킨 해악을 알고 느끼고 있지만, 이제 당신을 용서합니다." 아직 용서할 준비가 되지 않았다면, "나는 당신이 일으킨 해악을 알고 느끼고 있고, 이제 용서하려고 합니다."라고 반복한다.

그를 용서하는 가슴 안에 품을 수 있다고 느끼면, 용서의 말에 이어서 그의 괴로움을 치유하기 위한 보살핌을 기원해도 좋다.

RAIN 이후 : 새롭게 생긴 마음의 공간을 인지하고 그것이 마음껏 넓어지도록 하라. "용서하는 가슴 안에서 휴식할 때의 나는 누구인가?"라고 자문해도 좋다.

대부분의 사람들은 용서 훈련을 하면서 자신이 얼마나 잘, 혹은 완전하게 용서 명상을 할 수 있는지 스스로를 판단한다. 어떤 판단도 하지 말고 열리고 자유로운 마음을 가지려는 진정한 의도를 존중하라. 자신과 타인에 대한 생각을 모두 내보내면서 명상을 마무리하라. 편안한 자각 안에서 그냥 쉬어라. 생각이나 감정이 떠오르면, 살아있거나 죽어가는 만물을 광활한 용서의 가슴에 품어주는 그 힘을 생각하라.

질의응답

Q_ 내 아내는 분노가 많고 자기애가 심하며 거의 매일 자신을 때리는 엄마 밑에서 자랐다. 지금 아내는 10대인 딸에게 똑같이 하고 있다. 이런 행동이 그녀의 고통스러운 과거 때문인 걸 알지만 그녀는 이제 성인이다. 이제는 자신이 일으키는 해악에 책임을 져야 하지 않는가?

A_ 해악을 일으켰다면 용서를 구하고 고치면서 자신의 행동에 책임을 지는 것이 진정한 치유다. 자신이 입힌 상처를 정직하게 인정하는 것은 실제로 힘을 주고 자기-비난을 줄인다.

하지만, 과거의 상처는 우리를 자신과 타인에게 해를 입히는 방향으로 몰아갈 수 있으며, 행동의 변화도 어렵게 한다. 어린 시절 오래 지속된 정서적 학대는 책임감 있는 성인에게 필요한 실천하는 기능, 자기-조절, 마음챙김, 공감 등의 발달을 방해한다고 알려져 있다. 당신 아내 같은 사람에게는 자신이 타인에게 해악을 입힌다는 사실을 인정하는 것이 견딜 수 없는 수치심과 거절에 대한 두려움을 일으키면서 위험하게 느껴진다.

당신은 이런 상황에서 애를 쓰다가 "그래야만 돼."라는 말을 기치로 삼는 게 도움이 된다고 여길 수 있다. 이것은, 올바른 행동에 대한 당신의 신념이 아무리 논리적이고 합리적이라도 당신 아내의 현재 태도와 마찰을 일으킴을 말해준다. 중요한 것은, 처리가 안 된 상처로 행동하는 사람에게 비난은 도움이 되지 않는다는 사실이다. 비난은 벌을 주는 것이다. 그것은 "나에게 문제가 있어."라는 핵심 상처를 강화시킨다. 이미 경험했을 테지만 비난은 방어, 그리고/혹은 부정만 자극하여 긍정적 변화에 도움이 되기보단 나쁜 행동을 지속시킨다.

물론, 아내에게 딸들에게 상처를 주는 행동을 계속할 수 없음을 분명하게 전하고 딸들을 보호하기 위한 경계를 설정해야 한다. 부모로서 이것은 아주 중요하다. 그렇지 않으면 나쁜 행동을 가능하게 하는 셈이다. 그렇지만, 대화를 나누고, 비난보다 보살핌에 근거하여 변화할 방법을 찾아볼 수 있다. 아이들과 마찬가지로, 어른의 마음에 들어있는 상처받은 내면의 아이도 성장하고 변화하기 위해서는 보살핌이 필요하다. "그래야만 돼", 분노, 혹은 비난에 반응해서 나아지고 나쁜 행동을 그만 둔 사람은 한 번도 본 적이 없다. 모든 연구를 봐도 처벌은 진정한 치유와 변화에 효과가 없고 보살핌과 재활만이 그럴 수 있다.

하지만, 당신이 무력감, 분노, 비통함, 자기-정당성, 상처, 두려움을 느끼는 자신의 내면을 잘 보살펴야지 "그래야만 돼"와 비난이 아내에 대한 연민으로 바뀔 수 있다. 당신은 자신과 아내, 아이들을 위해 가장 고귀한 자기에 의지해야 한다.

부부가 힘을 합쳐 변화와 치유로 나아가야하므로 안전하고 연민이 가득한 분위기를 마련하기 위해 상담사의 도움이 필요할 수 있다.

Q _ 모든 사람들이 최선을 다한다고 믿는 이들이 있다. 당신은 이것이 사실이라고 생각하는가?

A _ 삶을 돌아보면 현존감과 보살핌으로 타인과 지낼 때도 있고 선입견에 사로잡혀 자동반응하고 심지어 해를 끼칠 때도 있다. 하지만, 깊이 후회하는 특정 상황에 초점을 두고 "나는 왜 보다 더 민감하고, 친절하고, 수용적이고, 알아차리지 못했을까?"라는 질문을 던져보면, 그때 당신은 집중의 폭이 좁아져서 선 아래 트랜스 상태에 있었다는 것을 깨닫는다. 당신의 사고와 행동은 깊게 자리 잡은 산만한 습관, 불안이나 혐오 같은 정서, 혹은 쾌락에 대한 욕구, 스트레스에서 벗어나고 싶은 욕구로 움직였다. 생존 뇌가 지휘를 했고, 보다 최근에 진화된 전두엽 피질과는 단절되었다. 당신의 뇌는 원시적인 대처 전략에 의지해서 충족되지 않은 욕구를 만족시키려고 최선을 다했던 것이다.

RAIN의 마음챙김과 연민은 통합적인 뇌를 발달시킨다. 이는 정서적 자극을 받더라도 변연계에 붙잡히지 않고 일어나고 있는 일을 자각하고 내면의 자원에 보다 잘 접근한다는 뜻이다. 우리에게는 자신의 온전한 잠재력, 자신의 진정한 "최선"에 의거해 살 수 있는 더 많은 선택지가 있다.

Q_ 배우자한테서 받는 상처에 화내고 비난하는 것이 그의 관심을 끄는 유일한 방법이다. 나에게 용서란 학대 속에서 살아간다는 의미일 것이다.

A_ 일시적으로는 분노, 비난, 처벌이 타인의 행동을 조절할 수 있다. 문제는 그것이 진정으로 행동을 변화시키고 원하는 관계를 주는가이다.

주 단위 강의를 듣는 한 여성은 지난 4년간의 결혼생활 내내 남편이 자신을 신체적으로 학대했다고 말했다. 그녀는 "나는 상처받고 두려워하는 희생자와 화난 희생자 사이를 오락가락했어요."라고 했다. 그녀가 분노를 폭발하면서 떠나겠다고 협박하면 남편은 굽실거렸다. 다시는 그러지 않겠다고 맹세를 하고 용서를 빌고 기회를 달라고 했다. 그녀는 매번 정말 이번에는 남편이 달라질 거란 희망을 품으면서 떠나지 않겠다고 했다.

RAIN의 유턴 훈련 중에 그녀는 비난적 사고를 멈추고 자신의 내면의 경험에 집중하면서 마침내 고통의 진실, "이것은 학대다."에 직면했다. 그리고 보살피기란 스스로를 돌봐야 한다는 의미임을 깨달았다. 분노와 비난에서 벗어나자, 자신은 고통을 받고 있고 남편은 변하지 않을 것이며 그 상황에서 자신이 뭔가를 할 수 있다는 사실을 인지하고 받아들였다. 그녀는 여동생 집으로 이사를 하고 이혼을 청구했다. 나중에 진정한 용서를 하게 되었지만 그것은 그녀가 안전함을 느끼고 시간이 많이 흐른 뒤였다.

분노는 하나의 신호이다. 그것은 자신을 보살피도록 북돋운다. 하지만, 분노하는 무력한 희생자에서 벗어나고 싶다면 비난에서 더 나아가야 한다. 배우자가 학대를 하든, 10대 자녀가 돈을 훔치든, 가족이 유산 분배를 조작하든, 이것이 진실이다. 혐오에 찬 비난의 에너지에서 벗어날 수 있어야만 효과적인 대처에 필요한 지혜에 다가갈 수 있다.

9

미덕을 바라보기

사랑한다는 것은 사랑하는 이의 가슴에 들어있는 노래를 배워
그가 그 노래를 잊었을 때 불러주는 것이다.

_ 아르네 가르보르그(Arne Garborg)

가장 멋진 사랑은 봉사하는 게 아니라 바라보고 응시하는
것이라는 생각은 우리를 깨우친다. 누군가에게 봉사할 때
당신은 그를 돕고 지지하고 위로하며 고통을 덜어준다.
누군가가 지닌 내면의 아름다움과 미덕을 바라볼 때
당신은 그를 변화시키고 새롭게 한다.

_ 안토니 드 멜로(Anthony De Mello)

수요일 저녁 수업 후 한 부부가 나를 찾아 왔다. 그들이 입을 떼기 전에
나는 이미 그들의 얼굴에서 근심을 보았다. 스물세 살 된 아들 조노에
대한 근심이었다.

　조노는 무능력을 학습해버렸다. 작은 교양예술대학에 다니다 2년

만에 낙제를 했다. 그 후 집으로 돌아와 가계에 보탬을 주고자 마트에서 시간제 일을 하고 있었다. 조노의 아버지가 "아들을 초급대학에 다니게 하려고 애를 써봤지만 소용이 없었어요. 직업상담도 거절했고요. 고등학교 친구들과 어울려 다니는데 괜찮은 애들이긴 하지만 아무 데도 가지 않으려는 애들이지요."라고 말했다. 그는 우울한 표정으로 "조노가 하고 싶은 거라곤 그저 영화 보고 산악자전거를 타고 비디오카메라를 만지작거리는 거예요. … 안정된 미래는 아무것도 준비하지 않아요."라고 덧붙였다.

이때, 조노의 어머니가 끼어들었다. "아들과 함께 사는 게 싫은 건 아니에요. … 같이 있어 좋아요! 우린 그 애가 사랑스러워요! 하지만 최근에는 우울해보이고 우리한테 거의 말을 걸지 않아요. 예전의 아들이 아니에요."

나는 그들이 아들을 얼마나 걱정하는지 느껴진다고 말했다. 어머니의 눈에 눈물이 맺혔다. "정말, 정말, 그래요. 아들의 미래가 너무 걱정돼요." 그녀는 애원하듯이 나를 바라보며 물었다. "어떻게 해야 할까요? 그를 위해 기도를 하고 빛으로 감싸야 하나요? 여기로 데려와서 명상을 시킬까요? 조노에게 도움이 된다면 뭐라도 하겠습니다."

나는 "한 가지 제안을 할게요. 하지만 먼저 두 분께 질문을 드리겠습니다."라고 했다. 그들은 궁금한 듯 몸을 앞으로 굽혔다. "두 분이 조노에 관한 것 중 진정으로 좋아하고 감탄하는 점은 어떤 건가요?"

"아, 그 애는 내가 아는 사람 중에 가장 다정한 사람이에요. … 타인의 감정에 아주 민감하지요. 그리고 같이 있으면 아주 재미있어요. 유머감각이 좋거든요." 어머니가 주저 없이 말했다.

아버지도 보탰다. "조노는 분명 창의적인 아이예요. … 그 애가 카메라로 하는 작업이 감탄스러워요." 그런 후 진지한 표정으로 말했다. "그는 정말 영리한 아이입니다. 다만 자신의 지능을 활용할 방법을 찾지 못했을 뿐이지요."

나는 감탄하고 미소를 지었다. "그건 다음에 좀 더 이야기하기로 해요. 충분히 알겠습니다. 감사해요! 조노가 어떤 아이인지 알겠어요."

나는 그들에게 명상을 할 때 아들에게서 가장 좋아하고 감탄하는 점을 생각하라고 제안했다. "아들이 어떤 사람인지 몸과 가슴 깊이 한껏 음미하세요. 같이 있을 때는 아들의 기분, 에너지 같은 것을 그저 바라만 보시고요. 두 달 정도 그렇게 해보고 다시 만납시다."

두 달 후, 두 사람은 보다 안정되어 보였다. 조노의 어머니가 먼저 말했다. "선생님이 하라고 했던 훈련이 마음을 편하게 해주네요. 조노의 강점을 기억할수록 만사가 잘 될 거란 생각이 더 많이 들어요."

조노의 아버지가 고개를 끄덕였다. "처음에는 그저 내버려두라는 걸로 생각했어요. 하지만 그 이상이었어요. … 그 애가 자기 길을 찾을지 아직도 잘 모르지만 왠지 그럴 것만 같아요."

그들이 떠나기 전에 나는 내 아들에게서 경험한 사실, 즉 잘할 거라고 믿을수록 잘했고, 나의 확신이 전염되었다고 이야기했다.

몇 달 뒤 마지막으로 그들을 만났다. 그들은 조노가 지역의 비영리 단체에 비디오 편집자로 자원했고 디지털 비디오 제작 관련 학위를 받기 위해 복학할 계획을 갖고 있다고 했다. 제일 중요한 것은 그가 예전 모습으로 돌아왔다는 것이다. 조노는 아버지의 날에 자신이 대형 마트의 CEO로 승진할 거라 공표하는 "뉴스 스팟"을 제작해서 선물했다. 조노는 재치와 명랑함을 되찾았고 자신의 길을 찾아내고 있었다.

인간관계, 특히 가까운 관계에서는 진정한 친밀감과 치유를 방해하는 경직된 소통 방식에 갇혀있기가 쉽다. RAIN의 마음챙김과 보살피기는 이런 오래된 습관의 손아귀에서 풀려나게 한다. 조노의 부모와의 공식적인 훈련 과정을 설명하지는 않았지만 당신은 그들이 아들과 관계 맺는 방식이 변하는 단계를 알 수 있다. 아들이 어려운 시기에 있고 그들이 고통스럽다는 사실을 인지했다. 계속 자동반응을 하는 대신 잠시 멈추고 아들을 있는 그대로 인정했다. 아들의 문제점이라고 여겼던 것에서 아들의 미덕으로 관심을 옮겨 살펴보았다. 아들에 대해 순수하게 감탄하는 마음을 지님으로써 보살피기의 기반을 마련했다. 이런 비공식적 RAIN 훈련을 통해 그들은 두려움으로 인한 자동반응성에서 벗어나 조노가 가장 필요로 한 것, 즉 그의 존재 자체에 대한 믿음을 줄 수 있었다.

기본 미덕이란 무엇인가?

조노와 그의 부모의 치유는 문제점에서 벗어나 "기본 미덕"으로 관심을 옮겼을 때 시작되었다.

이것이 어떤 의미일까? 3장에 나온 금불상 이미지를 생각해보면, 일상에서의 사회적 자기 혹은 성격은 점토로 된 보호덮개인 셈이다. 외모, 매너, 방어, 판단, 기술, 약점 등의 이런 보호덮개는 종종 "좋은 자기"와 "나쁜 자기"로 평가된다. 좋은 자기는 양육자, 동료, 그리고 보다 큰 사회에서 채택한 기준을 만족시킨다. 좋은 자기는 예의 바르고 부지런하고 매력적이고 과업을 해낸 자기다. 나쁜 자기는 이기적이고 성급하고 비판적이거나 충동적이라고 여기는, 자기의 부족한 면이다.

하지만, 이런 조건화된 자아 양식 그 어떤 것도 우리의 기본 미덕을 제한하거나 표현하지 못한다. 기본 미덕이란 진정한 본성의 황금, 즉 우리 안에 들어 있는 자각·생동감·사랑·창의성·지성이다. 변화하는 기분, 행동, 성격은 파도의 표면과 같다. 기본 미덕은 대양 그 자체다. 자신의 조건화된 양식에 초점을 둔다면, 이런 양식으로 판단하거나 구분한다면, 자신의 광대함과 깊이를 쉽게 잃어버릴 수 있다.

두려움은 기본 미덕의 표현을 축소하기 때문에, 타인 안의 황금은 그들이 이완되고 현재에 머물 때 가장 쉽게 알아차릴 수 있다. 우리는 성격이 미처 형성되기 전 아이들에게서 그 빛나는 황금을 자주 본다. 한 친구가 순수한 지각에 대한 경이와 빛이 눈에 가득한 9개월 된 손녀 사진을 들여다보다가, "만물 저 아래 깊은 곳에 가장 사랑스러운 맑음이 있도다."라는 잊고 있던 시구가 떠올랐다고 말했다.

미덕을 바라보기

몸과 마음, 성격은 사람마다 다르므로 황금은 진화 중인 우리에게서 무수한 방식으로 빛난다.

소셜 미디어 친구들에게 타인에게서 발견한 미덕을 공유하길 부탁했을 때
나온 응답 일부를 소개한다.
"나는 ⋯ 에서 미덕을 본다."

- 가족 나들이에서 돌아온 뒤 남편이 아이들을 바라보는 얼굴에서
- 내 목소리에서 피곤함을 알아채고 막내아들이 물을 가져다 줄 때
- 주차요원이나 계산원에게 친절하고 사려 깊고 공손하게 대하는 아내에 게서
- 친구가 반려견을 사랑스럽게 안고 있을 때
- 다섯 살 된 딸이 석양에게 '잘 가, 사랑해.'라고 말할 때
- 차가 고장 난 사람을 본 남편이 길가에 차를 세우고 대가를 바라지 않고 도와줄 때
- 배우자가 온유한 마음으로 기꺼이 함께 곤경을 해결하려 할 때
- 심장발작 후 몸이 불편한 아버지가 여전히 '얘야, 내가 뭐 좀 갖다 줄까?' 라고 물어보실 때

이 질문을 올리자마자 한 친구가 생일 카드를 보냈다. 친구의 메시지는 이렇게 시작되었다. "나는 ⋯ 일 때 너의 기본 미덕을 본단다." 읽는 중에 눈물이 맺혔다. 깊은 사랑과 관심을 받는 게 느껴졌기 때문이다. 그리고 **친구의** 기본 미덕, 사랑으로 가득한 깊은 관심의 아름다움에 젖어들었다. 토마스 머튼(Thomas Merton)이 쓴 한 구절이 생각났다.

마치 불현듯 그들 가슴 속의 비밀스런 아름다움을 본 듯 했다. 그 어떤 죄나 욕망이나 자기-이해가 가닿을 수 없는 가슴

깊은 장소, 그들의 존재의 핵심, 모든 것이 신의 눈 속에 들어 있는 그러한 인격을 보았다. 그들이 자신을 **있는 그대로** 바라볼 수만 있다면. 서로를 늘 그리 바라볼 수만 있다면. 그리 되면 더 이상 전쟁도, 증오도, 잔인함도, 탐욕도 … 없을 텐데. 크나큰 문제는 우리가 서로에게 엎드리고 서로를 숭배하려는 것이리라.

거울 비추기는
자신이 누구인지 말해준다

작가 앨리스 워커(Alice Walker)가 들려주는 이야기다.

서아프리카의 바벰바족은 무책임하거나 정의롭지 못한 행동을 한 사람을 마을 한복판에 혼자 아무런 족쇄 없이 서 있게 한다.

하루 일과가 끝나면 마을의 모든 남녀노소가 그 사람 주위로 모여 큰 원을 만든다. 그런 다음 한 번에 한 사람씩 원 중앙의 그 사람에게 그가 행한 선한 일들을 이야기한다. 기억해낼 수 있는 모든 사건과 모든 경험을 세세하고 정확하게 열거한다. 그가 가진 긍정적 자질, 선한 행동, 힘과 친절함을 신중하고도 길게 읊는다.

이 부족의식은 흔히 며칠 동안 계속된다. 마지막 날에는 원이

흩어지면서 즐거운 축제가 벌어지고 그 사람은 상징적으로 그리고 실제로 부족 품으로 다시 돌아간다.

자신의 기본 미덕에 대한 믿음은 타인의 맑고 깊은 거울 비추기에서 비롯된다. 유아의 생존에 필요한 보살핌은 따뜻한 우유, 편안한 보금자리뿐 아니라 양육자의 시선에 담긴 사랑의 에너지에서 나온다. 나를 보고 내 목소리를 듣고 보살핌으로 반응한다는 것은 "넌 중요해. 넌 나의 일부야. 너는 나와 함께 있고 사랑받고 있어."라는 메시지다. 커져가는 호기심과 명랑함이 기쁨으로 받아들여지는 것은 "너의 활기와 성장은 소중해. 이 세상은 네 모든 것을 환영한단다."라는 메시지다.

자녀(그리고 서로서로)의 황금을 거울 비추기하는 데는 근본적 연민의 기본적 요소, 즉 명료함, 열린 가슴의 현존감, 정서 지능이 필요하다. 트랜스 상태로 선 아래에 있으면 자녀의 행동 "덮개"에 바로 고착되어 성급함과 판단, 분노와 방치로 자동반응하여 무관심해지거나 편견을 가진다. 이런 자동반응성은 부모로서 부족하다는 생각을 키우면서 점점 더 선 아래로 몰고 간다. 자동반응적 트랜스가 습관이 되면 자녀는 "나는 문제가 있는 아이야."라는 나쁜-자기 메시지를 내면화한다.

대부분 사람들은 명료한 거울 비추기와 왜곡된 거울 비추기를 섞어서 주고받는다. 아들의 어린 시절을 돌아볼 때 가장 먼저 생각나는 것은 늘 뭔가를 걱정했다는 것이다! 초등학생일 때는 친구가 많지 않아서 걱정했다. 중학생이 되자 아들은 "너무 사교적이어서" 항상 친구들과 쏘다니고 싶어 했다. 고등학생일 때는 비디오 게임, 파티, 미루는 버릇, 학업을 등한시하는 것을 걱정했다. 걱정은 판단, 통제와 "넌 달라져야 해."라는 메시지와 동반되었다. 이 모든 것의 배후에는 "난 엄마로서 잘못하고 있어. 이건 내 잘못이야. 고쳐주지 않으면 잘살 수 없을 거야."라는 무가치감과 두려움의 트랜스가 있었다.

하지만, 아들은 늘 나의 사랑과 감탄도 받았다. 롤러블레이드를 즐기거나 황야 비전 탐구 모임에서 고무되어 돌아온 모습을 볼 때, 어려움에 처한 친구를 위로했다는 것을 알았을 때, 마술 실력에 놀랐을 때, 내 마음이 얼마나 환해졌는지 아들은 분명 알았을 것이다. 이제 젊은 치료사이자 사업가, 남편이자 아버지가 된 아들을 보면서, 내가 순수한 감탄과 믿음으로 그의 성장을 기뻐했을 때가 아들의 자신감과 행복에 가장 보탬이 되었던 시간임을 안다.

긍정적 거울 비추기가
지나칠 수 있는가?

우리가 "좋은 자기"라고 부르곤 하는 강점과 재능은 실제로 우리에게 있는 것이다! 특히, 자신을 의심하고 자신감이 부족할 때 그것을 인지하는 것은 진정한 선물이 될 수 있다. 그렇지만 어떤 칭찬은 건강한 거울 비추기가 아니다. 당신은 좋은 성적, 매력, 협동심, 예술성, 운동신경 덕에 계속 인정과 보상을 받았을 것이다. 당신이 받고 싶은 메시지는 무엇이었는가? 많은 경우, "이것은 사랑스럽고 멋진 사람이 되기 위해서 내가 해야만 하는 거야. 실수하면 안 돼."라는 것이었다. 그런 믿음에는 실패나 실수, 최고가 아닌 것, 새로운 도전을 감행하는 것에 대한 만성적 두려움이 따른다. 과도한 칭찬으로 자기-존중감을 부풀리면 황금 불상 덮개는 빛나게 하겠지만 황금으로부터는 멀어진다.

약점이나 상처를 거울 비추기하는 것은 어떤가?

약점(혹은 "나쁜 자기"로 경험하는 것)을 거울비추기하는 것은 먼저 그것에 대한 보살핌과 존중, 그리고 자신의 기본 미덕에 대한 믿음을 가진 후라야 도움이 된다. 그렇지 않으면 상처를 받거나 자신의 메시지에 방어적이 된다. 자신이 본래 별 볼일 없는 사람이라는 기분이 들 때 비난을 수용한다는 것이 어떤 건지 우리는 잘 알고 있다. 온 존재가 자동반응성으로 무장된다!

하지만, 신뢰와 보살핌이 있다면 거울비추기는 그 사람의 무의식적 행동, 정서, 혹은 고통과 단절감을 야기하는 신념을 인지하는 걸 돕는다. 부모는 자녀의 무례함이나 거짓말, 부주의함이나 분노가 타인에게 어떤 영향을 주는지 알게 함으로써 자녀를 도와줄 수 있다. 상담가는 두려움이나 수치심 등 내담자의 처리되지 않은 정서를 거울 비추기하여 그것을 자각하도록 도와준다. 친구나 동료는 상실감과 슬픔을 거울 비추기하여 곁에서 바라보고 있음을 느끼게 할 수 있다.

명료하고 깊은 거울비추기는 모든 연령에서 근본적 치유를 일으킬 수 있다. 박사과정 중 만난 한 심리치료 감독자는 자신에게는 "사랑스러운 점을 보는" 능력이 있다고 했다. 로브는 내담자들에게 충만한 현존감을 제공했고, 내담자들이 듣고 믿을 수 있게 그들의 미덕을 비춰주었다. 그는 상처 안의 용기, 정직함 속의 헌신, 치유되고 깨어나고자 하는 깊은 갈망을 찾아냈다. 상담이 끝날 때면 내담자들은 자신에 대하여 보다 편안해지고 점차 황금에 가까워졌다. 로브는 우리를 비롯한 자신의 수련생들에게도 그렇게 했다.

주별 감독 집단모임에서 로브가 나의 근심에 대해 이야기한 적이 있었다. 나는 한 내담자를 아주 좋아했지만 그녀를 상담하는 데 필요한 자질이 부족하다고 걱정했었다. 그는 "당신은 진정으로 그녀를 걱정하고 있지요?"라고 애정이 담긴 미소를 띠면서 말했다. 그런 다음 주위를 둘러보며 모두에게 말했다. "그 능력을 절대 과소평가하지 마세요. … 순수한 보살핌 말이에요. 난 어떤 기법이 다른 기법보다 더 낫다는 말은 할 수 없어요. 하지만 보살핌은 … 놀라운 자질이에요." 그의 말이 내 가슴에서 걱정을 지웠고, 어쩌면 그 이상이었다. 그의 말은 거울 비추기라는 선물이 얼마나 단순할 수 있는지를 보여주었다.

> 더 이상 누워 있을 수 없어서
> 내 개를 "신"이라 부르기 시작했다.
> 개는 처음에 당황한 듯 했으나
> 미소를 짓기 시작하고, 춤까지 추었다.
> 계속 그리 부르자 이제 물지도 않는다.
> 난 이게 사람에게도 통할지 궁금하다.
>
> _ 성 투카람(Sant Tukaram), 17세기 시인이자 성자
>   대니엘 라딘스키(Daneil Ladinsky) 역

자신의 미덕 바라보기 :
RAIN으로 자기-보살피기

자신에게 몹시 실망했을 때를 떠올려라. 실망이 절정에 달했을 때, 자신의 선한 마음, 타인을 보살피는 마음, 정직함과 현존감의 힘을 미미하게라도 보았는가? 가족이나 친구, 동료들의 미덕은 얼마만큼 보고 있었는가?

자기-판단에 걸려들면 지각 필터가 좁아지고 거울 비추기는 왜곡된다. 자신이 얼마나 부족한 사람인지 감시하고 자신의 부적절함을 숨기는데 급급하고 정당화하고 증명하고 개선시키느라 분주하다. 이런 자기-불신은 결국 타인으로 번진다.

자기-혐오감이나 무가치감이 강할 때, 황금을 덮고 있는 제한적 신념과 감정으로 마음챙김과 자기-연민을 가져오기 위해서는 RAIN의 전 과정(3장의 단계별 RAIN을 찾아보라.)을 훈련하는 게 좋다. 살펴보기로써 우리를 조종하는 깊은 상처와 만나고 보살피기를 통해 보다 크고 사랑이 가득한 현존감과 다시 연결된다.

또한 아무 때라도 아래 연습에서처럼 바로 RAIN 훈련을 하여 의도적으로 자신의 미덕을 찾아보고 숙고할 수 있다.

성찰 연습 : 힘들 때 자신의 미덕 되새기기

무가치감의 트랜스 상태에서는 자신의 미덕을 믿기 힘들다.

먼저 자신에게 가장 효과적인 방법으로 현존감 안에 들고 난 다음에 아래의 촉진책을 시도하라.

- 당신이 감사와 사랑을 쉽게 느낄 수 있는 사람, 영적 인물, 반려견 등을 떠올려라. 이 존재를 보살피는 당신의 미덕을 생각하라.
- 당신이 친절하거나 너그러웠던 때를 회상하라.
- 스스로에게 감탄했던 자질(자연을 사랑하는 마음, 모험심, 유머 감각, 호기심, 인내심 등)을 생각하라.
- 자신이 어린 아이라고 상상하고, 장난기와 사랑과 경이로 가득 찼던 순간을 떠올려라.
- 당신이 믿는 사람, 당신에게 고마워하고 당신을 사랑하는 사람을 떠올리고 그들의 눈으로 당신을 바라보라.
- 당신의 미래 자기, 가장 깊은 의도와 잠재력을 표현하는 자기, 되고 싶은 자기를 상상하라.

나는 영적 재양육으로 특히 RAIN의 보살피기 훈련을 자주 언급한다. 이는 어린 아이일 때 모두가 필요로 했던 그 거울 비추기를 자신에게 제공하는 법을 배우는 것이다. 여러 성찰 연습을 통해 당신에게 잘 맞는 것을 찾아라. (많은 유형의 훌륭한 양육이 있듯이 영적 보살피기에도 여러 다양한 접근법이 있다.) 수년 간의 왜곡된 거울 비추기에서 생긴 두려움과 자기-의심을 해결해야 하므로 여러 번 반복해야할 것이다. 할 때마다 RAIN이후 단계에 시간을 할애하여 보살핌을 주고 보살핌을 받을 때의 자신을 느껴본다. 자신의 기본 미덕을 자주 맛볼수록 일상에서 자신의 황금과 다시 만나는 것이 더 쉬워진다.

타인을 위한 미덕의 거울 되기

넬슨 만델라(Nelson Mandela)는 "한 사람을 너무나 귀하게 여기는 것은 결코 해가 되지 않습니다. 자주, 그로 인해 그 사람은 고귀해지고 더 나은 행동을 하기 때문입니다."라고 썼다.

긍정적 거울 비추기로 당신이 달라졌을 때가 생각나는가? 나는 삶을 바꿀 정도로 내 확신을 심화시켰던 순간들을 여전히 기억한다. 친구의 부모님은 내게 다른 사람을 도와줄 수 있는 특별한 경청 방식이 있다고 말씀하셨다. 하버드 신학대학 학생이었던 친구의 오빠는 내 철학적 질문에 대답하면서 내가 "영적으로 깊다."고 했다. 요가에 처음으로 진지해졌던 어느 날, 요가 선생님은 내가 그 길에 전념할 수 있을 거라고 말했다. 이런 말들이 나 자신을 인지하고 믿도록 도와주었다. 그들은 내 여정의 동반자가 되었고, 그들의 영향을 생각하면 나도 다른 사람들에게 거울 비추기라는 선물을 하고 싶어진다.

성찰 연습 : 당신을 보살펴주는 은인

편안한 자세로 앉아 눈을 감고 몸을 이완한다. 삶을 돌아보면서 당신에게 긍정적 영향을 준 사람을 떠올리고 자문한다. "그 사람은 언제 내 안의 무엇을 거울 비추기하여 나의 미덕을 믿도록 했는가?" 기억이 나면, 멈추고 그 사람에게 감사하고 그 말이나 행동이 당신을 어떻게 보살폈는지 느낀다.

미덕의 거울이 된다는 것은 의도적인 현존감 훈련이다. 자동조정 장치에 매달려 산만하고 불안하고 자동반응하는 트랜스 상태에서는 타인의 미덕이 보이지 않는다. 그 대신, 자신이 좋아하지 않는 면, 잘못된 것으로 보이는 면에 집착한다. 타인을 향한 명료한 보살핌의 거울이 되려한다면, 먼저 깨어있고 의도를 지녀야 한다.

미덕을 바라보기 : 세 가지 핵심 질문

- ○ 이 사람은 무슨 걱정을 하고 있는가?
- ○ 나는 선입견 없는 눈으로 바라보고 있는가?
- ○ 그들이 자신의 미덕을 알게 하는 최선의 방법은 무엇인가?

이 사람은 무슨 걱정을 하고 있는가?

로간은 수련회에 자주 참석했던 청년인데 늘 자신에 대해 가혹하고 자기-의심이 가득했다. 어느 모임 중 그에게 최근 자신에 대해 편안하면서 여유로웠던 순간이 있었는지 물었다. 그는 바로 전날 그랬다고 대답했다. 명상 시간에 건너편 쪽 의자에 앉아있던 노부인의 발이 바닥에 닿지 않는 게 불편해보여 발밑에 방석을 놓아주었다고 했다. 자기 자리로 돌아오면서 그는 따뜻함·연결감·평화감을 감지했다.

잠시 후 내가 말했다. "로간, 그것이 바로 우리가 해야 할 보살핌이에요. … 나는 그런 친절함이 당신 자신을 향하고 그렇게 살았으면 좋겠어요." 나는 그에게 다른 사람에게 줄 수 있는 것이 많고 좋은 명상 지도자의 자질이 있다고 했다. 이야기를 마치면서 나는 우연히도 내 어머니였던 그 부인에게 친절을 베풀어서 고맙다고 했다! 친절함에 대한 생각을 나누면서 마음이 울컥해진 우리는 눈물을 글썽이며 헤어졌다.

2년 뒤 로간은 교도소에서 명상을 가르치고 10대 청소년들도 도와주고 있었다. 그는 이메일로 확고부동한 자기-비난에 갇힌 열일곱 살 소녀에 대해 이야기했다. 공동 지도하는 10대 청소년 수련 중에 그가 소녀에게 언제 마음이 평화로웠는지 물어보자 그 아이는 명상 집단의 누군가를 도와줬을 때라고 했다. 내가 로간에게 한 대로, 그는 그 친절함과 미덕이 그녀 자신을 비추도록 했다. 다른 아이를 도울 때 어떤 느낌이었는지 묻자 소녀의 표정이 부드러워졌다. 소녀는 "나에게 아무 문제가 없는 듯했어요."라고 했다.

당신은 어떤 사람이 자신이 좋아하는 일을 할 때 그 사람의 미덕을 볼 수 있다. 이때, 그에게 가장 중요하고 충만한 활력을 주는 것이 무엇인지 감지할 수 있다. 이 미덕을 상기시켜주는 것이 평생 지속된 자기-혐오나 소외감을 없애는 데 도움이 될 수 있다. "이 사람이 어떤 걱정을 가장 많이 하는가?"라고 자문할 때, 자아덮개인 표면상의 결핍과 두려움 너머를 볼 수 있고, 그들도 그렇게 볼 수 있도록 도울 수 있다.

나는 선입견 없는 눈으로 바라보고 있는가?

우리는 가장 가까운 이들을 습관적인 시선으로 보기에 그들에게 거울 비추기를 잘 하지 못한다. 그들이 어떤 사람이고 어떻게 생각하고 느낄지 가정하고 있는 트랜스 상태에 있다. 시인 T.S. 엘리어트(T. S. Eliot)의 말에 따르면,

> 타인에 대해 아는 것은
> 그를 알았던 순간의 기억뿐.
> 그는 그 후로 변해버렸네.
> 우리는 기억해야하리,
> 만날 때마다 낯선 이를 만난다는 것을.

익숙함을 버리려면 새로운 눈으로 바라보고 순수한 호기심을 지니는 연습을 해야 한다. 내가 좋아하는 방법은 상대방의 눈을 보고 그 빛깔에 감탄하는 것에서 시작하는 것이다. 그런 다음 그 눈으로 세상을 보는 그 사람으로 경이감을 확장한다. 이 사람이 지금 가장 걱정하는 것은 무엇일까? 이 사람을 처음, 혹은 마지막으로 만나는 것이라면 어떤 현존감과 보살핌을 주고 싶을까? 헤어지고 난 후 이 사람의 어떤 기본 미덕을 기억하게 될까?

때로는 조노의 부모처럼 한 사람을 정해서 몇 주 동안 그의 기본 미덕이 어떻게 발현되는지 바라보기도 한다.

> 익숙함 때문에 놓친 것을 찾아라.
> 익숙함은 진부함과 눈멂, 권태를 기르기 때문이다.
> 새롭게 볼 수 없다면 그것을 사랑할 수 없다.

계속해서 새로움을 찾을 수 없는 것을 당신은 사랑할 수 없다.

_안토니 드 멜로(Anthony De Mello)

그들이 자신의 미덕을 알도록 하는 최선의 방법은 무엇인가?

감탄하는 마음을 표현하는 것은 친근한 행위이긴 하지만, 우리는 부끄러워하거나 불편해하고, 감탄 받는 걸 상대방이 싫어할까 걱정한다. 타인의 삶에서 자신은 의미 있는 사람이 아니며 자신이 알아챈 것이 그리 중요하지 않다고 생각하기 때문이다. 아니면, 그렇게 표현하는 것이 습관이 안 되었기 때문일 것이다.

작가이자 의사인 라헬 나오미 레멘(Rachel Naomi Remen)은 자신을 "사랑스런 작은 영혼"이라는 뜻인 네슈메레(Neshume-le)로 불렀던 랍비인 할아버지 이야기를 한다. 그 애칭은 그녀에게 큰 위안과 세상에서의 자기 위치에 대한 믿음을 주었기에 축복으로 여겨졌다. 할아버지가 돌아가신 후 라헬은 어머니에게 할아버지의 이 축복의 말이 자신에게 얼마나 큰 의미였는지 말했다. 그녀의 어머니는 "라헬, 나도 날마다 너를 축복했단다. 다만 그것을 소리 내어 말할 만한 지혜가 없었지."

나는 의도적으로 미덕을 곱씹는 내면의 훈련이 보다 자연스럽게 감탄을 표현하도록 한다는 것을 알았다. 그래서 조노의 부모에게 관심의 초점을 조노의 미덕에 두라고 했던 것이다.

불교에서는 자애(메타) 명상이 바로 그것이다. 전통적 명상에서는 뭇 생명을 포함한 모든 인연들의 미덕을 염두에 두고 복을 비는 정해진 경구로써 숙고한다. 지난 수십 년간 나는 이 명상을 시각적 이미지,

접촉, 말과 같이 하면 더 구체화되고 강력해진다는 것을 알게 되었다. 이미 말했듯이, 수련생들은 손을 가슴에 가볍게 대고 "사랑스런 이여, 괜찮아요.", "나의 일부입니다.", 혹은 "당신이 행복하기를 바랍니다." 와 같은 위로의 말을 건네면서 자신에게 자애를 베푸는 것이 삶을 변화시킴을 깨달았다.

나름대로 여러 시도를 하던 중에 나는 지금까지 계속하는 한 훈련을 찾았다. 한 달간의 침묵 수련이 끝날 때쯤 어느 저녁 식사시간에 나는 가까이 있던 한 어르신에게서 풍기는 부드러움과 친절함에 감탄했다. 갑자기, 그분 앞에 서서 서로의 눈을 바라보다가 그분이 눈을 감고 내가 그분 이마에 가벼운 입맞춤을 하는 장면이 상상되었다. 그 이미지는 샘솟는 부드러움과 영혼의 연결감을 연상시켰다. 그 이후 나는 사랑하는 사람, 모르는 사람, 한 번도 만난 적 없는 사람을 위하여 이 훈련을 하고 있다. 잠시 멈춰 그들의 미덕을 바라보고, 이마에 입맞춤을 하거나 얼굴을 살짝 쓰다듬거나 부드럽게 포옹하는 보살핌의 행위를 상상한다. 이에 더하여 마음속으로 혹은 속삭이듯 복을 기원한다. 이런 충만하고 구체적인 훈련은 나 자신과 내가 염두에 두는 모든 이와 진정 모든 존재를 아우르는 따뜻하고 부드러운 마음의 공간으로 나를 데려간다.

이 명상은 축복을 소리 내어 말하는 걸 잊지 않게 한다. 자신이 생각하던 사람과 함께 있으면 보다 빨리 친밀감이 형성된다. 그 사람의 기본 미덕을 더 잘 인지하면서 자신에게 묻는다. "이 사람이 자신의 미덕을 알도록 어떻게 해야 할까?"

성찰 연습 :
"소리 내어 말하기" 위한 준비

고요하게 앉아 몸을 이완하고 마음을 안정시킨다. 현재에 머문다고 느끼면 사랑하는 사람을 떠올려본다. 사랑이 담긴 눈빛, 영리함, 유머, 정직함 등 그 사람에 대해 당신이 감탄하고 좋아하는 것을 생각한다. 따뜻한 감탄을 몸으로 느껴본다.

이제 직접 만나 당신이 경험한 그의 미덕을 구체적으로 말해준다고 상상한다. 그는 당신의 거울 비추기를 어떻게 받아들이는가? 거울 비추기를 하는 당신 기분은 어떤가? 이런 나눔이 그와의 연결감에 어떤 영향을 주는가?

거울 비추기라는 선물을 주고 싶은 의도를 새롭게 다지면서 마무리한다.

일상에서 자애 수련을 지속하는 열 가지 방법

- 매일 아침, 함께 살고 있거나 가장 규칙적으로 보는 이들이 가진 미덕을 숙고하겠다는 의도를 다지고, 하루 중에 생각날 때마다 그들을 위해 기도한다.
- 당신이 아는 어떤 사람이 불안하고 초조해할 때마다, 잠시 그 사람이 지닌 미덕의 구체적인 예를 회상하고 마음으로 "당신이 행복하기를"이라고 되뇐다.
- 규칙적으로 마주치지만 "무관한" 사람을 선택하고, 그 다음 주에 그 사람

을 볼 때마다 그의 미덕을 기억하고 마음으로 행복을 빌어준다. 그 사람에 대한 감정이 변하는지 살펴본다.

- "불편한" 사람을 선택해서 매일 그의 미덕을 생각하는 시간을 갖는다. 일주일에 적어도 두 번 자애의 기도를 한 후 스스로에게 묻는다. "내 감정에 변화가 있는가? 나를 대하는 그의 행동이 변했는가?"
- 어떤 사람에게 당신이 보고 있는 그의 미덕을 알려주었을 때 어떤 일이 생기는지 본다.
- 진정한 연결감과 보살핌을 깨우는 말, 이미지, 행위를 시도함으로써 신선하고 생동감 있는 훈련이 되도록 한다.
- 자신과 타인을 위해 소리 내어 기도한다.
- 당신이 기도해주는 사람의 이름을 말한다.
- 당신이 기도해주는 사람을 포옹한다고 상상하고 자신의 마음을 느껴본다.
- 당신의 기도 덕분에 그가 치유되고 사랑받고 활기를 찾은 모습을 그려본다.

잠깐이나마 미덕을 생각하고 자애를 선사하는 것으로 당신은 사랑이 가득한 자신의 순수한 마음에 다시 연결될 것이다.

편견을 넘어서기 :
모든 존재에서 미덕을 바라보기

오늘 당신이 만난 사람들의 마음과 영혼, 구름과 새, 풀과 나무의 아름다움에 감탄하면서 하루를 돌아본다고 상상하라. 당연히, 당신에게 상처를 준 사람에 대한 분노, 배우자가 알츠하이머에 걸린 친구의 괴로움 같은 고통도 포함된다. 그래도 우리에게 활력을 주는 미덕을 기억하는 자각도 존재한다. 토마스 머튼(Thomas Merton)은 "삶이란 이다지도 단순하다. 우리는 한없이 투명한 세상에 존재하고, 성스러움은 세상 모든 것에서 내내 빛나고 있다. 이는 멋진 이야기도, 우화도 아니다. 이는 진실이다."라고 썼다.

이 말을 뼈저리게 느끼게 한 이야기를 크리스마스 전날 교회 예배 시간에 들었다.

크리스마스 날 한 부부가 한 살 된 아기와 함께 장거리 여행을 하다가 도로변의 간이식당을 발견하고 차를 세웠다.

그들은 손님이 거의 없는 조용한 식당에서 음식이 나오기를 기다렸다. 그때 유아용 의자에 앉아있던 아기가 그들 뒤의 누군가에게 "안녕!"하며 손을 흔들었다. 당황스럽게도 그는 꾀죄죄한 떠돌이 술주정뱅이였다. 그 노숙자가 아기에게 손을 흔들면서 소리쳤다. "안녕, 아기야, 안녕. … 씩씩하구나."

부부는 서로 시선을 주고받았고 식당 안 몇몇 사람들도 못마땅한 표정을 지었다. 음식이 나온 후에도 그 남자는 계속 말을 했다. "너 패티 케이크 놀이 알아? … 까꿍 놀이는? 여기 보세요, 아기가 까꿍 놀이를 안대요." 아기 엄마가 유아용 의자를 돌리려고 했지만 아기는 소리를 지르면서 그 새로운 친구를 보려고 고개를 돌렸다.

결국 식사를 포기하고 아기 아빠가 계산을 하러 일어났고 아기를 안은 엄마는 문간에 앉아있는 늙은 술주정뱅이를 빨리 지나쳐야겠다고 마음먹었다. 그런데 가까이 다가갔을 때 아기가 그 남자에게 올려

달라는 듯 두 팔을 뻗었고 순식간에 그의 품으로 뛰어들었다.

그제야 아기 엄마는 아기가 남자 어깨에 머리를 기댈 때 그의 눈에 눈물이 고이는 것을 보았다. 그는 아기를 부드럽게 안고 흔들더니 아기 엄마 눈을 똑바로 보면서 "자, 아기를 받으세요."라고 분명하게 말했다. 그러고는 조심스럽게 아기를 돌려주었다. "부인에게 신의 은총이 있기를. 당신은 제게 크리스마스 선물을 주었습니다."

그녀는 뭐라 대답을 하고 서둘러 차로 오는데 눈물이 뺨을 타고 흘러내렸다. 그녀는 "하느님, 하느님, 저를 용서하세요."라는 생각만 했다.

이 이야기를 들었을 때 나는 내가 만나지 못한 수많은 사람들에 대한 깊고 아픈 자책감을 느꼈다. 머튼(Merton)이 말한 "숨어있는 아름다움"을 알아차리는 법을 배우는 것은 우리 모두의 진화적 과제다. 그것이 바로 근본적 연민의 영혼이기 때문이다. 우리는 자신을 영적으로 재양육하고, 타인의 미덕을 보면서 그들이 자신을 믿도록 도와야 한다.

다음 장에서 상세하게 설명하겠지만, 우리는 선택한 몇 가지에만 집중하도록 조건화되어있어 순식간에 무의식적으로 많은 것을 놓친다. 자신과 세상을 치유하기 위해서는 가족과 친구라는 가장 인접한 인연 너머로 의식적인 보살핌을 확장하는 것이 필요하다.

명상 연습 :
숨어있는 아름다움 찾기(자애)

불교 전통에서, "메타" 혹은 자애 명상은 무조건적인 온정과 사랑의 힘을 깨운다. 우리의 마음은 자신을 비롯한 모든 존재 안에 내재된 미덕에 집중할 때 비로소 열린다.

　편안하고 이완된 자세로 앉는다. 모든 긴장을 내보내고 어깨와 손의 힘을 빼고 복부도 이완한다. 눈 주위를 부드럽게 하면서 눈에 담긴 미소를 느낀다. 입술에 살짝 미소를 띠고 입 안쪽에서 미소를 느껴본다. 가슴으로 미소를 보내고, 그 미소가 번져 가슴 부위를 통과하여 수용적이고 부드러운 공간을 만든다고 상상한다.

　이제, 당신이 사랑하는 사람을 가슴으로 불러온다. 복잡한 관계가 아니면 더 좋다. 잠시 이 사람에게서 당신이 가장 감탄하는 자질을 생각하라. 그녀의 지성, 유머, 친절함, 생기를 떠올려라. 그녀가 당신을 사랑할 때를 그려보라. 선하고 깨어있고 보살펴주는 그녀의 본성을 자각하라. 마음으로 그녀의 이름을 부르고 "고마워."라고 말하고 그녀에 대한 감탄이 마음에 차오르는 것을 감지하라. 잠시 기도나 가장 마음에 드는 축복을 되뇌면서 사랑을 전하라. 적극적인 사랑의 몸짓(이마에 입맞춤을 하고, 뺨을 어루만지고, 포용하는 것)을 상상해도 된다.

　다음으로, 당신 자신과 당신 가슴 속의 보살핌에 집중해보자. 타인을 보살피는 자신의 이런 미덕과 그 외 마음에 떠오르는 다른 자질을 생각해보라. 진정한 사랑, 진실, 충만한 삶을 향한 당신의 깊은 열망과 당신 가슴이 품은 미덕을 느껴보라.

자신의 미덕과 연결되는 게 힘들다면 당신을 사랑하는 사람을 떠올리고 그 사람의 눈으로 바라보라. 표면상의 조건화 아래에 있는 존재, 당신의 진화된 존재(미래 자기, 혹은 진정한 자기)를 바라보라. 자신의 미덕을 보면서 가슴에 가볍게 손을 얹거나 보살핌의 말을 속삭이는 것과 같은 사랑의 몸짓을 선사해도 된다.

이제, "별 관계가 없는"(규칙적으로 보지만 잘 모르고 특별한 감정이 없는) 사람으로 보살핌의 범위를 넓혀보자. 그 사람의 외모, 행동, 이야기하는 모습을 떠올려라. 그가 사랑스러운 아이를 바라보거나 … 눈 오는 풍경에 감동하거나 … 웃고 이완되고 편안할 때의 모습을 상상한다. 그는 행복을 바라며 고통을 원치 않는다는 것을 기억하라. 이 사람의 모습이 생생해지면 그에게 보살핌의 몸짓과 행복의 기도를 보내는 상상을 하라.

이제, 당신과 불편한 관계에 있는, 분노와 두려움, 상처를 일으키는 사람을 떠올려본다. 그를 생각하면서 먼저 자신의 감정에 친절하고 판단 없이 집중한다. 그런 다음, 이 불편한 사람으로 다시 돌아와 표면의 덮개 너머를 보려는 시도를 하라. 그의 기본 미덕이 드러나는 면을 찾아보라. 이 사람을 평화롭게 자고 있는 어린 아이나, 반대로 막 세상을 떠난 사람으로 상상하는 것이 도움이 될 수 있다. 당신이 우러러볼 만한 어떤 것, 헌신과 보살핌, 창의성의 자질을 기억해낼 수 있는가? 미덕을 인지하는 게 힘들더라도 누구나 행복을 원하고 고통을 피하려 한다는 것을 잊지 말라. 삶이 당신에게 중요하듯 이 사람에게도 중요하다는 것을 기억하라. 그를 온화하게 품으면서 보살핌의 몸짓과 기도를 보낸다고 상상하라.

다음으로, 사랑하는 사람, 당신 자신, 별 관계가 없는 사람, 불편한 사람 등 당신이 막 기도해준 모든 사람을 떠올려라. 당신 자신과 이 모두를 가슴에 품고서 당신의 인간애, 당신의 상처와 기본 미덕을 느껴보라. 함께 있음을 인지하면서 한꺼번에 모든 이를 위한 보살핌의 기도를 하여라.

마지막으로, 당신의 자각을 앞뒤, 양옆, 아래위, 모든 방향을 향해 열어두라. 날고 헤엄치고 들판을 내달리는 동물, 같이 사는 개와 고양이들, 멸종위기에 처한 생물들, 나무와 풀과 꽃, 모든 아이들, 가난한 자와 부유한 자들, 전쟁 중에 있거나 평화롭게 사는 이들, 죽어가거나 막 태어난 이들, 이 모든 존재를 당신의 현존감이 그 광대한 공간에서 품고 있음을 느껴보라. 우리의 어머니인 지구를 무릎에 두고 당신의 무한한 가슴으로 모든 곳, 모든 생명을 품을 수 있다고 상상하라. 모든 생명 안에 내재된 미덕을 자각하고 다시 한번 기도하라.

RAIN 이후. "사랑의 기원을 보낼 때의 나는 어떤 사람인가?"라는 질문을 한다. 가슴에 떠오르는 모든 것과 자각이 자애에 가닿게 하면서, 열린 마음과 침묵 속에서 휴식하라.

질의응답

Q_ 어떻게 모든 사람에게 숨어있는 아름다움이 있는가? 스탈린, 히틀러, 이디 아민은? 어떤 이는 그저 악인일 뿐이지 않

은가?

A _ 유전, 세대 간의 트라우마, 어린 시절의 학대, 사회적 억압, 전쟁 등 성격 형성에 영향을 미치는 다중 요인들을 알면 알수록, 한 인간을 악인으로 간단히 치부하기가 더욱 어려워진다. 공산당 치하에서 수용소 생활을 했던 러시아 작가 알렉산드르 솔제니친(Aleksandr Solzhenitsyn)이 이렇게 썼다.

만약 모든 것이 그렇게 단순하다면! 세상 어느 곳에 악랄한 짓을 저지르는 악인들이 있고 그저 그들을 우리에게서 떼어 놓고 처단만 하면 된다면. 하지만, 선악을 가르는 선은 모든 인간의 가슴을 갈라놓는다. 누가 자신의 가슴 한 조각을 파괴하려 하겠는가?

그렇다, 인간의 정신은 때로 너무 혼란스럽고 상처를 받아서 미덕의 증거를 보지 못한다. 하지만, 이 "나쁜" 사람들이 한때는 무력한 아이였음을 기억하고, 친절이나 관심을 갈망하여 슬피 우는 모습을 상상하고, 그들이 고통을 바라지 않는다는 것을 안다면, 아마 그들 안에 있는 어떤 보편적인 미덕의 물결을 감지할 수 있을 것이다.

한 티베트 스승의 말이 자주 생각난다. "인간의 용감성의 본질은 한 사람도 포기하지 않는 것이다." 기본 미덕을 가정하면 타인의 결점과 더불어 자신의 불완전함을 받아들인다. 증오와 분노, 중독에 매몰되어 있는 사람에게도 미덕과 그 미덕을 깨닫는 힘은 항상 있다. 이것을 믿는 것이 미덕을 불러내는 본질이다.

Q_ 자신의 미덕을 알도록 하는 것이 자아만 부풀리고 그의 약점을 보지 못하게 하지는 않을까?

A_ 이 질문을 통해 "좋은 자기"(사회적 수용을 허락하는 자아의 자질)와 "기본 미덕" 사이의 차이를 살펴보자. 운동신경, 위트, 외모, 수학 실력 등과 같은 "좋은 자기"에 대한 적절한 칭찬은 확신감을 주고 단기적으로는 동기를 유발시킬 수 있다. 하지만, 당신 말대로, 과도한 칭찬은 건강치 못한 허세를 일으킬 수 있다. 보다 중요한 점은, 그것은 계속 타인의 감탄과 사랑을 **받아야** 된다는, 스트레스를 일으키는 메시지를 보낸다.

이와 반대로, 타인의 기본 미덕을 거울비추기를 하는 것은 그가 표현하는 사랑과 자각이라는 보편적인 자질을 인지하는 것이다. 변화하는 능력 너머에 존재하는 그들에 대한 진실을 비춰주는 것이다. 이런 메시지는 자존심을 부풀리는 게 아니라 살아있다는 느낌을 주고 전체의 일부라는 데서 오는 평화로움을 선사한다.

당신 자신의 삶을 생각해보면 이 차이를 느낄 수 있다. 나는 오랜 시간에 걸쳐 나의 "좋은 자기"가 어떤 성취를 해도 무가치감의 트랜스를 덜어주지 않는다는 것을 알게 되었다. 하지만, 내가 사랑의 연결감, 현존감, 경이로움, 감사를 느끼면서 기본 미덕을 기억할 때는 자기-가치감이 문제되지 않는다.

나는 진정한 자기 자신으로 평안하다.

진정한 자기란 변화무쌍한 파도가 이는 대양이라고 간주하면 좋다. 자신이 대양임을 안다면 파도가 두렵지 않다(대양임을 잊는다면 매일 멀미를 느낄 것이다.). 자신의 기본 미덕, 즉 대양임을 알도록 돕는 것이 관심을 가져야 하는 자아의 파도를 보지 말라는 뜻은 아니다. 반대로, 자신의 기본 미덕을 확신하면 고통과 분리를 일으키는 모든 것에 보다 적극적으로 RAIN의 마음챙김과 연민을 데려온다.

10

연민의 RAIN

당신은 사랑을 찾아 나설 게 아니라,
사랑과는 반대로 쌓아올린
당신 안의 모든 장애물을 찾아내야 합니다.

_ 루미(Rumi)

여러분이 저를 돕기 위해 여기 왔다면
시간을 낭비하고 있는 것입니다.
하지만, 여러분의 자유가 나의 자유와 연결되었기 때문에
여기 왔다면, 우리 함께 합시다.

_ 호주 원주민 활동가 단체, 퀸스랜드, 1970년대

장기복역 중인 명상가 자비스 제이 마스터스(Jarvis Jay Masters)가 산 퀜틴 교도소 운동장에 있을 때, 덩치가 큰 젊은 재소자가 웅덩이에 내려앉은 갈매기에게 돌을 던지려 했다. 아주 사소한 사건도 폭력사태로 번질 수 있어 운동장에서는 자기 일만 신경 쓰는 게 불문율이었다. 하지

만 자비스는 즉시 팔을 올려 그를 저지했다. 젊은 재소자는 화를 내며 "뭐하는 짓이야?"라고 소리쳤다. 지켜보던 모든 사람들이 싸움을 예상했다. 그런데 자비스는 아무렇지도 않게 대답했다. "저 새에게 나의 날개가 있어요." 그 재소자가 뭐라 중얼거리면서 고개를 흔들었지만 어쨌든 긴장감은 풀어졌다. 며칠 뒤 재소자들이 자비스에게 다가와 "그게 무슨 말이었어요?"라고 물었다.

우리 안의 무언가는 자비스 마스터스가 전하려 했던 걸 안다. 사람, 개, 좋아하는 식물, 새 등 한 생명체를 가까이서 살펴보노라면 그 존재가 우리의 일부로 느껴진다. 하여 중요해진다. 우리는 같은 날개, 충만하고 자유롭게 살려는 같은 갈망을 공유한다. 하지만, 선입견, 판단, 위협받는 느낌으로 인해 잘 모르거나 우리와 다른 존재에게서 쉬이 멀어지는 트랜스에 빠져있기도 한다.

트랜스는 그들을 우리와 같은 주관적이고 감정을 느끼는 존재가 아닌 "비실제적 타인"으로 만든다. 홍수로 집을 잃은 사람들, 오갈 데 없는 난민 가족들, 마약으로 인한 죽음, 10대 동성애자의 자살 등 날마다 고통과 연관된 뉴스를 접하지만 그들 삶의 현실을 실감하지 못한다. "정말 끔찍해.", 혹은 "신의 은총이 있기를."이라 말하고 하던 일로 돌아간다.

물론, 모르는 사람만이 비실제적 타인은 아니다. 스트레스를 받아 자동반응할수록 가장 사랑하는 사람들조차 자주 비실제적인 타인이 된다. 그들이 가진 기본 미덕을 보지 못하고 그들의 상처로부터 자신을 보호하기 위해 문을 닫는다. 그들의 상처와 두려움에 무감각해지면 따뜻하고 부드럽게 반응할 힘을 잃는다.

그렇지만 우리에게는 "저 새에게 나의 날개가 있어요."라는 영혼을 불러낼 힘이 있다. 이를 실현하는 것이 진정으로 열린 마음의 행복을 가져오며, 세상을 치유할 희망이 된다. 이 장에서는, RAIN으로 깨어난 근본적 연민이 비실제적 타인이라는 트랜스를 어떻게 사라지게 하는지 알아보려고 한다.

비실제적 타인의 진화론적 근거

비실제적 타인으로 지각하는 뿌리 깊은 조건화는 생존을 위한 것이었다. 초기 인류들은 수백 만 년 동안 소규모의 독립적 집단생활을 했으므로 친숙함은 안전을 의미했고 낯선 사람은 잠재적 위협이었다. 이런 집단들은 자신들을 "우리 사람들"이나 "인간들"이라 불렀고, 다른 집단들은 미워하고/미워하거나 두려운 "인간 이하의" 적이었다. "우리 사람들"은 다르고 우월한 존재였기에 망설임 없이 다른 집단들을 공격하고 침략했다. 인간이 아니라면 해칠 수 있고 훔쳐도 되고 노예로 삼거나 죽일 수 있기 때문이다.

그러다가, 7만 년 전쯤 인류는 언어·의사소통·협업에서 비약적인 도약이 이루어진 인지 혁명기에 접어들었다. 내면적으로 이것은 뇌의 근본적 급성장과 연관되어, 마음챙김과 이성, 공감과 연민, 생존 뇌의 자동반응을 가라앉히거나 조절하는 전두엽 피질의 능력이 절정에 달했다.

인지 혁명은 인간 사회들 간의 의사소통을 촉진하면서 상호의존적인 지구 공동체의 발달이라는 중요한 진화적 궤적을 이루었다. 그래도 뇌의 가장 원시적인 부분에서는 여전히 비실제적 타인이라는 개념이 지속되어 생존에 반하여 작동하고 우리를 퇴보시키는 해로운 트랜스에 가두고 있다. 그리하여 조직적 인종차별주의, 계급주의, 망명자나 다른 소수자들에 대한 억압, 인간 외의 동물에 대한 상상할 수조차 없는 잔인함, 전쟁, 지구 생태계에 대한 무분별한 파괴를 일으킨다.

하지만, 우리의 오래된 생존 뇌가 비실제적 타인의 트랜스를 지속시킬 때도 진화된 전두엽 피질은 그것을 되돌릴 도구를 제공해준다. 개인 및 사회집단의 차원에서 우리는 선 아래에 머물게 하는 편견을 인지할 수 있다. 편견이 의식되기만 하면 깨어난 넓은 가슴으로 보다 잘 대응할 수 있다.

성찰 연습 : 암묵적 편견을 선 위로 올리기

"암묵적 편견"이란 개인이나 집단을 자신의 사회적 조건화에 근거해 고정관념화하는 무의식적 혹은 반의식적 방식이다. 죄책감이나 자기-판단의 연료가 아닌, 자기-이해를 위한 기회로서 아래의 성찰 연습을 해보자.

마음속으로 아래 집단들을 떠올려본다.

- 다른 인종
- 다른 민족이나 국민
- 다른 종교
- 다른 성적 취향

- 다른 성정체성
- 다른 능력 (다른 무능력)
- 다른 사회 계층
- 다른 정치적 관점

가능하면 각 집단에서 당신이 알고 있는 사람을 생각하고 마음에 떠오르는 모든 사소한 판단을 정직하게 인식하라. 그들은 당신보다 더, 혹은 덜, 지적이고, 도덕적이고, 매력적이고, 사랑스럽고, 영적이고, 능력이 있는가? 당신의 자녀나 가까운 사람이 이 집단 사람과 데이트를 한다고 상상해보라. 몸은 어떤 반응을 보이는가? 편견은 정신적인 표현보다 몸으로 더 잘 드러난다. 그 집단을 나쁘거나 옳지 않거나 위해한 방식으로 비난하는 경향은 없는지도 살펴보라.

암묵적 편견을 실험한 심리학자들과 신경학자들은 그 편견이 심지어 자기 집단의 능력이나 가치를 향할 수 있음을 밝혀냈다.

인종분리정책을 종식시킨 공로로 노벨 평화상을 수상한 대주교 데스몬드 투투(Desmond Tutu)는 잊지 못할 자신의 경험담을 들려준다.

세계 교회 협의회 일로 나이지리아에 간 나는 비행기로 조스라는 곳에 갈 예정이었어요. 라고스 공항에 가서 비행기를 탔는데 조종사 두 사람이 모두 흑인이었어요. 와우, 난 신이 났어요. 당신도 알다시피, 흑인은 비행기를 조종할 수 없다는 말을 들었기 때문에 정말 멋졌어요. 부드럽게 이륙을 했는데 갑자기 난기류를 만났어요. 정말 무서웠어요. 그런데 믿기 어렵지만, 내가 처음 한 생각은 "세상에, 조종석에 백인이 없잖아. 저 흑인들이 잘 해낼 수 있을까?"였어요. 물론 그들은 해내었어요. 그러니까 내가 지금 여기 있고요. 문제는, 어쨌든 백인들이 남아프리카 공화국의 우리가 열등하고 무능력하다고 계속 주입시킨 바로 그것이 내 안에 박혀있었다는 것을 몰랐다는 것이지요.

초기의 마음챙김 연구자들은 마음챙김 수련의 주된 영향은 자동적 과정의 감소라고 했다. 이는 마음챙김 수련이 나이와 인종에 대한 암묵적 편견을 감소시킨다는 보다 최근 발견과 일치한다. 예를 들어, 당신에게 흑인과 노인이 나쁘다는 연합 작용이 있다고 하자. 마음챙김은 이 연합을 관찰하고 의문을 갖게 함으로써 느슨하게 한다. 그래서 사회적으로 조건화된 편견에서 비롯된 왜곡을 줄여 유색인이나 노인을 보다 명확하게 보도록 한다. 이것은 당신을 자유롭게 하여 서로 공유하는 취약성과 소속감을 인지하도록 한다.

조건화를 이겨내려는 도전은 타인에 대한 전반적인 선입견으로 확장될 수 있다. 또한 인간 외의 동물에 거리감을 느끼고 인간이 본질적으로 더 소중하게 여기는 경향까지 확장된다.

20년 전쯤 블루 릿지 마운틴에서 봄 수련을 지도할 때 이런 우월감에서 깨어난 경험을 했다. 명상센터가 대규모 농장 근처라서 아침 명상 시간에 우리는 송아지를 빼앗긴 어미 소들이 신음하며 슬피 우는 소리를 듣곤 했다(육류 및 낙농업에서는 다시 임신시킬 목적으로 가능하면 빨리 송아지와 어미소를 떼어놓는다.). 모든 포유동물에게는 엄마와 아기 사이에 강한 애착이 있는데, 처음으로 나는 어미소와 송아지의 극한 고통을 가늠해볼 수 있었다. 다른 수련생들도 마찬가지였다. 그래서 우리는 마음 명상에 어미소와 송아지를 포함시키기 시작했다. 산업화된 낙농업으로 인한 엄청난 고통의 실재를 경험한 나는 그 이후 몇 년을 거치면서 채식 위주의 식사를 하게 되었다.

RAIN은 다른 생명체에게 마음을 닫는 비실제적 타인화를 알아차리게 하고 되돌려놓는다. RAIN의 마음챙김은 "당신이라면 어떨까?"라는 질문을 던지면서 순수한 이해심을 기른다. RAIN의 연민은 다른 존재를 "저 새에게 나의 날개가 있어."라는 마음으로 만나게 한다.

다른 존재를 받아들이기 : 인지하고 인정하기

RAIN의 첫 단계에서는 기분이나 정서, 에너지 수준, 자신을 표현하는 방식, 외모 등 그 순간 다른 존재에게서 일어나는 모든 것을 인지하려는 의도를 가지고 바라본다. 그런 다음 맨 먼저 관심을 끄는 것과 함께 쉬면서 그것을 인정한다. 판단하지 않고 품는다.

최근, 한 비디오에서 인지하기와 인정하기의 영향에 대한 아름다운 예를 보았다.

〈국경 너머 바라보기(Look Beyond Border)〉라는 이 비디오는 자국을 떠나 유럽에 도착한 난민과 그들을 받아준 나라 사람을 짝 지워서 한 연구로 2016년에 제작되었다. 비디오를 보면, 마주앉은 두 사람이 4분 동안 상대방의 눈을 조용히 응시하고 있다. 처음에는 다소 긴장된 미소, 약간의 웃음, 눈물이 보인다. 그 다음, 잠시 침묵이 흐른 후, 베를린에서 온 여자가 맞은편의 시리아 남자에게 말을 건네는 장면을 카메라가 비춘다. "혼자 왔나요? 아니면 가족과 같이?" 남자가 조용히 대답한다. "혼자 왔어요." 그는 잠시 후 덧붙인다. "사는 게 다 그렇지요. 때로는 멋지고, 때로는, 힘들지요." 그리고 마칠 시간이 되고, 그들은 일어나서 서로를 꼭 껴안는다. 서로에게 실제적인 존재가 되었다.

이것이 인지하기와 인정하기라는 비판단적 마음챙김의 현존감이 지닌 힘이다. 만약 훈련을 하는데도 판단이 일어난다면 어찌할까? 자신을 판단하지 말고, 그저 내면으로 RAIN을 가져와 판단하는 사고를 인지하고 인정하고, 몸 안의 그 에너지를 살펴보고 느끼고, 당신이 찾아낸 보살핌을 주면 된다.

"그건 그저 생각일 뿐"임을 알면 RAIN의 다음 단계가 준비되어 살펴보기로 이어지고 판단이 급속히 느슨해질 것이다.

성찰 연습:
타인의 눈을 바라보기

이것은 트랜스에서 벗어나기 위해 내가 알아낸 가장 중요한 훈련 중 하나다. 함께 해보려는 배우자나 다른 가족, 친구가 있을 때 시도하라.

무릎이 거의 닿을 만큼 가까이 마주 앉고 눈을 감는다. 몇 차례 심호흡을 하고 긴장된 곳을 풀고 현재에 고요히 머물 마음 준비를 한다. 서로에게 계속 열려있고 판단 없이 집중하겠다는 의도를 숙고한다. 약 1분 후 눈을 뜬다. 5분 동안 서로의 눈을 바라본다. 일어나는 경험을 그저 알아차리고 인정하고 내버려둔다. 그런 다음 경험한 것을 서로 공유한다.

타인에게 깊이 집중하기 : 살펴보기와 보살피기

루비 세일즈(Ruby Sales)는 시민 권리 운동 전문가이자 영적 기반의 지역사회 건설이 목표인 사회 활동가이다. 크리스타 티페트(Krista Tippett)와의 인터뷰 중에 루비가 자기 행로의 전환점을 이야기하는 것을 들었다.

어느 날 아침 루비가 미용실에 있을 때 미용사의 딸이 들어왔다. 그녀는 밤새 거리를 쏘다녔는지 지친 데다 몸에는 상처투성이고 약물에 취해 있었다. 그녀를 보자 갑자기 루비는 한번 물어봐야겠다는 생각이 들었다. "어디 아프니?" 이 말에 수년 동안 쌓여있던 고통이 쏟아져 나왔다. 미용사의 딸은 어린 시절 이후로 성적 학대로 인한 트라우마에 시달리고 있었다. 그녀는 엄마에게도 숨긴 채 모든 것을 마음에 가둬 놓았다. 그녀의 이야기를 들으면서 루비는 자신의 활동에 보다 포괄적인 방식, 즉 삶의 내면세계에 집중하여 고통의 뿌리에 닿아 진정한 이해심을 깨우는 방식이 필요하다는 것을 깨달았다.

"어디 아프니?" 이제, 루비는 인종차별주의를 말할 때 유색인종의 고통만 이야기하지 않는다. 자신이 백색 미국의 영적인 위기라고 부르는 부분에도 초점을 둔다. 그녀는 "훨씬 줄어든 백색주의로 인해 자신들이 멸종되는 느낌이 든다는 죽음에 임박한 45세 애팔래치아 사람"과 "삶에 아무 의미가 없어서 헤로인 중독자가 된 매사추세츠의 백인"에 대해 이야기한다. 루비는 적으로 보이는 사람까지도 이해하고 보살피려는 사랑의 신학을 부르짖는다.

살펴보기는 상처를 드러내므로 자연스럽게 보살피기를 일으킨다. "어디 아프니?", 혹은 더 넓혀 "당신이라면 어땠을까?"라고 물어보는 것은 자동반응하는 생존 뇌를 잠재우고 공감, 이해, 보살핌을 깨운다.

시민 권리 변호사이자 사회 운동가인 시크교도 발레리 카울 (Valarie Kaur)은 특히 9/11 사태 이후 이 질문을 하지 않을 수 없었다. 쌍둥이 빌딩이 폭파한 후 일어난 증오 범죄의 첫 희생자가 바로 그녀에게 삼촌 같았던 시크교도였다. 살인자는 자신을 애국자라고 하면서 복수하기 위해 "나가서 머리에 터번을 두른 이를 쏴 죽이려고" 결심했다고 말했다.

발레리는 충격을 받았고 공포에 휩싸였다. 시크교도의 터번을 두르고 다니는 어린 아들이 죽임을 당할까 두려웠다. 그녀는 "흑인들이 범죄자로, 여자가 소유물로 보이는 것과 마찬가지로 우리 아들은 테러리스트로 보여요."라고 했다. 두려움 속에서 그녀는 이 살인에 대한 최선의 대응이 무엇인지 깊게 숙고했다. 그녀는 자신의 고통이 비실제적 타인에 대한 분노로 굳어지길 원치 않는다는 것을 점차 깨달았고, 두 가지 질문이 그녀를 이끌었다.

어떤 사람을 아직도 사랑하지 않으려 하는가? 그들의 상처를 궁금하게 여기고 보살필 수 있는가?

그녀는 살펴보기와 보살피기에 집중했다. 입양된 삼촌이 살해당한 지 15년 후 발레리는 감옥에 있는 살인자 프랭크와 만났다. 면회 초반에 프랭크는 그녀의 삼촌과 9/11의 희생자들 사이에 관련이 있는 듯이 말했다. 발레리는 침착함을 유지하고 그를 이해하려는 깊은 의지를 상기해야만 했다. 그러다 어느 지점에서 그가 왜 그녀와 이야기를 나누는 데 동의했는지 솔직하게 물어보았다. 프랭크는 이렇게 말했다. "내가 저지른 일이 미안해요. … 하느님의 심판을 받는 날, 그(발레리의 삼촌)와 만나기를 청하고 그를 안고 용서를 구하려고 합니다."

현재 발레리는 사회 및 경제 정의를 위한 협동의 토대로 사랑을 주창하면서 방방곡곡 다니며 연설을 한다. 그녀는 산고를 행동주의의 모델로 삼는데, 그 첫 단계는 고통 안으로 숨을 불어넣는 것이다. 그녀는 마음챙김적 비판단의 현존감, 즉 있는 그대로를 이해하면서 온 마음을 쏟는 현존감으로 우리를 끌어준다. 살펴보기와 보살피기는 타인을 궁금하게 여기고 그들의 상처를 보살핀다. 그렇게 할 때만 우리는 근본적 변화, 즉 세상으로 새 생명을 내놓기 위한 에너지를 효과적으로 모을 수 있다. 발레리는 항상 자신의 목적을 아주 사적으로 설명한다. "언젠가 당신은 내 아들을 당신의 아들로 보게 되고, 내가 없을 때 그를 보호해줄 것입니다."

RAIN 실천하기-인종 차별에 직면하기

사랑은 지난한 일이며 갈등 상황에서는 순식간에 생존 뇌로 후퇴한다. 나는 몇 년 전 지역 다인종 집단 모임에서 이를 경험했다. 모임 중 나는 몇 가지 심각한 건강 문제를 털어놓으면서 만나는 횟수를 줄이고 싶은 이유를 설명하고 있었다. 곧바로 나는 한 아프리카계 미국인 친구에게 상처를 받았고 화가 났고 매우 놀랐다. 그녀가 내 부탁에 조용한 분노로 응답했기 때문이었다. "실망스럽네요. … 우리 모임에 대한 당신의 책임감을 믿지 못하겠어요." 우리 둘 다 언짢은 기분으로 마음이 멀어진 채 모임을 마쳤다.

그녀는 어찌 그리 둔감할까? 이 모임이 내게 얼마나 중요한지 몰랐단 말인가? 나는 몇 년 동안이나 백인의 특권과 인종적 불공평을 알리는 여러 집단에 관여하지 않았던가?

그날 늦게 여유가 생기자, 나는 RAIN을 시작하고 먼저 자신의 자동반응성부터 바라보았다. 나는 "상처받고" "화난" 감정을 바로 인지하고 인정했다. 살펴보기에서는 배신감을 감지했다. 나는 허약한 상태였고, 믿었고, 내 건강 상태를 알렸고, 그런데 비난받았기 때문이다. 내 신념은 "그녀는 이해 못해, 그녀는 신경 쓰지 않아."였다. 그 다음 보살피기를 했다. 손을 가슴에 대고 상처받은 부분으로 호흡을 하고 속으로 "괜찮아."라고 속삭였다. 이 익숙한 과정이 마음을 가라앉히고 약간 여유로워졌다. 하지만 그 친구에게로 RAIN을 불러들이는 것은 훨씬 더 힘들었다. 그녀가 기분이 상한 것을 인지하고 인정했지만 살펴보기는 잘 되지 않았다.

일주일 후, 답답한 마음에 다른 친구(역시 유색인)에게 그녀가 화가 난 이유를 이해할 수 있도록 도와달라고 했다. 이해하려고 했지만 왜 그런 식으로 반응했는지 정말 알 수 없다고 말했다. 친구는 "타라, 당신에게는 그것이 모임 확산 문제였어요. 백인인 당신에게는 이런 모임이 선택이겠지요. 아프리카계 미국인인 그녀에게 이 모임은 생사의 문제 같거든요."라고 말했다.

나의 자각이 바로 변했다. 친구가 감옥에 있던 자신의 손자를 걱정했을 때가 생각났다. 그녀는 인종 간 폭력의 목표물이 된 거리의 아프리카계 미국인들에게 어머니의 마음을 가진다는 것에 대한 글을 블로그에 올렸었다. 우리 모임은 인종차별을 치유하기 위한 보다 큰 과정의 일부였고, 그녀 삶의 목적이었고, 집단 내 모든 사람들은 그녀가 믿고 아꼈던 친구이자 동지였다. 그런데 이제 한 백인이 자신의 에너지를 일부 거두겠다고 위협을 한 셈이었다. 게다가 나는 힘을 가진 백인, 인종차별 운동에 필요한 지도력을 가진 사람이었다.

이 모든 것에 내 마음이 열렸다. 아프리카계 미국인으로서의 그녀의 경험이 보다 실제적으로 다가왔다.

일부 영적 사회에서는 "우리는 모두 하나다."라는 믿음으로 차이를 가볍게 다루는 경향이 있다. 맞다. 하지만, (유색 인종처럼) 주변인인 사람들은 대다수 백인들이 아는 것보다 훨씬 더 위험한 세상에서 살아간다. 나는 친구가 "이들은 내 아들들이다."라면서 거리에서 삶을 잃고 있는 흑인 젊은이들을 얼마나 걱정하는지 진심으로 이해할 필요가 있었다. 그리고 진행 중인 복잡한 인종차별 치유 활동에서 백인들에게 의지할 수 없는 게 어떤 느낌이었는지 이해했어야 했다.

며칠 뒤 나는 그녀와 이야기를 나누면서 그녀가 우리의 갈등을 어떻게 경험했는지 온전한 현존감으로 귀 기울일 수 있었다. 그녀도 깊이 생각했었고 내 눈을 통하여 보고 자신의 보살핌을 표현할 수 있었다. 서로에게 상처를 주었지만 관심을 갖고 깊게 집중하면서 우정이 더 깊어졌다.

이후 몇 달 동안, 차이점에 집중해봄으로써 나는 백인이라는 점에 있어서 보다 더 선 위로 올라갔다. 돌이켜보니, 친구의 반박은 백인인 내가 인종차별주의를 없애는 데 열심히 활동하지 않는다는 만성적인 생각, 즉 죄책감을 자극했다는 걸 알았다.

내가 백인이라는 자각은, 아무 가게나 들어가도 되고 잠재적 범죄자로 보이지 않는다는, 어떤 동네에서도 집을 살 수 있다는, 자격을 갖추면 좋은 일자리를 구할 기회가 있다는, 내 피부색에 따르는 가정과 특권에 대한 깨우침의 과정이었다. 양질의 예의바른 의료적 관심을 받는 것도 당연하게 여겼다. 그리고 아마 약간은, 모임 시간표를 바꾸는 게 내게 도움이 된다면 원하는 바를 요청할 수 있다고 여겼을 것이다. 이것은 백인이자 힘을 가진 자로서 결코 의문을 품지 않았던 권리였다.

백인이라는 사실을 자각하던 기간에 나는 남편인 조나단과 휴가를 가졌다. 어느 오후, 우리는 해변에서 조금 떨어진 작은 섬까지 수영을 하기로 했다. 수영은 즐거웠다. 나의 팔 동작은 힘이 넘치면서 규칙적이었다. 나는 피곤한 줄 몰랐고 편안했다. 하지만 돌아오는 것은 다른 문제였다. 나는 이내 지쳤고, 마침내 돌아왔을 때는 갈증이 났고 기진맥진했고 기가 꺾였다. 조류가 우리를 섬으로 데려갔고 올 때는 반대였다는 사실을 깨닫지 못했었다. 백인이 지배하는 문화의 조류도 그러하다. 그 조류는 백인들의 삶은 상상할 수 없을 만큼 편하게 하지만 유색인들의 삶은 고통스러울 만치 힘들게 한다.

성찰 연습 : "이 사람은 나에게 실제적인가?"

지금까지 우리가 어떤 식으로 비실제적 타인을 만드는지 살펴보았다. 비실제적 타인화라는 습관은 특히 스트레스를 받는 상황에서는 형제, 자녀, 어머니, 친구, 직장 동료 등 가장 가까운 이들에게도 적용된다. 우리는 "하루하루를 버텨내려고" 애쓰는데, 그들은 우리의 근심거리와 상관없이 이래저래 지내고 있거나 별 도움이 안 된다. 우리는 그곳에 존재하지 않게 되고 마음 문이 닫힌다. 현존감 및 연민과 보다 진실한 관계를 맺고 싶다면 비실제적 타인이라는 습관적인 트랜스를 선 위로 올려야 한다. 출발점은 일상적인 만남에 보다 면밀하게 집중하는 것이다.

심호흡을 몇 차례 한 후 몸의 긴장을 풀고 현재에 머문다. 오늘 하루나 최근 이틀을 돌아본다. 함께 시간을 보낸 사람을 생각한다. 당신이 얼마나 공감했는지 살펴본다. 이 사람은 당신에게 얼마나 "실제적"이었나? 당신은 다음을 알아차렸는가?

- ○ 그들은 어떤 기분이었나?
- ○ 그들의 몸 상태는 어땠는가?
- ○ 당신과 만났을 때 그들에게는 어떤 일이 중요했을까?
- ○ 그들에게는 어떤 걱정이나 불안이 있었을까?
- ○ 당신과 함께 있을 때, 그들은 이완되고 편안하고 개방적이었나?
- ○ 당신과 함께 있을 때, 그들은 긴장하고 방어적이었나?
- ○ 상호작용 중 그들에게 힘든 점은 없었을까?

판단하지 말고 살펴보고, 점점 깊이 집중하면서 그 사람이 보다 다면적이고 흥미롭고 실제적인 사람으로 되는지 보라. 또한 이 사람에 대한 당신 가슴의 반응을 살펴라. 끝내기 전에, 이제 곧 만나기로 한 사람을 생각할 수도 있다. 곧 닥칠 이 만남을 "당신이라면 어떨까?" 혹은, 그 사람이 힘든 힘을 겪고 있다면 "어디가 아플까?"라는 질문으로 시작한다고 상상해보라.

연민이 지나쳐도 괜찮을까?

당신은 아마 즉시 장벽을 세울 것이다. 사람들은 "나는 이미 극도로 예민해요. 모든 사람들의 고통을 다 받아들이면 압도되고 말 거예요."라고 말한다. 나는 세상에 존재하는 그 많은 괴로움과의 만남에서 오는 소진상태인 "연민 피로감"에 대한 질문을 자주 받는다.

사실, 많은 사람들, 특히 사회 활동가와 봉사 관련 직업군의 사람들은 소진되곤 한다. 하지만, 진정한 죄인은 연민이 아니라 공감일 것이다. 공감은 타인의 정서를 느끼고/느끼거나 타인의 관점을 취하는 능력이다. 여기에 함정이 있다. 만약 그들의 괴로움에 과하게 스트레스를 받으면 그들을 도울 수 있는 인지적 혹은 정서적 자원을 지닐 수 없다.

연민은 공감에서 출발하지만, **마음챙김의 핵심 요소가 그 고통에 함몰되거나 동일시되는 것에서 우리를 보호해준다.** 공감뿐이면 소진될 수 있지만 공감 안에 내재된 마음챙김과 보살핌은 회복탄력성, 연결감, 실천력을 길러준다.

신경학자들은 이 두 상태가 뇌에서 진행되는 방식의 차이를 분명하게 포착했다. 공감은 정서, 자각, 고통과 연관된 부위를 활성화시키고, 연민은 보살핌과 연관된 부위 및 학습, 결정, 뇌의 보상체계와 관련된 부위를 자극한다. 또한 연민은 사랑을 나누거나 수유 시 분비되는 "유대감의 호르몬"인 옥시토신의 방출을 자극한다. 우리는 따스함과 연결감이라는 긍정적 감정을 느껴 에너지를 가동시키고 보다 효과적으로 도와줄 수 있다.

RAIN으로 연민 기르기

명상 회원인 미치에게 알츠하이머를 앓는 아버지 문제에서 가장 힘든 점은 어머니의 고통이었다. 어머니는 그에게 "그건 마치 계속되는 수많은 죽음과도 같아."라고 말했다. 미치는 외동아들로 가까이 살았고 정기적으로 부모님을 뵈었다. 아버지 병세가 악화되자 미치는 좁은 부모님 집에서의 의무적인 시간이 두려워지기 시작했다. 어머니의 외로움과 절망이 때로 그를 향했고 그는 중압감과 소진, 무력감을 느끼면서 돌아오곤 했다. 하지만, 또 그만큼, 특히 힘들거나 바쁠 때에는, 로봇처럼 차갑고 냉정해졌다. 어쨌거나 그는 자주 방문하지 않은 것에 대해 죄책감을 가졌다.

종일 워크숍에서 미치는 자신의 고통스럽고 복합적인 감정에 RAIN을 적용해보았다. 그날은 소집단별 생각 나누기로 시작되었고, 미치는 자신이 알고 있던 아버지를 잃는 슬픔과 어머니의 비통함, "바닥이 보이지 않는 구덩이로 끌려가고 있는데, 그곳에 있기 싫다"는 죄책감에 대해 이야기했다.

각자 자신의 문제에 RAIN을 하기 시작했고, 미치는 중압감과 회피라는 자동반응성뿐 아니라 어머니에게 공감하는 데서 오는 스트레스를 인지하고 인정하는 데에 초점을 맞췄다. 천천히 마음을 챙겨 두려움, 슬픔, 죄책감, 무력감 등의 감정에 이름을 붙였고 그대로 인정했다.

마음챙김으로 살펴보기가 깊어졌고 그의 실패감이 몸에서 어떻게 나타나는지 알게 되었다. 가슴이 조이고 창자가 꼬이는 느낌이었다. 이런 강렬함을 관찰하면서 "괜찮아, 호흡을 하면서, 이완해."라고 속삭이며 보살피기를 시작했다. 그때, 특히 기분이 좋지 않았던 최근 방문이 생각났다. 잠옷 바람으로 밖에서 걷던 아버지에게 어머니가 소리를 지르더니 곧 후회하며 울음을 터뜨렸다. 그는 자신의 무력감과 그곳에 있기 싫다는 마음이 부끄러웠다.

다시 그는 부드럽게 메시지를 보냈다. "괜찮아, 호흡을 하면서, 이완해."라는 말을 반복했다. 내면의 단단하던 족쇄가 풀리면서 약간 숨통이 트였다. 그리고 울고 있는 어머니를 그가 안아주는 이미지가 나타났다. 어머니를 부드럽게 포옹했고, 잠시 후 이 사랑의 공간에 아버지도 들어왔다. 후에 그는 "부모님이 처한 상황에 상심한 지 몇 달이 지나서야, 그냥 순수하게 부모님을 염려하게 되었지요. 그냥 돌보려는 마음은 … 처음이었어요."라고 말했다.

아마 당신도 너무 걱정하거나 압도되거나 타인의 고통에 자동반응하여 돌봄이라는 순수한 경험을 할 여유가 없던 때가 있었을 것이다. 이럴 때 RAIN은 우리가 부드러운 마음으로 돌아오게 도와줄 수 있다.

RAIN은 공감을 연민으로 변화시킨다.

인지하기 : 인지하기는 두려움, 슬픔, 죄책감, 수치심, 혐오감, 분노, 무감각, 긴장 등의 괴로운 공감과 자동반응에 마음챙김을 불러들인다.
인정하기 : 인정하기는 그 감정과의 동일화를 느슨하게 하여 자동반응이 아니라 여유를 가지고 바라보게 한다.

RAIN 이후 단계에서의 열린 마음의 보살핌 덕분에 다음 날 미치의 부모님 댁 방문이 달라졌다. 어머니가 처한 곤경에 미치의 마음이 바로 움직였다. 자신은 도움이 되는 훈련법을 알고 있지만, 어머니는 압도감에 쌓인 채 하루 종일 혼자였으므로 그가 해줄 수 있는 이상의 정서적 지지가 필요했다. 아버지를 돌보는 데도 일상적 도움이 더 많이 필요했다. 그 다음 몇 주 동안 미치는 어머니가 알츠하이머 지지 집단에 참석하고 시간제 돌봄 서비스를 이용할 수 있도록 애썼다. 우리와 마찬가지로 그의 어머니도 슬픔과 상실을 견디는 것을 도와주는 지역사회의 일원임을 느낄 필요가 있었다. 미치가 압도감이나 죄책감에 덜 시달리면서 부모님에 대한 대응도 점차 단순하고 명확해졌다. 부모님의 고통에 직면하고 보살핌으로 반응했다.

호흡을 연민의 이미지로 이용하는 것이 도움이 된다. 숨을 들이마시듯 마음을 챙겨 자신과 타인의 감정을 받아들이고 접속해야 한다. 이런 정서의 실재에 충분하게 접촉하지 못하면 현존감도 없고 연민을 위한 잠재력도 없다. 그리고 숨을 내쉬듯이 우리의 돌봄을 적극적으로 표현하고, 사랑하고 사랑받을 때 펼쳐지는 보다 큰 공간과 만나야 한다. 우리의 광활한 마음에만 강렬한 인간 정서가 들 자리가 있다.

이런 진실은 "받아들이고 내보내기"라는 뜻인 티베트의 연민 훈련 통렌에서 구체화된다. 숨을 들이마시면서 마음을 챙겨 괴로움을 받아들이고 숨을 내쉬면서 보살핌을 내보낸다. RAIN과 마찬가지로, 통렌은 괴로움의 실재와의 마음챙김적 접촉과 적극적인 보살핌의 표현이라는 자각의 양날개를 길러준다.

그 새에게 나의 날개가 있어요 … 정말로

동정심은, 자비스 마스터스(Jarvis Masters)가 마치 "오, 그대, 불쌍한 새여!"라고 생각했다는 듯이, 자주 연민의 가면을 쓴다. 동정심은 자신을 다른 사람과 구별하고 그 사람 위에 둔다. 불쌍한 그들을 도와주려하지만 그들은 "타인"일 뿐이다. 진정한 연민은 타인의 경험을 인간 공통의 취약성으로 느낀다. 도와주려는 충동은 "선행을 하는 것"이 아니라 자신의 몸에 난 상처를 보살피는 것과 같다. 이 장 시작 부분에 나왔던 호주 원주민 활동가 집단의 말처럼 말이다. "여러분이 저를 돕기 위해 여기 왔다면 시간을 낭비하는 것입니다. 하지만 여러분의 자유가 나의 자유와 연결되었기 때문에 왔다면, 우리 함께 합시다." 진정한 치유는 상호의존성이라는 지혜에서 자라난다.

페루의 빈민 보호시설의 젊은 자원봉사자 필은 골반이 부러진 노인과 응급실에서 몇 시간째 대기 중이었다. 함께 있어 주는 것밖에 할 수 없었던 필은 노인의 통증을 덜어줄 수 없어 막막했다. 그때 어떤 사람이 노인에게 빵을 주자 그는 빵을 바로 반으로 갈라 필에게 주려고 했다. 필은 놀라 거절했지만 노인은 필 손에 빵을 쥐어주고 어서 먹으라는 몸짓을 했다. 필은 당황스러웠지만 고마운 마음으로 빵을 먹었고, 자신의 식사를 나눠줄 수 있어 노인은 무척 행복해 보였다.

이 경험으로 연민에 대한 필의 생각이 완전히 바뀌었다. 그 노인은 더 이상 비실제적 타인, 즉 수동적이고 도움이 필요한 불쌍한 사람이 아니었다. 필 역시 좋은 일을 하는 특권을 가진 봉사자가 아니었다. 그들은 상호적 보살핌과 소속감으로 연결되어 함께 살아가는 존재였다.

우리는 영적인 길을 수행과 고난의 길로 여기곤 한다. 그렇다. 연민에는 훈련이 필요하다. 다음 명상처럼, 우리는 연민을 지속적인 특성으로 의식적으로 발달시키고 있는 것이다. 하지만, 연민은 우리의 진화론적 잠재력이기에 이 방향으로 가면 갈수록 귀향하는 기분이 들 것이다. 근본적 연민은 우리 존재의 뿌리에서 솟아난다. 이 근원에 기대어 살아가면 저절로 이 세상에 "저 새에게 나의 날개가 있어요."라는 지혜로 응한다.

명상 연습:
연민의 RAIN – "당신이라면 어땠을까?"

이 연민 연습이 적절치 않을 때가 있다. 트라우마와 관련된 공포, 심한 우울, 혹은 심각한 심리적 불균형으로 힘든 경우에는 이 연습이 정서적 홍수나 압박감을 일으킬 수 있다. 시도했더라도 어떤 지점에서 압도당하는 기분이 들면 중단하고, 영적인 지도자나, 치료사, 혹은 믿을 만한 사람에게 도움을 청해 당신에게 가장 잘 맞는 방법을 찾아보라.

이완되면서도 깨어있는 상태가 되는 자세로 앉는다. 습관적인 긴장을 내보내고 몸과 마음을 안정시킨다.

  잠시 가까운 가족이나 친구들을 떠올려본 후, 그 중 힘든 시간을 보내고 있는 한 사람을 선택한다. 그를 향한 연민을 깨우려는 의도를 가진다.

  인지하기 : 이 사람에게 닥친 고민을 떠올릴 때 그에게서 가장 눈에 띄는 점은 무엇인지 생각한다. 그가 자주 빠져드는 기분, 외모의 어떤 면, 규칙적인 행동, 혹은 최근 대화에서의 목소리 톤일 수 있다.

  인정하기 : 이 사람이 사는 방식, 느끼는 방식, 자신을 표현하는 방식 등 그에 대한 당신의 느낌을 판단하지 않고 있는 그대로 둔다.

  살펴보기 : 부드러움, 호기심, 관심을 가지고 그의 경험에 대해 보다 깊은 질문을 한다. 그의 가슴으로 느끼고 그의 관점으로 세상을 바라본다고 상상한다. "당신이라면 어땠을까?"를 알아보기 위해 아래 질문들을 사용해도 좋다.

  당신에게는 삶에서 어떤 상황이 가장 힘든가?
  당신에게는 어떤 두려움, 실망감, 상처가 있는가?
  당신은 자신에 대해 어떤 믿음을 가지는가?

이런 상황 및 두려움, 상처, 분노, 수치심이라는 정서는 당신 가슴과 몸에서 어떤 느낌인가?

당신 내면에서 가장 약한 부분은 어디인가?

그 약한 부분이 지금 이 순간 타인이나 자신에게 가장 바라거나 필요로 하는 것은 무엇인가?

보살피기 : 이 사람과 그 취약성을 당신 가슴에 품고서 당신의 온몸, 당신 주위의 소리와 공간으로 자각을 확장시킨다. 그 넓은 가슴으로 이 사람이 당신의 일부라 느끼고 필요한 것을 주라. 수용인가? 포옹인가? 용서인가? 함께 있음인가? 이해심인가? 온기, 이미지, 말을 통해 힘껏 보살핌을 제공하라. 이 사람이 당신의 보살핌을 받아들이고 허락한다고 상상하고, 그가 치유되고 행복한 모습을 그려본다.

(이 명상에서 호흡을 사용하고 싶다면, 살펴보기에서 이 사람의 경험의 실재를 받아들이면서 들이마셔라. 보살피기에서 당신이 제공하는 공간과 보살핌, 필요한 모든 것을 밖으로 내보내라.)

원을 확장시키기 : 이제 연민의 장을 넓혀 같은 괴로움을 겪는 모든 사람을 품어본다. 당신이 생각하는 사람이 상실로 슬퍼한다면 상실의 슬픔을 겪는 모든 이를 생각하면서 보살핌을 보낸다. 그 사람이 자신을 실패자라 생각한다면 같은 이유로 괴로워하는 모든 이를 생각하고 보살핌을 보낸다. (숨을 들이마시면서) 고통에 가닿으려는 당신의 의도를 느끼고, (숨을 내보내면서) 모든 존재에게 보살핌을 주면서 이곳에 존재하는 광대한 사랑의 자각을 느껴본다.

RAIN 이후 : 타인에 대한 생각을 모두 내보내고 당신 내면의 가

습과 현존감의 상태를 자각한다. 열려있는 기분이 드는가? 부드러움이 있는가? 사랑이 존재하는가? 무엇이든 그냥 두고 휴식한다.

연습 :
거리에서의 연민

고통을 알게 될 때마다 연민을 연습할 수 있다. 온라인에서 난민 가족 이야기를 듣거나 고속도로를 주행하다 사고를 목격할 수 있다. 알코올 중독자 모임에 갔다가 중독에서 벗어나려고 분투하고 있는 사람들 이야기를 듣게 될 수도 있다.

바로 그 자리에서 (통렌 수련에서 인용된) 간단한 과정을 따라 해볼 수 있다.

- ○ 멈추고, 연민을 향한 의도를 품는다.
- ○ 몇 차례 느리고 온전하게 호흡을 하면서 그들의 고초를 상상하고 느끼면서 고요하게 그들의 고통을 들이마신다.
- ○ 숨을 내쉬면서 그들이 평안하고 드넓은 사랑의 자각 안에 들기를 바라면서 당신의 보살핌을 보낸다.
- ○ 저항감을 느끼고 외면하고 싶고 그 고통이 두려워지면 자신을 위한 호흡을 하고, 다시 가능해지면 고통을 겪는 사람에게 돌아간다.

질의응답

Q_ 연민이 더 많기를 바라지만 실제로는 내 자신의 문제에 갇혀있다. 내게는 타인을 진정으로 보살피려는 마음이 그다지 많지 않은 것 같다.

A_ 당신의 정직함이 고맙지만 모쪼록 다른 사람들도 그렇게 느낀다는 걸 알았으면 좋겠다. 내가 연민의 이미지로 점점 확장되는 원을 자주 사용하는 이유는 그것이 자신의 삶이 원 중심에 있음을 상기시켜주기 때문이다. 힘겨운 시간을 보낼 때 자신의 취약성을 돌보지 못하면 충만하고 지혜로운 현존감으로 타인을 보듬는 것이 더욱 어렵다.

당신은 연민이 좀 더 많기를 바란다고 했는데, 언젠가 달라이 라마도 연민을 훈련하는 것이 항상 잘 되는 건 아니지만 애쓴다고 말했다. 마음이 열리지 않을 때라도, 중요한 것은 저 깊은 곳에서 **우리는 보살핌에 대해 관심을 가진다**는 사실이다. 당신 안에 보살피려는 마음이 내재되어 있음을 믿어도 된다.

자신의 고통에 RAIN이 지니는 보살핌의 현존감을 의도적으로 제공하라. 두려움이나 상처, 자기-판단과 같은 가장 고통스러운 감정을 살펴 감지한 후 몸으로 충분히 느껴보라. 그리하면 진정한 자기-연민이 깨어날 것이다. 자신을 보살핀 다음에 원을 점점 넓히도록 하라. 내면의 취약성과 연결된 채, 비슷한 문제와 감정을 경험하는 타인들을 떠올려보라. 그들에게 RAIN의 현존감을 확장시켜라. 그들의 고통에 닿았다고 상상하고 보살핌을 보내라. 원 안에 함께 있음을 느껴라. 우리는 진정 서로의 날개를 가지고 있다! 시간이 흐름에 따라 원을 확장시키는 이 연습이 우리 모두를 향한 진실하고 부드러운 보살핌을 깨워줌을 알 것이다.

Q_ 거리에서의 연민을 시도했지만 화가 나거나 무서워서 마음이 닫히곤 한다. 어찌해야 하는가?

A_ 연민을 외부로 보낼 때 자동반응한다는 것은 연민의 RAIN을 먼저 자신의 경험 쪽으로 해야 한다는 신호다. 자신이나 타인이 받는 대우에 화가 나는 것, 자기 스스로를 대하는 방식에 대해 판단하는 것, 공격적인 사람을 무서워하는 것과 같은 자동반응을 인지하고 인정하는 데 시간이 그리 오래 걸리지 않을 것이다. 살펴보기로써 자동반응 아래의 취약성을 몸으로 만나고 보살피기로써 위로하고 안심시킬 수 있다. 이렇게 하면 다른 사람의 곤경의 실체를 느낄 수 있는 현존감과 연대감이 생겨 기도와 보살핌을 보낼 수 있다.

자기-연민을 위한 시간이 좀 더 필요할 경우 모쪼록 인내심을 가져라. 자신의 가슴을 향한 친절함의 몸짓을 자주 할수록, 자연스러운 열린 마음과 보살핌으로 주변사람들을 대할 것이다.

Q_ 나는 구별하고 싶지 않다. 하지만 내가 백인이라고 미워하는 사람들에게 어떻게 연민을 느끼겠는가? 예를 들면 … 나를 적으로 보는 이슬람교도들이나 흑인들을? 이런 상황은 마치 아무도 벗어날 수 없는 고약한 타인화의 춤판인 것만 같다!

A_ 우리는 사회적 조건화에 종속되어 있으므로 이를 집단 차원에서 해결하지 않으면 진정한 치유가 불가능하다.

증오나 비난이 느껴질 때 첫 번째 단계는 당신이 타인의 목표물이 된 데 대한 상처나 분노 등 내면에서 올라오는 모든 것에 수용과 연민을 지니는 것이다. 스스로의 힘으로 이렇게 하는 동시에, 무의식적인 편견을 알고 공통된 조건화에 정직하고 따뜻한 관심을 가지는 백인 연대 모임을 찾아보는 것도 좋다. 함께 연민으로 비실제적 타인화를 품으면 혼자 훈련할 때는 얻기 힘든 통찰과 영감을 얻을 것이다.

당신의 자각이 확장되면 이제 다른 인종 사람들과 관계를 맺고 그들의 현실과 당면한 괴로움을 이해하기 위해 노력할 때다.

나는 아프리카계 미국인인 CNN 비평가 반 존스가 나오는 비디오를 보았다. 백인 경찰이 흑인에 의해 막 살해당했을 때인데, 한 젊은 백인이 반 존스에게 흑인에 대한 인종 폭력에 초점을 맞춘 것에 항의하고 있었다. 반은 "경찰차 안에서 흑인이 죽었을 때 당신이 운다면, 그 몹쓸 광신자가 백인 경찰을 쏴 죽였을 때 내가 운다면 … 당신도 울고 나도 그만큼 운다면, 함께 운다면 … 그런 후에야 경찰이, 아이들이 더 나아지는 방법을 우리가 찾을 수 있어요….” 적대적이었던 만남은 상호 존중과 따뜻한 포옹으로 끝났다.

비실제적 타인 집단 관련 연민 훈련에서는, 먼저 유색인종, 백인, 이슬람교도, 특정 성적 취향이나 성정체성의 연대 집단과 같은 안전하면서 관계 맺기가 가장 쉬운 사람들과 합심하여 이해와 치유를 심화시키는 것이 자연스럽고 효과적이다. 하지만, 계속 진화하기 위해서는 “어디 아프니?”라는 마음으로 원을 키우면서 보살핌을 확장시켜야 한다. 서로 달라서 갈등을 겪는 인종, 종교, 정치적 관점의 사람들이 함께 시간을 보내면서 서로의 고통을 향해 보살핌을 깨워야한다. 반의 말대로, 보다 나은 세상을 만들기 위해 함께 울어야 한다.

Q _ 백인인 나는 인종차별주의를 아주 유감스럽게 생각한다. 하지만, 백인으로서의 특권을 알수록 흑인 친구들과 있을 때 보다 자기-의식적으로 되고 더욱 죄책감을 느낀다. 이것이 도움이 안 되는 줄 잘 알지만 어찌해야 할지 모르겠다.

A _ 현 사회에서 백인들이 피부색으로 암암리에 이익을 얻는 특권을 깨닫는 것은 정의롭고 연민이 가득한 세상으로 발전하는 데 필요하다. 하지만, 백인의 특권을 그토록 악의적으로 만드는 것은 개인의 결점이기보다는 만연한 사회적 조건화이다. 자신의 피부색이나 자신이 속한 사회, 혹은 자

신에게 스며든 편견을 선택할 수는 없다. 이것은 개인을 비난해야 할 문제가 아니다. 그것은 당신의 잘못이 아니며, 당신이 지적한 대로, 죄책감과 자기-의식은 치유에 도움이 되지 않는다. 백인들이 유색인종이 당면하고 있는 현재의 고통과 이 고통을 지속시키는 데 있어서의 그들의 무의식적인 역할에 직면하기 시작하면, 아마 백인 죄책감으로 마비될 것이다.

나는 한 다인종 집단 모임에서 첫 8개월 동안은 강의 때마다 불안하고 어색하고 확신이 없었다. 주관했던 모임 후 사람들을 보내고 텅 빈 거실로 돌아왔을 때 나는 자신을 이 모임의 외부인으로 느끼고 있음을 깨달았다. RAIN을 통해서, 내가 백인인 사실이 상처를 주며, 유색인종 사람들이 가지는 공포를 내가 바로잡지 못할 거라는 수치심에 가닿았다. 물론 나는 불안하고 소외감을 느꼈다. 한마디로, 기분이 좋지 않았다! 예전에 한 백인 연대 집단에서 나의 백인 죄책감을 깨달았고 이제 다시 이를 제대로 자각했기에 인종차별주의를 개인적으로 여기는 내면을 보살필 수 있었다. 시간이 걸리긴 했지만, 그것은 백인으로 조건화된 정체감의 일부이며 개인적인 잘못이 아님을 깨닫자 자유로워지면서 그 모임에 보다 몰입할 수 있었다. 그래서 나는 반인종차별주의 운동의 더 나은 일원이 되었고, 몇몇 소중한 우정을 쌓을 수 있었다.

자신의 피부색이나 사회를 선택할 수는 없지만, 인종차별주의의 고통에 어떻게 대응할지는 선택할 수 있다. 정도는 다르지만, 모든 사람이 인종차별주의로 고통을 겪고 있다. 자신이 지배집단이든 피지배집단이든 마찬가지다. 관심을 기울이지 않으면 영적인, 혹은 여타의 자유는 없다. 행동을 촉구하던 발레리 카울(Valarie Kaur)의 멋진 외침이 생각난다. "우리는 인종차별주의의 고통과 더불어 호흡해야 합니다. 그 고통을 느끼고 연민을 가져야 합니다. 그리고 변화시키려면, 밀어내고, 적극적으로 개입해야 합니다. 숨을 들이마시고 밀어냅시다!"

기억해야 할 네 가지 :
깨어있는 가슴으로 살아가기

지혜는 내가 아무것도 아니라 말하지.

사랑은 내가 전부라고 말하지.

그리고 이 둘 사이로 나의 삶이 흘러가네.

_스리 니사가다타(Sri Nisargadatta)

25년쯤 전에 친구이자 동료인 루이사 몬테로-디아즈와 함께 선 지도 자인 틱낫한(Thich Nhat Hanh)이 이끄는 주말 명상에 참가했다. 우리는 그분이 곁에서 지도해주는 게 기뻤고, 강의와 부모 노릇을 하느라 바쁘게 보내다 이틀을 쉬게 된 것도 즐거웠다. 하지만 가장 잊을 수 없는 것은 명상이 마무리되던 방식이다.

틱낫한이 참가자들에게 짝을 찾으라고 했고 루이사와 나는 재빨 리 짝을 이루었다. 그는 상대에게서 붓다를 본다고 여기면서 절을 하 라고 했다. 그런 다음 포옹하고, 포옹한 채로 호흡을 길고 깊게 세 번 하 라고 했다. 첫 번째 호흡에는 "나는 죽을 것이다", 두 번째는 "당신은 죽을 것이다.", 세 번째는 "그리고, 우리는 이렇게 소중한 순간을 함께 하고 있다."를 생각하라고 했다.

루이사와 나는 포옹을 푼 후 말없이 서 있었다. 그녀를 향한 부드러움이 내 안에 가득했다. 그녀는 한정 없이 다정하고 독특하고 멋진 친구였다. 나 역시 그녀의 미소와 빛나는 눈에서 나를 향한 따스함을 느낄 수 있었다. 우리는 이야기를 나누고, 다른 참가자들에게 작별인사를 하고, 솔숲을 지나 차로 걸어가고, 집으로 가는 차 안에서 웃고 이야기하고 말없는 가운데서, 열린 가슴의 현존감 안에 있었다.

사랑, 창의성, 놀이, 아름다움, 지혜 등 우리가 가장 중요하게 여기는 것들은 오직 지금 여기서 경험할 수 있다. 하지만 너무나 쉽게 "우리에겐 이 소중한 순간만 있을 뿐이다."를 잊은 채 삶을 질주한다. RAIN은 잠시 멈춰서 지혜롭고 연민이 가득한 현존감과 다시 연결되어야 한다는 것을 상기시켜 삶과 가슴을 하나로 연결시킨다.

이 여정을 마무리하면서 일상생활에서 나를 이끌어주는 네 가지를 공유하고 싶다. 네 가지 각각은 당신이 자동반응성에 붙잡히려 할 때 당신이 지닌 자연스러운 보살핌과 지성을 되살릴 것이다. 이 비공식 훈련은 RAIN에서 나왔으며, 직장에서의 힘든 순간, 불편한 대화, 그리고 진정한 자신으로 살기 위해 지지가 필요한 모든 상황에 적용될 수 있다. 이것은 우리가 계속 나아가기 위한 자양분이다.

이 네 가지를 규칙적으로 연습하면, 열린 가슴, 평정심 등 당신이 가장 중요하게 여기는 마음 자질이 활용되고 강해지고 자리 잡을 것이다. 이렇게 고양된 마음 상태를 지속적인 특성으로 바꾼다면, 일상에서 미래 자기의 잠재력이 만개할 것이다.

기억해야 할 네 가지

현존감을 위해 멈춘다.
여기 존재하는 것에 예스, 라고 말한다.
사랑을 향한다.
자각 안에서 휴식한다.

현존감을 위해 멈춘다

로스앤젤레스의 갱단 관련 일로 유명한 예수회 수사이자 작가인 그레고리 보일(Gregory Boyle) 신부가 한 이야기다. 주일 오전 미사를 마치고 세례식을 행하기 전에 그는 편지가 드나드는 작은 창이 있는 자기 방에 잠시 가 있었다. 그런데 갱단 일원이자 때로 매춘도 하는 카르멘이 들어오더니 의자에 털썩 앉아 이야기를 늘어놓기 시작했다. 도움이 필요하고, 가톨릭 학교를 다녔고, 재활센터를 수없이 들락거렸고, 자기를 모르는 사람이 없다는 이야기를 했다. 그는 계속 시계에 눈이 가 있었다. 5분 후에 세례 받을 가족이 오기로 되어있었기 때문이었다.

갑자기 카르멘이 그를 똑바로 쳐다보았는데 눈에 눈물이 가득했다. 고등학교에서 퇴학을 당한 후에 헤로인을 시작했고 끊기 위해서 계속 애쓰고 있다고 했다. 그리고 천천히, 분명하게 말했다. "나는 …
음 … 수치스러워요." 그레고리 신부의 책에 의하면, "갑자기 그녀의
수치심이 나의 수치심과 만난다. 왜냐하면 카르멘이 들어왔을 때 나는
그녀를 방해꾼으로 여겼기 때문이었다."

대부분 사람들은 이곳에서 일어나는 일을 처리해야 할 방해물로
가정하면서 마음이 딴 곳에 가있는 게 어떤 건지 잘 안다. 타인들이 방
해꾼이 되지만 그것이 전부는 아니다. 우리는 하루의 표면을 미끄러져
가면서 자신의 가슴과 자각과 만나지 못한다.

나는 사무실에 가장 좋아하는 구절을 붙여놓았다. "친절해지기 위
해서는 자신의 길에서 규칙적으로 방향을 틀어야 한다." 이것의 어려
움은 선한 사마리아인 연구라는 유명한 사회과학 연구에서 조명되었
다. 연구주제는, 곤경에 처한 낯선 사람을 도와줄 가능성에 영향을 주
는 것은 무엇인가, 였다. 연구자들은 신학교 학생들(헌신적으로 봉사할!)
에게 선한 사마리아인이라는 성서 이야기에 대한 짧은 설교를 준비하
라고 했고, 신학생들은 자신의 설교를 발표하기 위해 다른 건물로 가
야 했다. 몇 사람에게는 시간이 충분하다고 하고, 몇 사람에게는 이미
늦었다고 했다. 도중에 그들은 고꾸라져 기침을 해대고 있는, 분명 곤
경에 처한 남자(연기자)가 앉아 있는 현관문을 통과해야 했다. 연구의
핵심 결론은 이것이었다. 늦었다고 생각한 학생들의 경우, 선한 사마
리아인에 대한 설교를 하러 가는데도 멈춰서 도움이 필요한지 물어볼
가능성이 훨씬 더 적었다.

특히, 두려움, 수치심, 분노 같은 강렬한 정서가 좌지우지하고 있
을 때는 그 자리에서 그 불쾌한 감정을 느끼지 않기 위해서라면 우리

는 뭐라도 할 것이다. 자동반응적인 트랜스 상태에 있는 것은 자전거 페달을 밟아 현재 순간에서 점점 멀어지는 것과 비슷하다. 스트레스를 많이 느낄수록 페달을 더 빨리 밟는다.

자녀를 무시한 것, 중독의 광란, 사고를 낸 것, 학대받는 관계를 유지했던 것 등 가장 후회스러운 일이 무엇이든, 모든 것은 자동반응적 트랜스 상태에 갇혀있을 때 일어난다. 트랜스 상태에서는 방향을 바꿀 수 없고 자신과 타인에게 친절할 수 없다.

현존감을 위해 멈추는 것은 여기 존재하는 것을 인지하고 인정하고 페달 밟기를 멈출 때 시작된다. 우리는 습관적인 통제, 즉 불쾌함과 불편함을 회피하고 쾌감을 추구하려는 전략에서 벗어나는 법을 배우려고 한다. 일상에서 비공식적으로 이런 멈춤을 연습하는 것은 불편하거나 두려울 수도 있고, 활력을 주거나 편안할 수도 있다. 기분이 어떻든, 멈춤은 자신의 가슴과 함께 하는 삶, 현존감으로 가는 입구다.

기억하기 : 현존감을 위해 멈추기

이제, 중간 정도의 스트레스와 자동반응성이 있는 상황에서 멈춤을 시도해보자. 답장이 필요한 이메일이 쏟아질 때, 임박한 마감일이 걱정될 때, 부담스러운 회의에 참석할 때, 친구나 동료, 가족 문제로 불안한 경우 등이다.

멈춤 자체는 간단하다. 하던 일을 중단하고, 가만히 있으면서, 잠시 그 순간의 정서와 생각을 인지하고 인정한다. 그런 다음 서너 번 길고 깊게 호흡한다. 호흡을 할 때 들숨과 날숨의 길이를 맞춘다. 가슴과 폐를 채우도록 충분히 들이쉬고, 길고 느리게 내쉰다. 마친 후 변한 게 없는지 살피고 하던 일을 계속한다.

보다 강렬한 정서적 촉발과 관련된 상황들을 포함시켜 나가면서 의도적인 멈춤 훈련 상황을 늘려보라. 시간이 지나면서, 보다 광범위한 상황에서 멈출 수 있고 당신 내면의 명료함, 회복탄력성, 가슴에 보다 가까워질 것이다.

여기 존재하는 것에 예스, 라고 말한다

6장에 나왔던 성인은 영적 치유를 찾아 나선 이들에게 중요한 질문을 던졌다. "당신은 무엇을 느끼고 싶지 않은가요?" 현존감에서 계속 달아나게 하는 것은 흔히 고통스럽거나 낯선 경험에 대한 두려움이다. 하지만 예스, 라고 말함으로써, 우리는 연민이 필요한 곳을 자각의 빛 안에 들일 수 있다. 예스, 라는 말은 순수한 믿음, 확신, 치유로 가는 문을 열어준다.

나는 가까운 친구이자 사랑받는 불교 지도자인 체리 메이플스의 삶과 죽음에서 이를 가장 뼈아프게 목격했다. 그녀는 자신의 "예스"로 나뿐 아니라 많은 이들에게 영감을 불러일으켰다.

체리가 탄 자전거가 트럭과 충돌한 후 첫 몇 주 동안, 의사들은 그녀가 자신의 신체에 대한 광범위하고 다양한 트라우마를 이겨낼 수 있을지 염려했다. 설사 이겨낸다 해도, 평생 야외 활동을 몹시도 즐겼던 스포츠 애호가 체리가 다시 걷지 못하리라고 의사들은 확신했다. 불자 서약을 하기 전 체리는 경찰관이자 사회 운동가이자 위스콘신 주의 부법무장관이었다. 이다지도 독립적이었던 여자가 이제부터는 누웠다가 앉는 것, 소변보는 것, 목욕, 거의 모든 면에서 타인의 도움을 받아야 되는 것이다.

그런데 그녀가 몇 달째 머물고 있는 집중 재활센터를 방문했을 때 그녀는 평소처럼 따뜻하고 즐겁고 밝은 모습이었다. 그렇게 급작스러운 삶의 전환을 겪고도 어떻게 여전히 행복할 수 있었을까? 체리 말을 옮기자면, "나는 이미 최악의 죽음에 직면한 적이 있어. 그래서 이대로도 살 수 있어."

이보다 2년 전에 체리는 배우자와 9년 만에 고통스럽게 결별했다. 우울에 빠져든 체리는 자신을 전혀 통제하지 못했다. 강의와 사회 활동, 야외 취미생활과 공식적 명상 수련에 빠졌다. 몇몇 친구 외에는 모든 사람들을 멀리했다. 자신의 중심에 있던 무언가가 죽었다고 내게 말했다. "나는 세상과 친밀하게 지낼 수 있다는 희망을 잃어버렸어."

그후, 아주 느리게, 마음챙김과 자기-친절이라는 RAIN의 비공식적 훈련이 그녀에게 뿌리내리기 시작했다. 그녀는 최악의 죽음, 즉 사랑을 잃어버린 고통을 인정하고 예스, 라고 말하기 시작했다. 명확하게 말하면, 완전한 "예스"도, 저항이 전혀 없는 열린 수용도 아니었다. 그보다는, 마음이 내키면 외로움, 공포, 소외감의 파도에 접촉하여 그것들을 있는 그대로 내버려 두는 정도였다. 인지하고 인정하기. 예스, 라고 말하기. 시간이 흐르면서 그 "예스"가 점점 연민으로 채워졌다.

몇 달에 걸쳐 체리가 상실의 현실에 몸과 마음을 열고 충분히 슬퍼하게 되면서 우울의 촉수가 점차 가라앉았다. 삶에 대한 열린 마음과 자신의 회복탄력성에 대한 깊은 믿음으로 그녀는 새롭게 태어났다. 우리는 다른 친구와 함께 수련회를 지도했고 체리는 창의성과 기쁨에 차 있었다. 늘 그랬던 것처럼, 체리는 자신의 상처에 용감할 정도로 솔직했다. 자신의 삶에 예스, 라고 말하면서 점점 더 두려움 없이 살아갔다.

체리의 치유를 지켜본 나는 인지하기와 인정하기의 본질을 파악한 가르침을 다시 생각했다. 바로 "당신의 모서리를 만나 부드럽게 만들라."는 것이다. 자신의 모서리를 만난다는 것이 때로는 분노, 초조함, 낙담의 감정을 인지함을 의미한다. 혹은, 무너지려는 관계, 생명을 위협하는 질병, 사랑하는 이의 고통에서 오는 고뇌와 패배를 인정하는 것이기도 하다. 우리는 예스, 라고 말하면서 저항을 보내고 경험을 있는 그대로 인정하면서 부드럽게 만든다. 삶은 크든 작든 쉬지 않고 고난의 물결을 일으키므로 이것은 현재진행형 훈련이다. 모서리를 만나 부드럽게 할 때마다 점차 우리는 자신의 행로에 들어서는 무엇이든 다룰 수 있다고 확신한다.

체리는 우리가 함께 한 수련회 일주일 후, 그리고 그녀가 이전의 활동적인 생활로 돌아온 지 여섯 달 후, 자전거 사고를 당했다. 이제 그녀는 가장 기본적인 일상생활에 대한 통제 상실이라는 또 다른 죽음에 직면하고 있었다. 하지만 이번에는 달랐다. 그녀는 자신의 모서리를 부드럽게 만드는 법을 알았다. 그녀는 비영원성과 상실에 예스, 라고 말할 수 있었고, 이러한 죽음과 더불어 살 수 있었다.

예스, 라고 말하는 것은 우리 가슴의 지혜를 표현하는 것이다. 저항하거나 움켜쥐지 않고 있는 그대로의 실재에 열려있을 때만 우리의 가슴과 지성이 온전하게 살아난다. 이 순간에 예스, 라고 말할 때만 우리는 자신과 타인의 삶에 근본적 연민이라는 용기로 대응할 수 있다.

기억하기 : 여기 존재하는 것에 예스, 라고 말하기

깊은 두려움과 상실에 마음을 열어야 할 때, 먼저 중간 강도의 불편함과 불쾌감에 예스, 라고 말하는 훈련을 하여 회복탄력성과 확신을 발달시킬 수 있다. 소화가 안 되거나 두통이 있을 때, 지각할까 불안할 때, 차의 기름이 떨어져가 초조할 때, 친구 결혼식에 참석하지 못해 속이 상할 때, 예스를 시도해볼 수 있다. "예스"가 다른 사람이 하는 일이 아니라 자신의 경험을 향해야 한다는 것을 명심하라. 당신은 정서적 자동반응성이나 내면의 갈등 같은 자신의 모서리와 만나 이를 부드럽게 하려는 것이다.

시작하는 방법 몇 가지를 소개한다.

- 마음으로, 혹은 부드러운 목소리로 "예스"라고 말한다. "괜찮아.", "동의해.", "나의 일부야.", 혹은 받아들임을 의미하는 어떤 말이나 구절도 괜찮다.
- 취약성, 낙담, 불편함, 고통이 자리한 내면의 장소로 "예스"를 직접 보낸다고 상상한다.
- 내면의 경험을 존중하는 마음으로 절을 하거나 절하는 모습을 마음으로 그려본다.

사랑을 향한다

체리도 우리처럼 누구에게 도움을 청하거나 받는데 전혀 익숙하지 않았다. 그녀는 성격이 급하고 일을 빨리 처리하는 사람이었다. 사고 후, 그녀는 예스, 라고 말하는 것이 전적인 의존성에 굴복한다는 뜻임을 알았다. 그녀는 정신적 혼란 상태인 자신을 타인들이 바라보는 것, 극심한 통증, 정서적 스트레스, 무력감의 상태 등을 수용해야만 했다. 모르는 사람들이 자신의 몸을 다루는 것을 받아들여야 했다. 똑바로 앉는 데 시간이 많이 걸리는 것, 원하거나 필요한 모든 것을 부탁해야만 한다는 사실을 받아들여야 했다.

취약성의 원초적 모습과 깊이에 예스, 라고 하는 것은 그녀가 한 번도 상상한 적 없는 어떠한 것으로 마음을 열게 했다. 내가 방문했던 날, 체리는 어느 저녁에 자신을 목욕시켜주러 온 한 간호사에 대해 이야기했다. "그녀는 모르는 사람이었어. 조용하고 자그마한 과테말라 여자였지. 쉴 새 없이 떠드는 타입은 아니었어. 그런데 두피 마사지부터 목과 등에 비누칠을 하는 모든 동작에 사랑이 넘쳤어. 그저 도와주고 있는 게 아니라 나를 아끼고 있었어. 그녀는 사랑으로 나를 목욕시켜준 천사였어!"

이 도움은 한 번만 있었지만, 사실 체리는 기도가 담긴 카드와 세심한 선물, 지인들로 된 후원 팀의 헌신적인 지지와 끝없는 보살핌, 매주 방문하는 치유자 모임 등 사방에서 밀려드는 사랑으로 목욕을 하였다.

그날 내가 그녀의 침대 곁에서 봤던 대로, 체리의 "예스"는 사랑을 받는 공간뿐 아니라 자유롭고 유쾌하게 사랑을 주는 공간도 만들었다. 그녀의 심전도를 확인하려고 들른 간호사는 체리와 함께 홈팀인 페커스 팀의 승리를 기뻐했다. 나이 든 간호사가 오자, 체리는 그녀 남편의 안부를 물었고, 그녀는 가까이 다가가더니 남편이 최근 실직한 이야기를 세세하게 말했다. 체리는 한 친구의 책 출판에 대한 홍보 전략을 내게 이야기했고, 중독으로 고생하는 아들을 둔 수련생을 걱정했다.

함께 한 시간 내내 이런 열린 가슴의 영혼이 넘쳤다. 체리는 숨겨놓은 생강 사탕을 내게 주었다. 최근의 방문객인 반려견 베어가 그녀 곁에 누워서 찍은 사진을 보고, 나도 베어 위치로 가 우정 사진을 찍었다. 그녀의 도우미견이 되기 위한 내 훈련 이야기로 농담을 주고받았다.

그날 종일 우리는 "다만 이 소중한 시간"을 누리고 있음을 자각했다. 저녁에 헤어질 때 우리는 이것이 개인적으로 함께 하는 마지막 시간일 수도 있음을 알았고, 실제로 그렇게 되었다. 하지만 우리가 함께 나누었던 마음의 공간은 슬픔을 품을 만큼 넉넉했다. 우리는 뒤로 물러섬 없이 서로 사랑할 수 있었다.

알다시피, 누가 심하게 아프거나 자연 재앙이나 비극에 처해 있을 때는 마음을 열고 사랑을 베풀기가 보다 쉽다. 하지만, 사랑의 현존감을 **특성**으로 발달시키고, 삶 속에서 일관되게 구체화하고 표현하고 싶다면, 사랑을 향하는 연습을 매일 여러 번 해야 한다. 마음을 따뜻하고 부드럽게 하고 열리도록 집중해야 한다. 이는 큰 정서적 경험을 찾는 게 아니다. 단지 "방향을 돌리는 것"이 씨앗을 움트게 한다.

힘든 시기일 때 나는 그저 친절의 **뜻**을 상기하거나 속으로 "친절"이라는 말을 속삭이는 것만으로도 부드러워지기 시작한다. 때로는 스스로에게 보살핌의 메시지를 속삭이고 가슴에 부드럽게 손을 얹는다. 사랑하는 사람이 이마에 입맞춤하는 느낌을 자주 상상하고, 사랑의 현존감이 충만해지면 타인들에게 보살핌을 보내려고 한다. 이 모든 것은 잠깐이면 가능하며 이런 순간은 하루에도 여러 번 생길 수 있다.

나는 자신과 타인에게 결국 중요한 것은 진지한 의도임을 알았다. 몸과 마음이 혐오의 덫에 걸려있더라도 우리 마음의 부드러움과 빛을 향한 문은 열려있다.

기억하기 : 사랑을 향하기

외롭고 우울하고 불안하며 자기-판단에 붙잡히거나 타인을 비난하고 있음을 자각하게 되면 의도적으로 사랑을 향한다. 다시 사랑과 연결되기 위해 여러 방법을 시도하라. 몇 가지 접근법이 있다.

- 자신에게 보살핌의 메시지나 기도를 보낸다(마음으로나 소리 내어 속삭이면서).
  예 : "내가 행복하기를", "내가 편안하기를", "친절하기를", "괜찮아", "미
  안하고 사랑해", "내가 사랑으로 치유되기를"
- 사랑하는 사람이나 연민이 많은 영적 존재로부터 보살핌의 메시지를 받
  는다고 상상한다.
- 가슴에 한 손이나 두 손을 얹는다. 자신을 안는다. 자신의 뺨에 위로의 손
  을 얹는다. 두 손을 모아 기도한다.
- 따뜻한 빛으로 둘러싸여 있다고 상상한다. 사랑하는 사람이나 연민이 많
  은 영적 존재의 품에 안겨있다고 상상한다. 자신의 내면의 아이를 안아
  주고 있다는 상상을 한다.
- 사랑 안에 들어있다는 느낌을 상상한다. 보살피고 싶은 마음을 표현하는
  사랑하는 사람의 눈을 떠올린다. 그 보살핌의 온기가 당신 몸으로 들어
  와 당신을 씻기고 목욕시킨다고 생각한다.
- 당신 삶 속의 사랑하는 사람들과 그 외 사람들, 그리고 당신이 모르는 사
  람들에게 당신의 보살핌을 보낸다. 메시지, 그리고/혹은 이미지를 통해
  보낼 수 있다.

더 자주 의도적으로 사랑을 향할수록, 즉 더 자주 사랑을 표현하고 받아들
일수록, 일상에서 자연스러운 보살핌과 연민이 자발적으로 더 자주 일어날
것이다.

자각 안에서 휴식한다

RAIN 훈련법에서, 통합과 치유와 자유의 중요한 순간은 네 단계를 모

두 마친 **직후에** 일어날 때가 많다. 그래서 나는 현존감 안에서 그저 관찰하고 휴식하는 RAIN 이후 단계를 강조했었다. 개방성, 깨어있음, 진정한 본성의 부드러움을 직접 경험하는 것은 아무것도 하지 않는 바로 이 시간이다. 이 순간들은 의식 그 자체의 무형의 광채, 자신이 존재감의 본질을 드러낼 수 있다.

그러나 많은 사람들이 "하던 일을 멈추고 자각 안에서 휴식하라"는 초대를 건너뛰거나 단축시킨다. 우리는 쉴 새 없이 움직여 다른 무엇을 하게끔 조건화되어있다. 시계는 여전히 째깍거리고 할 일은 항상 남아 있다. 그 결과, 명상 중이나 일상에서 순수하게 존재하는 순간은 아주 드물다. 그렇지만, 삶의 끝에서 뒤돌아본다고 치면, 자신이 편안하고 타인과 연결되고 충만하게 살아있는 느낌 같은 가장 중요한 경험은 이런 열린 현존감에서 생겨난다.

만약 정서적으로 혼란한 상태라면 자각의 배경 자체를 알아채기 힘들다. 그럴 때는 당연히 강박적 사고, 두려움, 결핍이라는 전경에 고착되기 때문에, RAIN으로 마음챙김과 연민을 다시 깨우는 게 도움이 된다. 하지만, RAIN을 마쳤거나 일상에서 비교적 이완되어 있다면 지각의 렌즈가 보다 크게 열려있다. 그래서 이미지, 소리, 감각의 변화하는 물결 뒤에 배경이 되는 의식이 있음을 더 쉽게 감지한다.

내가 가장 좋아하는 한 가지 훈련이 있다. 읽기를 멈추고, 눈을 감고, 이십 초 동안, 알아채지 않도록 하기. 자, 시작!

성공했는가? 당신은 자각을 멈출 수 없음을 알았을 것이다. 자각은 여기 항상 존재하며 무슨 일이 일어나는지 항상 보고 있다. 그러나 우리는 마음 안의 영화, 정서, 혹은 외부의 대상에 초점을 두고 있어 자각 그 자체를 알아차리지 못한다.

소리나 감각에서 그것을 자각하는 것으로 주의를 옮겨 그 무형의 현존감 안에서 쉬면서 존재 경험에서의 근본적인 변화를 허락하라.

황금불상 이미지를 회상해보자. 대부분의 시간, 우리의 정체감은 자기-이야기, 성격, 방어, 결핍, 두려움, 성취와 실패 같은 외부 덮개에 매달려있다. 이 덮개는 존재의 자연스러운 일부이긴 하지만 존재의 전체성을 반영하지 못한다. 자각 안에서의 휴식은 존재의 광대함, 아름다움, 신비와 우리를 다시 연결시킨다. 자각이라는 깨어난 무형의 공간은 사랑, 지혜, 창의성의 원천이다. 그것이야말로 삶의 신성한 본질, 황금인 것이다.

기억하기 : 자각 안에서 휴식하기

마음이 고요하고 현재에 머물 때 자각 안에서 쉬겠다는 의도를 가져본다. 잠자리에 누워 느긋한 기분이 들 때, 바람소리나 빗소리를 듣고 있을 때, 구름의 형태나 꽃의 섬세함을 바라보고 있을 때, 편안한 침묵 가운데 누군가와 함께 있을 때다. 목적지에 도착해서 차에서 내리기 전이나 창밖을 내다보고 있을 때이기도 하다.

눈을 감고 고요한 상태로 생각과 감각, 이미지와 소리 등 당신이 경험하고 있는 것의 전경을 관찰한다. 모든 것을 그대로 둔다. 그런 다음 배경이 되는 무형의 자각, 자신의 현존감을 알아차린다. 어떤 자각인가? 침묵을 느낄 수 있는가? 고요함은? 만사가 일어나는 이 광활함은? 이완하고 이 자각 안에서 휴식하라. 자각 자체가 **되어라.**

몇 초만 지나면 마음은 전경의 어떤 것, 아마 예정된 일 생각에 다시 고착될 것이다. 이것은 자연스러운 것이다. 자각에 대한 자각(또 다른 "행위"인)을 유지하려 애쓰지 말고 하루를 보내면서 그저 마음을 챙겨본다.

자각 안에서 휴식하기를 훈련하는 가장 좋은 방법은 하루 동안 짧게 여러 번 해보는 것이다. 호기심을 갖고 편안한 마음으로 실천해보면 차츰 우리의 본향, 내면의 고요함에 가까워져 그 안에 들게 될 것이다.

황금을 신뢰하기

기쁘게도 최근에 손녀 미아가 태어나는 모습을 보게 되었다. 미아가 태어나는 순간 나는 이 평범하면서 놀라운 기적에 갑자기 마음이 열리면서 눈물이 나왔다. 모두들 안정을 되찾고 미아가 제 엄마 품에서 만족스럽게 우유를 먹고 있을 때 미아를 위해 어떤 기도를 할까 자문해보았다. 그것은 바로 미아가 자신의 미덕을 믿는 것이었다. 미아가 자신의 존재에 내재하여있는 자각과 지성, 사랑을 깨닫고 믿는 것이었다.

미아가 어떤 성격을 가질지, 건강과 인간관계, 학업과 자신의 세상에서 어떤 어려움에 직면할지 누가 알겠는가? 미아가 자신과 모든 존재 안에 있는 미덕을 기억할 수 있다면 진정한 행복을 알 것이다. 그뿐 아니다. 이 세상에서 마음을 일깨우는 일에 도움이 될 수도 있다.

미아를 위한 기도는 우리 모두를 위한 기도이다. 우리가 자기-의심, 정서적 자동반응성, 분열과 해악을 일으키는 행동 방식에 사로잡히는 것은 자연스러운 일이다. 우리는 개인으로서 이렇게 하며, 사회적 수준에서는 인간이든 다른 동물이든 다른 존재에 등을 돌린다. 헌데 한 종으로서의 발달 과정에서, 우리는 의도적으로 자신의 가슴과 마음을 진화시킬 수 있는 지점에 서 있다. 마음챙김과 자기-연민을 발달시킬 수 있다. 비실제적 타인이라는 가면 너머를 보는 법을 배울 수 있다. 자신과 타인 안에 있는 황금을 인지하고 드러낼 수 있다.

당신이 훈련하는 것이 무엇이든지 점점 더 강력해진다는 것을 알았으면 한다. RAIN을 더 많이 훈련하고 네 가지 기억해야 할 것을 일상에서 더 많이 이용한다면 열린 가슴의 자각에 점점 더 익숙해질 것이다. 시간이 지나면 그 어떤 습관적인 성격 덮개보다 이런 기본적인 미덕이 당신 존재의 진실임을 느낄 것이다.

또한 자각에도 계절이 있음을 알기 바란다. 깨달음 후에도 붓다에게 마라라는 어둠의 신이 계속 찾아왔던 것이 기억나는가? 부처는 명료함과 친절로 응대하곤 했다. "마라, 당신이 왔군요. 차나 한잔 합시다." 그렇게, 매번 마음챙김과 자기-연민으로 역경을 마주하면 확신이 자랄 것이다. 자신에 대한 제한적인 옛 이야기가 당신을 정의하지 못한다. 위협적인 정서가 올라오더라도 당신은 기본적으로 훌륭하다는 것을 믿을 수 있다. 그리되면 마라와 차를 마시는 일이 삶에 대한 우아하고, 유머 있고, 지혜롭고, 친절한 응답이 된다.

마지막으로, 삶이 아무리 외롭더라도 이 길에 혼자가 아님을 기억하라. 우리는 홀로 깨어날 수도 없고 깨어나지도 않는다(혹은 고통 받을 수도 없고 고통 받지도 않는다). 우리는 늘 연결되어있고, 늘 영향을 주고받고, 자신의 미덕을 비춰주고 잠재력을 상기시켜 줄 상대방을 필요로

하면서, 존재의 그물망에 얽혀있다.

마무리를 하면서, 우리 인간들이 모든 존재 안에 든 황금을 보고 믿고 존중하는 그런 세상을 당신이 상상해보길 바란다. 자신에게 진실한 삶을 살도록 서로 돕고, 서로 위로하고 동행하며, 함께 아름다움을 창조하고, 함께 깨어나 이 지구와 모든 존재들을 한 마음으로 보살피는 모습을 상상하길 바란다.

우리는 잠시 멈춰 여기 존재하는 것에 예스, 라고 말하면서, 사랑을 향하고 자각 안에서 휴식하면서, 근본적 연민의 씨앗을 뿌린다. 이것이 현존감을 발달시켜 연민으로 살도록, 깨어난 가슴에 진실하게 살도록 우리를 안내한다.

모쪼록 우리가 믿는 세상을 계속 함께 만들어가기를, 사랑의 자각이라는 축복이 사방으로 한없이 번져나가길 염원한다.

두문자어 RAIN의 진화

RAIN의 최초 버전 (미셸 맥도날드 Michele McDonald)

Recognize

Allow

Investigate

Non-Identification

RAIN의 현재 버전

Recognize

Allow

Investigate

Nurture

RAIN 이후

나는 1990년대 중반에 RAIN의 최초 버전을 알게 되어 여러 해 이를 가르쳤다. 많은 다른 이들과 마찬가지로, 복잡한 정서 상태일 때 나를 이끌어줄 기억하기 쉬운 마음챙김 도구가 있어 감사했다.

이 시기에 나는 나 자신의 삶에서 발견한 핵심에 맞추어 RAIN을 조정했다. 자기-친절이 없는 치유란 없다. 이것은 수련생들의 경험에서도 명백했다. "이 수치심을 관찰해야한다는 것을 알아요. 하지만 그러기 싫어요. … 수치심을 지닌 나도 싫고요." 나는 자기-연민의 필요성을 깨닫고 수련생들에게 자신의 내면의 삶으로 진정한 관심과 보살핌, 다정함을 가져와 "친절한 마음으로 살펴보기"를 하라고 격려했다.

수련생들은 또한 동일시하지 않기(N : Non-identification)를 힘들어했다. 그들은 "당신은 어떻게 동일시하지 않기 단계를 **하는지요?**"라고 자주 묻곤 했다. 나는 그건 실제로 단계가 아님을 설명해야 했다. RAIN의 R-A-I 단계는 제한적 자기-감각을 초월하는 온전한 현존감을 일깨운다. 동일시하지 않기는 우리가 의도적으로 "하는" 무엇이 아니라 자연스럽게 일어나는 존재의 상태다.

연민이라는 적극적 단계의 필요성과 동일시하지 않기와 관련된 혼란으로 인해 2014년에 이 두문자어를 변화시키고 싶다는 동기가 촉발되었다.

현재 버전의 마지막 단계인 보살피기는 연민의 꽃을 활짝 피우라고 북돋운다. 그것은 마음챙김과 따뜻한 가슴이라는 두 날개의 균형을 잡아준다.

동일시하지 않기는 RAIN이후 단계에서 가장 잘 감지된다. 봄비가 내린 뒤 대지가 꽃을 피우듯 RAIN의 네 단계를 통해 깨어난 당신은 명료하고 열려있는 현존감 안에서 쉴 수 있다. 당신은 더 이상 두려움이나 분노 같은 스쳐가는 상태와 동일시되지 않고 당신의 본향인 경계 없고 깨어있고 사랑이 가득한 자각을 발견한다.

RAIN은 갈등 해결, 임상 장면, RAIN 동반자와 같은 대인관계 명상(부록 2)에도 사용되면서 활용 범위를 계속 넓히고 있다. 지혜와 연민이라는 가장 소중한 인간의 능력을 일깨우는 RAIN 훈련법이 세상에 퍼지는 데 많은 이들이 함께하길 바란다.

RAIN의 동반자

타인과 함께 훈련하기

RAIN 동반자에 대한 생각은 주말 워크숍 참가자들이 준 피드백에서 비롯되었다. 나는 수 년 간 네 명으로 된 집단으로 RAIN 훈련을 지도했다. 수련생들은 시작할 때 어떤 문제를 다루고 싶은지 이야기하고, 끝날 때는 힘든 점과 통찰, 개방성에 대해 간단히 보고한다.

많은 사람들이 이렇게 하는 것이 아주 효과적임을 알게 되었다. 나는 특히 RAIN에 이미 익숙한 사람들의 보고에 감동했다. 그들은 동료의 지지적 현존감이 자신의 내면 작업을 심화시켰으며, 치유과정에 함께 있는 것이 진정한 연결감을 형성했다고 이야기했다.

그들의 경험을 듣고, 동반자와 함께 할 수 있고, 명상 연습과 일상생활을 결합할 수 있는 RAIN 양식을 만들고 싶어졌다. 이 부록에서 나는 RAIN 동반자의 핵심 특징을 알리려 한다. 좀 더 깊이 알고 싶다면, www.tarabrach.com/blog-rain-partners-protocol에 있는 전체 원안과 명상 안내를 참고하라.

RAIN의 동반자란 무엇인가?

RAIN을 소집단으로 할 수도 있지만, 대부분의 사람들은 편의상 한 명의 동반자와 하길 원한다. 동반자는 친구나 가족, 동료, 혹은 모르는 사람이 될 수 있다.

　　RAIN의 동반자는 RAIN 명상을 매주, 격주, 매달, 혹은 원하는 대로, 함께 규칙적으로 하는 것에 동의한다. 한 회기는 대략 35분에서 45분 정도 소요되며, 직접 만나거나 전화, 혹은 인터넷으로 할 수 있다. 계속 동반자가 되는 것은 신뢰와 안전감, 상호 지지를 공고히 한다.

RAIN의 동반자가 되기 위한 전제조건이 있는가?

당신과 당신의 동반자는 RAIN의 동반자로 참석하기 전에 RAIN과 관련된 경험 뿐 아니라 반드시 나름대로 정기적으로 마음챙김 훈련을 해야 한다. 시작하기 전에 각 동반자는 원안의 안내사항을 주의 깊게 검토해야한다.

RAIN 회기는 어떻게 진행되는가?

두 동반자는 자신이 힘든 정서 상태였던 상황을 미리 생각해둔다. 이것은 관계, 직업, 건강 문제, 중독 행동, 혹은 사회적 사건일 수 있다. 각 동반자는 자동반응을 유발하는 특정 상황을 염두에 두고 회기에 참석한다. 트라우마를 일으킬 가능성이 있거나 너무 힘든 일이라서 건강한 방식으로 공동 작업할 수 없는 문제는 선택하지 말기 바란다.

원안에 나오듯이, 인지하기와 인정하기 단계에서는 당신과 당신의 동반자가 초점을 두고 있는 힘든 경험을 소리 내어 이름 부르고, 살펴보기와 보살피기는 침묵 속에서 이루어진다. 그런 다음 마지막으로 나누기를 하면 힘들었던 일을 인정하고 가장 기억하고 싶은 통찰이나 열린 마음을 명확하게 할 수 있을 것이다.

또한 원안에 비밀 보장과 같은 기본 안내문이 있으므로 RAIN 훈련을 위한 안전하고 풍요로운 공간 마련에 도움을 줄 것이다.

어떤 점이 도움이 되는가?

RAIN 동반자였던 수련생들의 이야기를 소개한다.

- ○ 동반자가 있으면 책임감이 생긴다. RAIN 회기를 계획했다면 꼭 참석해야 한다.
- ○ 과정에 온전히 몰입하게 된다. 혼자 할 때는 시작해도 흐지부지되거나 그만 둘 때가 있다. 동반자가 있으면 반드시 해야 하고, 모든 단계를 통과해야 한다. 항상 고맙다.
- ○ 함께 하니 훨씬 더 강력하면서 우리를 아름다운 방식으로 연결하기에 이를 우리의 "RAIN 댄스"라 부른다. 서로의 존재가 동반자의 최선을 이끌어낸다.
- ○ 문제점을 나누면 덜 부끄럽고 덜 개인적이면서 다루기가 쉽다. 내면에서 일어나는 일에 호기심을 가지고 자신과 친절한

관계를 맺기가 훨씬 더 쉽다.

- 배운 것을 함께 탐색하면서 더 깊어지는 것 같다. 그리고 마음에 새겨진다. 일주일 내내 기억되고 훈련 때마다 많은 것을 얻는다.
- 동반자가 내게 안전감을 느끼게 하여 혼자 직면하고 싶지 않은 문제점들을 살필 수 있다.
- 이것은 강력한 효과가 있다. 나는 치료사나 집단에 드는 비용을 지불할 필요가 없고 … 같은 배를 타고 있는 사람과 함께 깊은 치유로 나아갈 수 있다!
- 동반자와 함께 하는 것은 깊은 영적 수련이다. 회기가 마칠 즈음이면 작은 내가 사라지면서 "우리"라는 열려있는 자각 안에 들게 된다.
- 동반자와 RAIN을 하면, 놀랍게도 "내 문제"라는 느낌이 변한다. 나 자신을 못마땅하게 만드는 무겁고 어려운 문제가 불쾌하긴 해도 보살핌의 공간에 들어있는 무엇으로 바뀐다.

우리는 항상 자신의 내면의 삶 및 서로와 관계를 맺고 있다. RAIN 동반자 프로그램에서처럼 함께 현존감을 훈련하면 연결성이라는 진실이 의식되고 생생해진다. 시간이 흐를수록 우리는 자신과 모든 존재에서 빛을 발하는 본연의 미덕을 믿게 된다.

RAIN 동반자 프로그램 원안과 명상 안내문이 궁금하다면 www.tarabrach.com/blog-rain-partners-protocol/에 접속하길 바란다.

감사의 말

이 책, 『끌어안음』을 탄생케 한 영감, 협조, 지지의 물결이 은혜롭기만 하다.

뛰어난 편집자이자 친구인 토니 불뱅크와 세 권의 책 출간 내내 함께 한 것은 너무나 큰 행운이었다. 토니의 예리한 시각과 현명하고 애정 넘치는 동반은 작업과정 줄곧 도움이 되었다.

집필하는 몇 년 간 열정과 전문성, 따뜻한 마음에서 우러난 지지로 곁에 있어준 나의 대리인 앤 에델스타인에게 깊은 고마움을 전한다.

연민의 원 확장을 목적으로 하는 책의 영원한 가치를 알아봐준 내 책의 첫 편집자인 바이킹 출판사의 카롤 드산티에게 큰 고마움을 표한다. 또한 이 책이 세상에 나오게끔 자신의 에너지와 비전, 뛰어난 역량을 발휘해준 두 번째 편집자인 로라 티스델도 매우 고맙다.

나의 오랜 친구이자 공동 지도자인 잭 콘필드와 사랑하는 여동생 달샨 브랙이 책을 읽어주었으며, 그들의 의견은 이 책의 명확성, 깊이, 범위를 직접적으로 고양시켰다. 또한 자매 같은 친구 루쓰 킹이 보내준 지혜롭고 소중한 "인종에 대한 마음챙김" 조언에 감사를 표한다.

나의 보조자인 자넷 메릭, 바바라 네웰, 크리스티 샤셸, 레오 길레민, 그리고 수련회 매니저이자 동료 지도자인 라 살미엔토에게 고마움을 전한다. 이 모든 친구들은 다르마에 대한 가르침을 퍼뜨리는 데 온 마음과 창의성, 풍부한 기량을 쏟으면서 자애로운 지지를 보내주었다.

자신들의 마음을 일깨워 타인들에게 봉사하고 영적인 여정에서의 용기와 정직함, 진정성으로 끊임없이 내게 영감을 주는 지도자 친구들과 수련생 모임이 있어, 나는 축복 받은 사람이다. 나의 지역 IMCW 공동체; 포용, 공정, 다양성 위원회(Inclusivity, Equity, and Diversity Committee); 백인 자각(White Awake) 수련 집단, 그리고 나의 다양성 공동체; 지도자-수련 참가자들과 멘토들로 된 전 세계의 나의 공동체, 그리고 늘 나를 지지하는 사운드 트루(Sounds True)의 친구들과 동료들에게 사랑과 감사를 보낸다. 진심으로, 이 모험에 당신들과 함께 동행하는 것이 큰 기쁨이다.

특히, RAIN의 동반자들과 자신의 RAIN 이야기를 들려주었던 많은 이들에게 고마움을 표하고 싶다. … 당신들은 이 책에 엄청난 생명력을 불어넣었다.

댄 시겔과 릭 핸슨의 빛나는 공헌, 자신의 행동과 대화로써 근본적 연민을 일깨우는 반 존스의 영감, 마음챙김적 자기-연민을 세상에 소개하는 데 있어서의 크리스틴 네프와 크리스 저머의 획기적인 작업, 그리고 RAIN의 최초 두문자어를 만든 다르마 지도자 미셸 맥도날드의 지혜, 이 모든 분들께 감사한 마음을 전한다.

또한 자신의 용기와 빛으로 수많은 삶에 감동을 선사한 사랑하는 친구이자 동료 지도자인 체리 메이플스에게 사랑을 전하고 싶다. 체리

… 정말 당신이 그립다.

내가 가장 소중히 여기는 것을 잊지 않도록 해준 과거와 현재의 스승들에게 변치 않는 감사를 표한다.

마음에는 나의 가족, 나라얀, 니콜, 미아, 벳시, 메이디, 달샨, 피터, 리안, 알렉스에 대한 고마움이 그득하다. 또한 함께 살면서 셀 수 없이 많은 즐거움과 활력을 주고 기분 좋게 사랑의 은총을 실감케 하는 사랑하는 남편 조나단과 낙천적이고 귀여운 강아지에게도 고맙다는 말을 전한다.

끌어안음
외로움·상처·두려움과 당당히 마주하기

2020년 3월 9일 초판 1쇄 발행
2023년 12월 13일 초판 3쇄 발행

지은이 타라 브랙(Tara Brach) • 옮긴이 추선희
발행인 박상근(至弘) • 편집인 류지호 • 상무이사 김상기 • 편집이사 양동민
편집 김재호, 양민호, 김소영, 최호승, 하다해 • 디자인 쿠담디자인
제작 김명환 • 마케팅 김대현, 이선호 • 관리 윤정안
콘텐츠국 유권준, 정승채, 김희준
펴낸 곳 불광출판사 (03169) 서울시 종로구 사직로10길 17 인왕빌딩 301호
　　　　대표전화 02) 420-3200 편집부 02) 420-3300 팩시밀리 02) 420-3400
　　　　출판등록 제300-2009-130호(1979. 10. 10.)

ISBN 978-89-7479-782-9 (03180)

값 17,000원